Susanne Hühn

Heilung für das
INNERE KIND
Die Praxis

Die Arbeit mit dem Inneren Kind
in Therapie und Energiearbeit

Schirner
Verlag

ISBN 978-3-8434-1166-0

Susanne Hühn:
Heilung für das Innere Kind – Die Praxis
Die Arbeit mit dem Inneren Kind
in Therapie und Energiearbeit
© 2015 Schirner Verlag, Darmstadt

Umschlag: Murat Karaçay, Schirner,
unter Verwendung von # 153650441
(Elle Arden Images), www.shutterstock.com
Logo »Hände«: Murat Karaçay, Schirner
Redaktion & Satz: Claudia Simon, Schirner,
unter Verwendung der Bilder vom Cover
Printed by: Ren Medien GmbH, Germany

www.schirner.com

1. Auflage Februar 2015

Inhalt

Widmung

Dieses Buch widme ich von ganzem Herzen und in tiefer Dankbarkeit
meinem Vater.

Vorwort
Es ist nie zu spät für gute Botschaften!

Eines der entscheidenden Themen des Erwachens für die neue Energie, für ein neues Bewusstsein und für unsere Neue Zeit ist die Heilung des Inneren Kindes. Eine komplexe Herausforderung – sowohl psychologisch als auch spirituell! Der Schweizer Tiefenpsychologe Carl Gustav Jung hat das »göttliche Kind« als einen zentralen Archetypus neben Animus und Anima bezeichnet und wohl als Erster dieses Innere Kind in unser kollektives Bewusstsein gerückt. So viele Lasten trägt es meist noch mit sich herum, so viele tiefe Enttäuschungen, nicht recht verheilte Verletzungen, verhärtete Narben, so große Altlasten von Ahnen … Inzwischen wird ganz allgemein anerkannt, dass es die Bewusstmachung und Heilung, vielleicht sogar Erlösung des Inneren Kindes braucht, um ein echtes spirituelles Wachstum zu erfahren. Dass es eine Heilung braucht, um Beziehungen erfüllter zu leben, aber auch, um kreativer und sogar um erfolgreicher zu sein.

Das Buch meiner geschätzten Kollegin und lieben Seelenfreundin Susanne Hühn wird zur Bewusstwerdung, Heilung und Integration des Inneren Kindes eine wertvolle Hilfe leisten. Ihre Arbeit mit dem Inneren Kind in der Therapie und der Energiearbeit beruht auf einer langen Praxiserfahrung in der Begleitung von Klienten durch schwierige Prozesse, die sie auch selbst erfahren und gemeistert hat.

Sie geht auf alle wichtigen Themen ein – auf unbewusste und unterbewusste Angstreize, darauf, wie man ein verletztes Inneres Kind überhaupt entdeckt und wahrnimmt, welche Muster meistens ablaufen, welche Wege zur Genesung es gibt, wie die männliche und die weibliche Energie aktiviert werden, wie ein »Zaubergarten« dem Inneren Kind neuen Frieden schenken kann und vieles mehr.

Vor allem jedoch widmet sich Susanne Hühn dem, was wohl für die meisten Leser/-innen der Angelpunkt sein wird: der Suche des Inneren Kindes nach Anerkennung und LIEBE. So, wie hinter aller Angst die Angst vor dem Tode steht, wie uns die Psychologen und Philosophen mitteilen, verbirgt sich hinter jeder Suche nach Verwirklichung die Suche nach Liebe.

Erst wenn das Innere Kind den verzweifelten Kampf um Liebe aufgibt, den es im Außen – auch bei anderen Menschen! – nie wird gewinnen können, erst wenn es sich seiner Mitte zuwendet und in sich den wahren Ort des Friedens findet, wird es als das göttliche Kind nicht nur Liebe finden, sondern zugleich zu LIEBE werden und Liebe SEIN.

So ist dieses Buch von Susanne Hühn für uns ein neuer Weckruf dafür, dass wir das Innere Kind beachten und ihm die notwendige Heilung angedeihen lassen sollen. Zugleich ist das Buch eine sehr praktische Anleitung, in der die einzelnen Aspekte und Schritte beschrieben und uns konkrete Mittel und Methoden angeboten werden. Und nicht zuletzt ist »Heilung für das Innere Kind – Die Praxis« eine liebevolle Einstimmung in das, was das innerste Wesen und das wahre Glück des Lebens ausmacht: lichtvolle, warmherzige Liebe.

Wulfing von Rohr
Autor von »Schritte ins Erwachen«, Ansata Verlag
www.wulfingvonrohr.info

Liebe Leser,

seit vielen Jahren beschäftige ich mich innig mit dem Inneren Kind – meinem eigenen und dem meiner Klienten. Die hervorragende Familientherapeutin Alice Miller hat es zum ersten Mal mit ihrem Buch »Das Drama des begabten Kindes« bewusst und ausdrücklich in das Bewusstsein geholt. Eric Berne benennt es in seiner Transaktionsanalyse, C.G. Jung zeigt es als einen Archetypus auf. Viele beschäftigen sich mit dem Inneren Kind und leisten großartige Arbeit. Ich arbeite mit sehr vielen Elementen und halte die integrative Therapie von Ken Wilber für äußerst sinnvoll und wegweisend. Und ich erlebe immer wieder, dass Therapeuten und Coaches hilflos dastehen, wenn sich das Innere Kind ihrer Patienten oder Klienten zeigt – oder auch ihr eigenes. Viele wissen gar nicht, dass sie es überhaupt mit dem Inneren Kind zu tun haben. Deshalb dieses Buch. Ich möchte euer Bewusstsein für das Innere Kind wecken, damit es nicht weiterhin übersehen, alleingelassen oder verurteilt wird.

Ich zeige euch, wie ich mit dem Inneren Kind meiner Klienten arbeite, welche Techniken ich für wichtig erachte, welche Schwierigkeiten sich ergeben können und worauf die Therapie abzielt. Scheut euch bitte nicht, diese Techniken in eure übliche Therapie einzuflechten, ihr habt eure eigenen Formen entwickelt. Nutzt die inneren Reisen, die ich euch anbiete, oder findet eure eigene, vielleicht ganz andere Form. Mir geht es in diesem Buch darum, euch die verschiedenen Formen der Not des Inneren Kindes bewusst zu machen und euch innere Landkarten zu geben, mit deren Hilfe ihr das Innere Kind abholen könnt. Egal, ob ihr Yoga anbietet, Energie- und Lichtarbeit macht, ob ihr als Familientherapeuten in einer Suchtklinik, als Schamanen, als Engelmedien oder als Aufsteller arbeitet – das Innere Kind wird euch überall begegnen, denn es bildet nun einmal die Basis des Emotionalkörpers. Und es lässt sich durch Vernunft und Logik nicht erreichen, auch nicht durch Kontrolle. Was im Übrigen sehr für seine Zähigkeit und seinen Überlebenswillen spricht!

Oft genug höre ich folgenden Satz: »Ich bin eifersüchtig (wütend, ich will das haben, ich fühle mich nicht gewürdigt etc.), das ist noch mein Ego.«

»Um Himmels willen«, sage ich dann, »das ist nicht dein Ego. Und schon gar nicht ›noch‹. Das ist dein Inneres Kind, und es wird Zeit, dass du es hörst!«

Ich sehe mich als Anwältin und Fürsprecherin für das Innere Kind, denn es wird so oft verkannt, missbraucht und ignoriert, dass die Verletzungen einfach nicht aufhören wollen. Und ich erlebe eine große Hilflosigkeit auch unter Therapeuten, wenn es um das Innere Kind geht, dabei ist es so einfach. Es gibt einen ganz leicht anzuwendenden Schlüssel, mit dessen Hilfe das Innere Kind in den Frieden kommen kann. Harte Arbeit ist es trotzdem, weil es wehtut.

Warum braucht dieses Innere Kind überhaupt eine spezielle Herangehensweise? Wir sind ausgebildet, kennen uns mit verschiedenen Therapieformen aus. Was unterscheidet die Arbeit mit dem Inneren Kind von der Arbeit, die wir üblicherweise tun? Um das zu verstehen, brauchen wir zunächst ein bisschen mehr Informationen darüber, was das Innere Kind ausmacht, worüber wir hier eigentlich reden.

Wenn wir mit dem Inneren Kind arbeiten, wenn wir es auf jeder Ebene erreichen wollen, stoßen wir mit reiner Psychologie schnell an Grenzen. Denn das Innere Kind hat unbewusste magische und spirituelle Aspekte. Kinder glauben an Engel, an eine Seele. Kinder glauben daran, dass es Elfen, Feen und Märchenwesen gibt. Und weil das so ist, ist es für die Arbeit mit dem Inneren Kind äußerst sinnvoll, eine spirituelle Welt zumindest

anzunehmen und in die Erlebniswelt des Inneren Kindes mit einzubinden. Das Innere Kind hat emotionale, körperliche und seelische Aspekte. Wir kommen nicht weit, wenn wir die Seelenebene und die Ebene höherer Bewusstseinswesen nicht einbeziehen – und wir versagen uns ein ungeheuer wertvolles Spektrum an Helfern für das Innere Kind! Dem Inneren Kind einen Schutzengel an die Seite zu stellen, selbst wenn der dazugehörige Erwachsene gar nicht an Engel glaubt, ist einfach eine gute Idee, deshalb wäre es unklug, diese Möglichkeit auszuschließen.

Ich möchte kein ausdrücklich esoterisches Buch schreiben, weil ich euch alle erreichen will, aber wie immer werde ich mich mit dem zeigen, was ich glaube und selbst anbiete, mit dem, was ich für wesentlich halte. Und dazu gehören ausdrücklich die schamanische Arbeit und die sogenannte Lichtarbeit. (Diese Trennung gibt es in Wahrheit nicht, ich schreibe das, weil es verschiedene Gruppierungen von Energiearbeitern gibt. Ich meine alle damit.) Genauso wenig, wie es sinnvoll ist, spirituelle Inhalte anzubieten, ohne die Psyche einzubeziehen, ergibt es für mich keinen Sinn, psychologisch zu arbeiten, ohne die spirituelle Ebene anzuerkennen. Körper, Seele und Geist lassen sich nun einmal nicht trennen, außer, wir tun das willkürlich und bewusst. Genau diese willkürliche Trennung aber lässt uns in der Arbeit mit dem Inneren Kind an Grenzen stoßen, die nicht sein müssten. Denn die Integration all unserer Wesensanteile ist ja der Sinn unserer Arbeit. Deshalb plädiere ich hiermit ausdrücklich dafür, die spirituelle, geistige Welt, egal, ob man daran glaubt oder nicht, in die Therapie des Inneren Kindes einfließen zu lassen. Warum soll es kein Kuschelkrafttier haben? Warum keinen Riesen, der es beschützt? Die Erfahrung zeigt, wie heilsam es ist, sämtliche Welten in der Arbeit mit dem Inneren Kind gelten zu lassen. Alles, was vorstellbar ist, gehört nun einmal zur Erlebniswelt des Inneren Kindes dazu. Bestimmte Kräfte, ob erfunden oder tatsächlich existent, aus philosophischen und weltanschaulichen Gründen auszuschließen, ist meines Erachtens einfach nicht nötig. Und auch nicht besonders klug.

Gleichermaßen wichtig ist es zu verstehen, dass sich das Innere Kind nicht akademisch mental erfassen, sondern nur spüren lässt. Die Sprache des Kindes ist die Sprache des Gefühls. Selbstverständlich können wir auf der Erwachsenenebene über das Innere Kind reden. Erfahren aber werden wir es nur, wenn wir uns bewusst darauf einlassen, uns selbst zu fühlen.

Einführung

Warum ist das Innere Kind so wichtig? Und warum gibt es eine so große Hemmschwelle, sich damit zu befassen? Als Gott den Menschen schuf … unterschied sich dieser dramatisch von ihm selbst. Als sich die Seele in einen Körper inkarnierte … vergaß sie sich. Und als du geboren wurdest, warst du nichts als ein fühlendes, wahrnehmendes Wesen.

Ich denke, also bin ich – das ist der Satz eines Erwachsenen. Das Kind könnte nur sagen: »Ich fühle, also bin ich.« Ein Kind nimmt die Welt ausschließlich über seine Gefühle und seine Körperempfindungen wahr, unvermittelt und ohne Filter. Das Wesen des Menschen ist Fühlen, denn das ist seine erste Gehirnfunktion. Damit du mit der Welt in Kontakt treten kannst, musst du in der Lage sein zu fühlen, denn das ist deine menschliche Natur. Nicht ein Aspekt davon, sondern die Basis.

Es gibt eine sehr romantische, spirituelle Sicht auf die frühe Kindheit: Du bist als Baby mit allem verbunden, du bist unbewusst eins mit allem, es gibt keine Trennung zwischen dir und der Außenwelt. Du bist mit dem Himmel und mit der Erde verbunden, bist (noch) in beinahe jeder Hinsicht grenzenlos. Das kannst du so sehen. Doch in Wahrheit bedeutet das: Du bist allen Eindrücken ausgeliefert, hast keine Möglichkeit, sie zu filtern, und bist weitgehend handlungsunfähig. Du machst die Erfahrung von existenziellem Getragensein, wenn du Glück hast, oder aber von existenzieller Unsicherheit und sehr realer Todesangst, wenn niemand da ist, der dich hält. Die meisten Menschen machen beide Erfahrungen.

Was passiert dabei? Als Kind befindet sich dein Bewusstsein im sogenannten Säugetierhirn, du spürst deine Bedürfnisse und bist in Kontakt mit dir. Von hier aus könnte das Hirn wunderbar reifen. Wenn deine Bedürfnisse nicht zeitnah erfüllt werden, dann schlägt die Amygdala Alarm, und das muss sie auch, denn dein Überleben hängt davon ab, dass du genährt und versorgt wirst. Das Bewusstsein rutscht nun ins Stammhirn, hier wirkt der Sympathikus-Nerv. Er aktiviert dich, du schreist und zappelst. Hört dich keiner, dann rutscht das Bewusstsein nach einer Weile in den am wenigsten entwickelten Hirnteil, in das sogenannte Fischhirn. Hier wirkt der Parasympathikus, und du wirst apathisch und schlaff, teilnahmslos. Das hat nichts mit Loslassen zu tun, sondern mit völliger Selbstaufgabe. Bist du hier gelandet, dann gibt es keine Handlungsimpulse mehr, du bist der Situation voll und ganz ausgeliefert.

Wie dramatisch die Wahrnehmungen eines schreienden Babys oder Kleinkindes unterschätzt werden, zeigt sich in folgendem Satz: »Das Kind will ja nur Aufmerksamkeit«. Ja. Es will natürlich Aufmerksamkeit. Weil es zu sterben befürchtet, wenn es nicht beachtet wird, ganz konkret und real. Warum befürchtet das Kind zu sterben, wenn es nicht beachtet wird? Weil es stimmt. Denn Babys und Kleinkinder haben kein Zeitgefühl. Sie wissen nicht, dass die Mutter fünf Minuten später wiederkommt. Und oft genug kommt sie ja auch nicht wieder. Wenn ein Baby keine Aufmerksamkeit bekommt, dann stirbt es tatsächlich, so einfach ist das. Es verhungert, verdurstet und erfriert oder wird von Tieren gefressen, zumindest ist auch diese Erfahrung im Stammhirn abgespeichert und in einigen Ländern noch durchaus real. Woher soll das Kind wissen, dass es in wenigen Minuten »gerettet« wird? Unmittelbares Erleben ist das Erste, was du erfährst, wenn du geboren bist. Bewusstsein, Verstand, Vernunft, logisches Denken, konstruktive Problemlösungen, die Unterscheidung zwischen dir und dem Rest der Welt folgen erst, wenn du heranreifst.

Warum ist das so? Sprechen wir zunächst ein bisschen über den Mandelkern. Das ist ein sehr alter Teil des Gehirnes, der aus dem ursprünglichen Riechhirn heraus entstanden ist, der Teil, der als Allererstes auf jedes Ereig-

nis reagiert. Er unterscheidet auf der Stelle, ob eine Situation bedrohlich ist oder nicht, ist wie ein Leibwächter, der uns blitzschnell in Sicherheit bringt. Das heißt, der Mandelkern entscheidet ohne Umschweife und ohne dass auch nur ein einziger bewusster Anteil des Gehirns daran beteiligt ist, ob man in einer bestimmten Situation einer Flucht- und Angstreaktion (Stammhirn) unterliegt oder entspannt und gelassen (Frontallappen) bleiben kann. Die Amygdala ist tatsächlich wie ein Schalter, der zwischen den Gehirnteilen hin- und herschaltet.

In den ersten Lebensjahren wird das Wurzelchakra ausgebildet, die Fähigkeit, für sein eigenes Überleben zu sorgen, für sich selbst einzustehen und sich selbst zu vertrauen. Das Wurzelchakra wird dem Geruchssinn zugeordnet, und seine wichtigsten Drüsen sind die Nebennieren. Genau diese Nebennieren sind es, die aktiv werden und Hormone ausschütten, wenn die Amygdala auf Rot schaltet. Die Mandelkerne (lat.: Amygdali, wir haben zwei davon, einen links, einen rechts) sind also aus dem Riechhirn, dem Sitz unseres Geruchssinnes, heraus entstanden. Und das ist auch logisch, denn der Geruchssinn bildet das Frühwarnsystem der meisten Tiere, er ist bei vielen Tieren die am frühesten und besten entwickelte Sinneswahrnehmung. Die Wahrnehmung von Gerüchen sorgt für blitzschnelle, unmittelbare Reaktionen, sei es der sexuelle Lockstoff eines potenziellen Partners, der Geruch einer Beute oder der eines Feindes. Im Mandelkern nun wird für jede Situation neu entschieden, ob wir mit einem älteren oder einem entwicklungsgeschichtlich neueren Anteil unseres Gehirnes reagieren und ob der Schaltkreis einer Angst- und Stressreaktion aktiv wird oder nicht. Weil die Verknüpfungen zu den älteren Teilen, dem Reptilien- und dem Säugetiergehirn, älter und damit auch besser ausgeprägt und schneller sind, erfolgt die erste Reaktion bei ankommenden Informationen (jedes Ereignis bildet eine Information für unser Gehirn) zumeist aus den älteren Gehirnanteilen heraus – Wettbewerb, Überleben, dann erst Fürsorge und Emotionen. Der erste Impuls sorgt für das Überleben (Wurzelchakra).

Es gibt im Mandelkern (der so heißt, weil dieser Gehirnteil wirklich wie eine Mandel aussieht) zwei verschiedene Schaltkreise: Der eine sorgt dafür, dass ein Ereignis mit Angst verknüpft wird, der andere Schaltkreis entkoppelt dieses Ereignis wieder von Angst, nämlich dann, wenn wir das gleiche Ereignis weitere Male erleben – diesmal aber ohne bedrohliche Auswirkungen. Merken wir uns also: Angst entsteht sofort bei der ersten Bedrohung, um diese Angst zu verlernen, braucht es hingegen mehrfache positive Wiederholungen – das ist auch klar, denn dein Gehirn, besonders die Mandelkerne wollen dein Leben schützen. Natürlich lernen sie sofort alles über bedrohliche Situationen und löschen dieses Wissen nur langsam, denn eine gesunde, rasche und angemessene Reaktion auf Gefahr ist für die Mandelkerne nun einmal wichtiger als die Fähigkeit, entspannt spazieren zu gehen. Flucht, sich tot stellen oder Angriff ist bedeutsamer als Mitgefühl, zumindest in der Zeit, als unser Gehirn entstand. Wissenschaftler nennen diese Schaltkreise Angst- bzw. Löschneuronen. Frei von Angst zu werden lernen wir also nur über bewusst erlebte positive Erfahrungen.

Der älteste Teil unseres Gehirnes ist nach dem Fischhirn das sogenannte Reptiliengehirn. Dieses Hirnteil ist emotionslos und sorgt für unser Überleben, schickt uns kompromisslos in den Wettbewerb des Lebens und sorgt dafür, dass wir uns ohne Umschweife verteidigen oder angreifen. Erst das entwicklungsgeschichtlich danach entstandene Säugetiergehirn gibt uns die Fähigkeit, Emotionen, soziales Verhalten und Fürsorge zu erleben. Weil die Anlagen des Reptiliengehirns aber auch hier vorhanden sind, schwanken unsere Handlungsimpulse ständig zwischen den Polen Wettbewerb und Fürsorge, Angriff und Unterstützung, dem Recht des Stärkeren und der mitfühlenden Sorge für Schwächere hin und her. Be-

kommen wir keine Antwort auf unsere Reaktion im Reptiliengehirn (schreien und zappeln, auf sich aufmerksam machen), dann verfallen wir ins Fischhirn. Hier geben wir auf. Natürlich hört ein Kind irgendwann auf zu schreien, wenn es keine Antwort bekommt. Es schreit sich in das Fischhirn hinein, und dort wirkt der Parasympathikus. Es schläft ein. Aber es hat sich selbst völlig aufgegeben. Das ist ein hoher Preis für ein bisschen Ruhe.

Und dann gibt es da noch die brandneuen Stirnlappen, den Neocortex. Diese erlauben uns, komplexe Dinge wie Sprache, Musik, verfeinerte motorische Fähigkeiten, Voraussicht und abstrakte Ideen zu entwickeln. Hier finden wir vor allem unser Bewusstsein, unsere Fähigkeit, über uns selbst nachzudenken, die Dinge von verschiedenen Seiten zu betrachten und sie unabhängig von uns selbst zu sehen. Im Vorderhirn bist du in der Lage, auch die andere Seite der Medaille zu betrachten und aus deiner sehr persönlichen, dich betreffenden Sicht der Dinge das größere Ganze zu überschauen. Wenn Goethe durch seinen Faust erklären lässt, er will wissen, was die Welt im Innersten zusammenhält, dann kann er das nur über den Neocortex erfahren. Auch die Frage selbst kann nur dort entstehen. Die Stirnlappen denken zu hundert Prozent kooperativ und bilden somit den Gegenpol zum Reptiliengehirn.

Was hat das mit dem Inneren Kind zu tun? Nun, als Baby reift dein Gehirn gerade erst heran. Und zwar genau in der Reihenfolge, in der es auch entwicklungsgeschichtlich gereift ist. Der Frontallappen, in dem deine Vernunft und die Möglichkeit, konstruktive Lösungen zu finden, liegen, ist noch nicht aktiviert. Du reagierst ohne Sprache, ohne kognitive Fähigkeiten. Du lernst die Dinge unmittelbar durch dein emotionales und körperliches Erleben, bist nicht in der Lage, zu reflektieren und das, was du erlebt hast, zu überdenken, weil dein Vorderhirn noch nicht ausgereift ist.

Du hast noch keine Sprache, bist somit nicht in der Lage, dich auszudrücken und verständlich zu machen – außer durch deinen emotionalen und körperlichen Ausdruck. Alles, was dich bedroht und dir gefährlich vorkommt, egal, ob es das tatsächlich ist oder nicht, wird von deinem Mandelkern, der Amygdala, gespeichert. Die Amygdala lernt über Emotionen, besonders über Angst und Schock. Und sie lernt schnell. Wenn du als kleines Kind bedroht wirst oder Angst bekommst, wenn du einen Schock erleidest, dann rafft die Amygdala sämtliche Ereignisse, die während des Schocks geschehen, unüberprüft zusammen. Es ist, als greife sie während des Traumas, bildlich gesprochen, nach allen vier Tischtuchzipfeln eines gedeckten Tisches und stopfe das gesamte Geschirr, die Vase mit den Blumen, die Essensreste, die Tischdekoration, die Kerzen, das Besteck und auch die Servietten und die vollen Rotweingläser zusammen in eine Kiste. Sogar die CD mit der Musik, die gerade läuft, und alle Düfte im Raum packt sie dazu. Darauf schreibt sie »Gefahr, verlassen zu werden«, »Gefahr: körperliche Gewalt«, »Verletzung«, »Verhungern« oder was auch immer. Manchmal schließt sie sogar noch den entsprechenden Seelenanteil mit weg, damit du die Sache komplett vergisst und weitermachen kannst. Du fühlst dich an dieser Stelle dann zwar irgendwie leer, hast keine Erinnerung, bist wie taub, aber du kannst weiterleben.

Bei einem Schock werden also sämtliche bewussten Hirnteile, die bei Kindern sowieso nicht ausgereift sind, ausgeschaltet, und die Amygdala ergreift das Kommando. Das ist auch sehr sinnvoll. Die Amygdala entscheidet blitzschnell, ob eine Situation für dich bedrohlich ist oder du entspannt bleiben kannst. Ist sie bedrohlich, dann sorgt die Amygdala für die passende Stresshormonausschüttung und ermöglicht dir damit Flucht, Angriff oder Erstarrung, je nachdem, welcher Angsttyp du bist und welche Reaktion nach Meinung deiner Amygdala angemessen und sinnvoll ist.

Soweit ist das alles wunderbar und genau richtig. Wirst du nach einem Schock getröstet, darfst du weinen, darfst du wütend werden oder trauern, dann läuft die emotionale Welle aus, und du kommst wieder in dein Gleichgewicht. Wiederholt sich die schockierende Erfahrung nicht, dann sortiert dein Gehirn nach und nach diese Gefahrenkiste aus, sorgt dafür, dass alles gereinigt wird und an seinen richtigen Platz kommt, um im Bild zu bleiben.

Was aber passiert üblicherweise? Du wirst eben nicht getröstet, niemand hat überhaupt mitbekommen, dass du einen Schock erlitten hast, die Kiste modert in deinem Inneren vor sich hin. Geschieht nun etwas, was dich an den Inhalt dieser Kiste erinnert, auch wenn es überhaupt nicht unmittelbar mit dem Schock selbst in Verbindung steht, ein Duft, eine Musik, ein Wort, dann reagiert dein Gehirn, deine Amygdala wie auf eine echte Gefahr. Und das bedeutet nun einmal Flucht, Angriff oder Erstarrung. Weil eventuell ein Seelenanteil fehlt, kannst du dich überhaupt nicht an den Schock erinnern, und du fragst dich, was denn eigentlich los ist, findest aber keine Antwort. Da ist nur diese Leere.

Wenn du nun noch weißt, dass eine der ältesten und wichtigsten Funktionen deines Gehirnes die Schmerzvermeidung ist, dann kannst du dir vorstellen, wie viele unbewusste Tricks du anwenden wirst, um nie wieder die Gefahrenkiste berühren zu müssen, um ihr nicht einmal nahezukommen. Dazu brauchst du gar nichts beizutragen, dein Gehirn macht das ganz von selbst für dich. Wenn du älter wirst, dein Gehirn zu reifen beginnt, versuchst du mit allen Mitteln zu verstehen. Du ziehst aus dem, was dir das Leben anbietet und zumutet, Schlussfolgerungen und stellst Verhaltensregeln auf, um in Zukunft Schmerzen zu vermeiden. Du beginnst, dich selbst zu kontrollieren, und hast, weil dein Gehirn noch nicht herangereift ist, teilweise merkwürdige kognitive Verknüpfungen gebildet. Und diese nie hinterfragt, weil auch sie unbewusst entstanden sind.

»Wenn ich erst gar niemanden an mich heranlasse, dann werde ich auch nicht enttäuscht.«

»Wenn ich keine Gefühle zeige, dann merkt niemand, dass ich welche habe.«

»Wenn ich nur ganz flach atme, dann tut es nicht so weh.«

»Männer (Frauen, Hunde, dunkle Tunnel, quiekende Mäuse, Spinnen, Abschiede, Gefühle …) sind gefährlich.«

»Wenn ich funktioniere, dann komme ich irgendwie durch.«

Und so weiter. All das weißt du nicht, weil du es nicht bewusst mitbekommst. Das größte Trauma, das, was am tiefsten sitzt, ist die Beschämung. Scham erleben wir meistens sehr früh, zu einer Zeit, in der wir noch keine Sprache haben und erst recht noch keine Möglichkeiten, uns selbst zu beruhigen. Scham vernichtet uns. Im Gegensatz zur Schuld, bei der wir glauben, wir hätten etwas falsch gemacht (was ja manchmal auch stimmt), fühlen wir uns in der Scham komplett falsch, die gesamte Existenz steht infrage. Dieser Schmerz ist so immens, dass wir alles, wirklich alles zu tun bereit sind, um das nie wieder fühlen zu müssen. Wir haben keine Chance, Scham auszumerzen, weil es nichts gibt, was wir wiedergutmachen könnten. Fühlen wir uns schuldig, haben wir zumindest eine Handlungsebene, wir können Schulden welcher Art auch immer begleichen. Schämen wir uns für unsere Existenz, können wir uns als strikte Konsequenz nur selbst auslöschen. Wir sind als Kinder einfach vollkommen unserem emotionalen Erleben ausgesetzt, es gibt noch keine Filter und keine bewussten inneren Aufräumarbeiten.

Wurdest du als Kind nicht gehalten, nicht geschützt oder getröstet, dann befindet sich in deinem Gehirn eine Menge hochexplosiver emotionaler Sprengsätze. Diese Sprengsätze sind doppelt und dreifach gesichert, es gibt

Stacheldrahtzäune und Landminen, damit sie ja nicht hochgehen und dich zerstören. Wurdest du nicht nur unabsichtlich verletzt, sondern womöglich sogar bewusst beschämt, dann hast du sinnbildlich die alte Berliner Mauer in deinem Inneren errichtet – mit Todesschützen. Wenn ihr jemand zu nahe kommt, wird ohne Vorwarnung scharf geschossen. Das klingt krass. Aber es ist auch krass. Denn diese Abwehr kann dich richtig gemein werden lassen, das geht so weit, dass du lieber vorsätzlich jemanden verletzt, als dich selbst spüren zu müssen – das kennst du sicher, hast es zumindest am eigenen Leib durch andere erlebt. Lieber schießt man die dunklen Pfeile ab und greift andere an, als die eigene Not zu erkennen und für sich selbst einzutreten.

Besonders, wenn wir als Kind Angst erleben, selbst wenn es überhaupt nicht unsere eigene ist, ja, selbst dann, wenn es gar keinen Auslöser dafür gibt, schlägt das Gehirn Alarm. Denn wenn jemand Angst hat, muss das Gehirn davon ausgehen, dass es Gefahr gibt. So, wie ein Tier unruhig wird, wenn wir als Halter in Angst geraten, reagiert ein Kind, wenn seine Bezugspersonen, die es schützen sollen, Angst verspüren. Aus zwei Gründen. Erstens: Haben die Eltern Angst, dann sind sie (im Erleben des Kindes) offensichtlich mit einer Situation überfordert und können das Kind nicht schützen. Zweitens: Angst überträgt sich sofort auf das eigene Angstzentrum des Kindes, sie ist, wie wir wissen, geradezu ansteckend. Und selbst, wenn es überhaupt keinen realen Auslöser gibt, reagiert das Gehirn mit der Ausschüttung entsprechender Hormone. Weil das Kind keine Chance hat, sich selbst zu schützen, schon gar nicht, wenn es nicht weiß, welche Gefahr eigentlich droht, verharrt das System in Alarmbereitschaft. Irgendwann entspannt es sich wieder. Aber nicht vollständig, es bleibt in Habachtstellung. Passiert das zu oft, dann bleibt eine latente Grundangst bestehen.

Du wirst erwachsen, das heißt, dein Gehirn reift heran. Du bekommst Zugriff auf neuere Anteile, die dich differenzierter reagieren lassen. Da du aber nicht weißt, was da in deinem Stammhirn vor sich hinmodert, kannst du diesen inneren Keller auch nicht aufräumen – außer, du beschäftigst dich ganz bewusst damit. Deine Verteidigungs- und Abwehrmechanismen werden immer besser und komplizierter, denn alles, was du mit deinem nun gereiften Gehirn lernst, steht auch der Schmerzvermeidung zur Verfügung.

Wann immer dich nun eine Situation an eine alte und damit kindliche Verletzung erinnert, und sei es noch so weit hergeholt, reagiert deine Amygdala und sendet »Gefahr im Verzug!«. Du reagierst mit Angriff, Erstarrung oder Verteidigung, ohne zu verstehen, was eigentlich gerade mit dir los ist. Womöglich, wenn dein Schmerzvermeidungssystem ganze Arbeit geleistet hat, glaubst du auch noch, deine Reaktion wäre vernünftig und angemessen. Das Vertrackte daran ist, dass dein nun gereiftes Gehirn mit all diesen verdrängten Themen anders umgehen könnte. Es würde sich also lohnen, diese Tabuzonen zu überprüfen und neu einzuordnen. Der Erwachsene, der du bist, kann das für das Innere Kind tun, was damals so dringend nötig gewesen wäre – doch wer sucht schon freiwillig all die schmerzverseuchten Gebiete auf, die der Pflege und Fürsorge bedürfen?

All diese Themen werden durch das Innere Kind, über das wir hier reden, verkörpert. Natürlich gibt es auch andere Aspekte: Freude, Neugier, Lust auf Neues, Freiheit, Unschuld – diese Aspekte bereichern dein Leben ungemein. Doch meistens steht die Schmerzvermeidung des Inneren Kindes im Vordergrund. Noch einmal zum Verständnis: Diese Schmerzvermeidung zeigt den unbändigen, unbedingten Überlebenswillen deines Inneren Kindes und ist eine starke, wichtige Kraft! Es gibt aber jetzt, wo du erwachsen bist, bessere Möglichkeiten, mit Schmerz umzugehen, als ihn um

jeden Preis zu vermeiden, denn du vermeidest damit auch das Lebendigsein.

Erwachsen zu sein bedeutet, bewussten Zugriff auf die nun herangereiften Hirnteile zu haben und sie zu nutzen. Jene Hirnteile, die dir vernünftige, konstruktive Lösungen, die auf Mitgefühl und deiner echten, umfassenden Wahrnehmung basieren, ermöglichen. Du kannst, wenn du erwachsen, das heißt herangereift bist, frei entscheiden, welchen deiner vielen Impulse du Ausdruck verleihst und welche du zu deiner Handlungsgrundlage machst. Du bist selbstbestimmt und in der Lage, deine Emotionen wahrzunehmen, aber eben nicht nur, sondern du kannst auch all die anderen Aspekte sehen. Vor allem kannst du unterscheiden, ob deine Emotionen der Situation angemessen sind oder ob sie deine Verletzungen spiegeln. Bist du erwachsen, dann wirst du deine Verletzungen und deine Schmerzvermeidung nicht zur Handlungsgrundlage erheben, sondern dich gut um dich kümmern. Entscheiden aber wirst du mit dem Assoziationscortex, einem großen Teil der Hirnrinde, in dem alle in den verschiedenen Gehirnteilen ankommenden Informationen zusammenlaufen und verarbeitet werden – im Gegensatz zur Amygdala aber nicht rein emotional.

Der Assoziationscortex berücksichtigt alle Faktoren, die du wahrnimmst, bewusst und unbewusst. Hier laufen im wahrsten Sinne des Wortes die Fäden zusammen, die zu einer echten, bewussten und reifen Entscheidung führen – es sei denn, du hast sie schon getroffen, indem du die der Schmerzvermeidung dienende Information deiner Amygdala zur Handlungsgrundlage auserkoren hast.

Was heißt das ganz konkret? Du bleibst, wenn du die Informationen des Assoziationscortex als Basis für deine Entscheidungen gelten lässt, bewusst und handlungsfähig, egal, wie sehr dich eine Situation emotional auch triggert. Du bist in der Lage, sie als das zu erkennen, was sie ist – eine

Erinnerung, die nichts mit dem Jetztzustand zu tun haben muss. Du erkennst sie an, aber du lässt dich nicht von ihr beherrschen, sondern schaust dir die Situation genau und mit all deinen Sinnen an.

Die meisten von uns verwechseln das Erwachsensein mit dem von sich selbst abgeschnittenen Funktionieren. Wenn du als Kind emotional überfordert warst, dann hast du dir aus den wenigen Informationen, die dir zur Verfügung standen, ein Weltbild gebastelt, das, wie schon öfter gesagt, auf Schmerzvermeidung beruht. Du funktionierst wie gewünscht, du verleugnest, was dich tatsächlich bewegt, nimmst weder deine Gefühle noch deine Wünsche und Träume zur Kenntnis und tust das, was die Situation eben erfordert, damit du nicht noch mehr verletzt wirst. Du bist tatsächlich ein Opfer der Umstände, die dir deine Eltern anbieten oder zumuten, denn du kannst dich nur anpassen, aber nicht eigenständig entscheiden und agieren. Du kannst nur verweigern oder funktionieren, mehr Möglichkeiten hast du nicht, wenn du nicht gehört wirst.

Niemand hat dir je gesagt, dass du nun erwachsen bist und damit die Verantwortung für dich und deine Entscheidungen nicht nur selbst übernehmen darfst und sollst, sondern, und das ist der Knackpunkt, auch KANNST. Dein Gehirn ist aufgrund seiner Reifung in der Lage, die Dinge zu überblicken und die Verantwortung, die du auf dich nimmst, zu überschauen. Wenn du das aber nicht üben durftest, wenn du nicht nach und nach in deine Selbstbestimmung geführt wurdest, wenn dir nicht erlaubt wurde, eigene, auch unbequeme Entscheidungen zu treffen, ohne dass sofort Schmerz durch Liebesentzug, Ärger, Enttäuschung oder Gleichgültigkeit die Folge war, dann weißt du gar nicht, dass du es nun kannst. Du verwechselst das anstrengende, von dir selbst abgeschnittene, funktionierende Wesen, zu dem du geworden bist, mit dem echten Er-

wachsenen, der seine eigenen Entscheidungen trifft und sowohl Ja als auch Nein sagen kann und darf.

Deshalb hier eine Liste mit den Rechten, die du als Erwachsener hast und für dich in Anspruch nehmen darfst:

Du hast das Recht, Nein zu sagen, wenn dir eine Situation nach sorgfältiger Prüfung und weil sie nicht dem Leben dient gegen den Strich geht.

Du hast das Recht, Ja zu sagen, wenn dir eine Situation sinnvoll und dem Leben dienend erscheint.

Du hast das Recht, deine innerste, sorgfältig geprüfte Wahrheit zu deiner Handlungsgrundlage zu machen, ob sie anderen gefällt oder nicht.

Du hast das Recht, die Konsequenzen all deiner Entscheidungen zu tragen und auf dich zu nehmen.

Du hast das Recht, dich vollkommen verantwortlich für dich und dein Leben zu fühlen und alles zu tun, was dich und dein Leben nährt und schützt.

Du hast das Recht, für all das einzustehen, was dir heilig ist und innig am Herzen liegt, egal, ob es jemand anderem gefällt oder nicht.

Du hast das Recht, genau und sorgfältig zu denken.

Warum schreibe ich so oft von sorgfältiger Prüfung? Weil es beim Erwachsensein genau darum geht. Du beziehst alle dir zur Verfügung stehenden Informationen mit ein und überprüfst sie sorgsam – denn die Konsequenzen trägst du auch! Du machst dir die Mühe, die Informationen, die dir noch fehlen, einzuholen, und bist in der Lage, ein inneres »Ich weiß es noch nicht« auszuhalten. Du triffst deine Entscheidungen achtsam und nicht aus Angst und Schmerzvermeidung, sondern im Dienst am Leben. Und du versteckst dich niemals hinter billigen Ausreden und Argumenten, sondern bist verfügbar und verantwortungsbewusst – auch das im Dienst am Leben.

Mit diesem Wissen und damit dem Bewusstsein über die Brisanz der kindlichen Ängste können wir unsere Klienten abholen. Denn jeder trägt dieses Innere Kind in sich, jeder handelt aus unbewussten Vermeidungsimpulsen heraus, und jeder fühlt sich von Zeit zu Zeit gelähmt, an- oder in die Flucht getrieben. Es braucht ein beschütztes, geliebtes und in seiner Bedürftigkeit erkanntes Inneres Kind, damit wir unser Leben als Erwachsene bewusst und schöpferisch gestalten können.

Warum nun also benötigen wir eine besondere Herangehensweise? Weil das Innere Kind ganz andere Bedürfnisse hat als der Erwachsene, den wir vor uns haben. Weil wir das Innere Kind nicht über den Verstand, das Verständnis, erreichen können. Weil vieles von dem, was wir unserem Klienten anbieten, nicht im Inneren Kind ankommt, wenn wir es nicht ganz ausdrücklich ansprechen. Vor allem aber deshalb: Damit unser Klient lernt, sich selbst zu halten, damit er sich selbst ein guter Partner sein kann, damit er gut für sich sorgen kann, braucht es Werkzeuge. Wenn wir ihm zeigen, wie er sich selbst schützen, versorgen und retten kann, geben wir ihm einen großartigen Schlüssel zur Selbstliebe, vor allem aber zur Selbstverantwortung in die Hand.

Der Vollständigkeit halber stelle ich den Rechten des Erwachsenen die Rechte des Inneren Kindes gegenüber. Ich habe sie in ähnlicher Form ausführlich im Buch »Die Heilung des inneren Kindes« beschrieben. Dafür zu sorgen, dass jeder Aspekt in uns zu seinem Recht kommt, ist unsere Verantwortung als erwachsene und bewusste Menschen.

Wenn jemand gemein zu dir ist, dann darfst du weinen, und du brauchst nicht mehr hinzugehen.

Du darfst dir Zeit nehmen, einfach einmal nichts zu tun, sondern nur den Wolken zuzuschauen und Blumen zu pflücken.

Du darfst Fehler machen und dich selbst ausprobieren.

Wenn dir etwas keinen Spaß macht, dann höre auf damit.

Gehe zu Menschen, die dich umarmen, die dich lieb haben und denen du deine Liebe uneingeschränkt zeigen kannst und darfst.

Du darfst albern sein, und du musst dich selbst nicht ständig erklären.

Wenn du etwas nicht kannst, dann bitte um Hilfe. Erinnere dich daran, dass du nicht alles alleine zu machen brauchst.

Zusammengefasst:

- ❖ Die Amygdala reagiert instinktiv und unmittelbar auf unangenehme Reize.
- ❖ Sie ist kognitiv nicht erreichbar.
- ❖ Die Amygdala kann neu programmiert werden. Das geschieht über positive emotionale Erfahrungen.
- ❖ Die Amygdala kennt keine Zeit. Jedes Ereignis kann eine Reaktion triggern, die auf einem lange zurückliegenden Schock basiert.
- ❖ Der Klient erinnert sich üblicherweise nicht an diesen Schock.
- ❖ Schocks lassen sich durch positive emotionale Erfahrungen löschen.
- ❖ Unser Klient braucht ein Bewusstsein für sein Inneres Kind sowie Werkzeuge, die er selbstständig anwenden kann, um gut für sich zu sorgen.

Das verletzte Innere Kind erkennen

Woran erkennen wir überhaupt, dass wir mit dem Inneren Kind unserer Klienten arbeiten müssen? Woran sehen wir, dass es verletzt ist?

Der Klient ist emotionaler, als es der Situation angemessen ist.
Er jammert und ist vorwurfsvoll.
Du spürst, dass er traumatisiert ist, aber der Auslöser passt nicht zur Tiefe des Schocks.
Seine Gedanken kreisen ewig um das gleiche Thema, er kann es nicht verarbeiten.
Er atmet flach und spricht mit Bruststimme.
Er macht nervöse Bewegungen, knetet beispielsweise seine Hände.
Du spürst, dass er in Not ist und sich selbst nicht helfen kann. Gleichzeitig erreichst du ihn kaum, er ist wie in einer Art innerem Film, einer emotionalen Schleife gefangen.
Er ist nicht in der Lage, abstrakt zu denken und seine Handlungen und Entscheidungen auf der Metaebene zu betrachten.
Konstruktive Lösungen sind außerhalb seiner Reichweite.

Wenn dein Klient in der Energie des verletzten Inneren Kindes gefangen ist, dann kannst du ihn verbal nicht mehr erreichen und du kommst nicht weiter. Du kannst getrost auf deine Wahrnehmung vertrauen: Wenn du das Gefühl hast, du sitzt einem Kind statt einem Erwachsenen gegenüber, dann stimmt das auch. Es gilt nun, dieses Innere Kind zunächst wahrzunehmen und achtsam zu thematisieren. Denn unser Klient will meistens nicht viel mit sich selbst zu tun haben – das ist auch ganz logisch. Die Schmerzvermeidung funktioniert und wirkt.

Wie aber erreichen wir das verletzte Innere Kind unseres Klienten, und was braucht es? Wir haben im ersten Kapitel gelernt: Das verletzte Innere Kind zeigt die unmittelbare emotionale Reaktion der Amygdala. Diese lernt nur und ausschließlich durch emotionale Erfahrungen (im Gegensatz zum Hippocampus, der durch Wiederholungen lernt). Es ist möglich, die Erfahrung von Verletzung zu vergessen, zu »überschreiben«, indem die Amygdala eine neue, positive Erfahrung über die bereits erlittene legt.

Noch einmal: Das Innere Kind ist nicht über kognitive Therapie erreichbar. Es fühlt. Es denkt nicht. Die Amygdala hat nur ganz wenig Verbindung zum präfrontalen Cortex.

Worum also geht es in der Arbeit mit dem Inneren Kind? Wir ermöglichen unserem Klienten neue, positive Erfahrungen in einer bereits erlebten, verletzenden Situation. Gleichzeitig geben wir ihm einen sicheren Raum, in dem er sich geliebt und geborgen fühlt. Wir wecken das Bewusstsein unseres Klienten für sein Inneres Kind, wir geben ihm Werkzeuge, mit denen er sich von nun an selbst beschützen und nähren kann. Wir zeigen ihm, wie er sein Inneres Kind »rückwirkend« (in Anführungszeichen, weil es für diese emotionale Ebene keine Zeit gibt) rettet und versorgt, und wir ermöglichen es ihm, in kommenden schwierigen Situationen besser für sich zu sorgen. Wir nehmen ihm die Scheu vor dem Schmerz und zeigen ihm, wie er von nun an für sich selbst da sein kann, damit er auf der Erwachsenenebene handlungsfähig bleibt. Wir stellen ihm hilfreiche Kräfte zur Seite, die sein Inneres Kind beschützen, nähren und unterstützen. So weit, so hilfreich.

Was aber muten wir unserem Klienten zu, wenn wir mit seinem Inneren Kind arbeiten wollen? Es ist sehr wichtig, das zu verstehen, denn die Schmerzvermeidung ist immens, und das ist auch gut so, hat sie ihm doch bislang das Leben ermöglicht, wenn nicht sogar gerettet.

Unser Klient muss sich, wenn wir uns seinem Inneren Kind nähern, mit Themen befassen, die aus gutem Grund bislang im Unbewussten lagen. Wir führen ihn durch seine Schmerzvermeidung hindurch zu den Gefühlen hin, die ihn als Kind das Leben gekostet hätten, zumindest einen Teil seiner geistigen Gesundheit. Wir erwarten eine hohe Transferleistung: die Unterscheidung zwischen dem Erwachsenen, der er ist, und dem Inneren Kind, das in ihm wirkt, aber nicht mehr sein Bewusstsein, sein gesamtes Denken, Fühlen und Handeln, zu beherrschen braucht. Wir erwarten vom ihm die Bereitschaft, sich mit schmerzlichen Themen auseinanderzusetzen, und nicht nur mit seinen eigenen. Denn das Innere Kind trägt nicht nur die Lasten eigener Erfahrungen, sondern, wie wir aus sehr vielen Therapieformen wissen, die Lasten der Familie und der Ahnen gleich mit. Wir wissen, dass sich Kinder als Platzhalter anbieten, dass sie ein untrügliches Gespür für die Defizite eines Familiensystems haben und sich selbst als Ausgleich anbieten. Wir wissen, dass Kinder die absurdesten Verhaltensweisen an den Tag legen, die merkwürdigsten Schlussfolgerungen ziehen, um das System, in dem sie leben, am Laufen zu halten. Ihr eigenes Überleben hängt davon ab. Es ist für ein Kind weitaus weniger bedrohlich, den eigenen Platz erst gar nicht einzunehmen, sondern für das System zur Verfügung zu stehen, wenn es dadurch genährt und versorgt wird, als in einem vollends dysfunktionalen System in jede Hinsicht zu verhungern.

Wenn du spirituell arbeitest, dann trägt das Innere Kind zudem die Verletzungen der angenommenen vergangenen Leben. Und ganz bestimmt die Lasten der Ahnen.

Wir haben also einen sehr verletzlichen Anteil vor uns, dem wir in aller Achtsamkeit begegnen dürfen und müssen. Das Gute ist: Tun wir das nicht, dann zeigt sich das Innere Kind schlichtweg nicht kooperativ, und das ist auch gut so. Es schützt sich selbst vor erneuten Verletzungen und vertraut uns, den Therapeuten, einfach nicht – zu Recht.

Dazu einen kurzen Exkurs: Ich arbeite sehr viel mit Rückführungen[1], weil mir das sehr sinnvoll erscheint. Dabei spielt es für mich überhaupt keine Rolle, ob mein Klient tatsächlich schon einmal gelebt hat oder nicht. Ich mache immer wieder die Erfahrung, dass sich nicht jedes Thema durch Ereignisse in diesem Leben hinreichend erklären lässt und dass es äußerst hilfreich ist, ein früheres Leben anzunehmen. Es ist eine Arbeitsgrundlage, die zu emotionalen und spirituellen Erkenntnissen und Einsichten führt, und nur darum geht es mir.

Außerdem gibt es noch all die seelischen Entscheidungen, die auf völlig anderen Bewusstseinsebenen getroffen wurden und die dem Klienten meistens nicht zugänglich sind.

Was heißt das? Dass wir eben nicht wissen, womit wir es zu tun bekommen, wenn wir uns dem Inneren Kind unseres Klienten nähern. Das Innere Kind kann wie ein mit Sprengsätzen bestückter Selbstmordattentäter daherkommen.

Was erfordert die Arbeit mit dem Inneren Kind also von uns, den Therapeuten? Zunächst einmal größtmögliche Achtsamkeit und Mitgefühl. Unser Klient, so verkopft, kontrolliert und verschlossen er auch daherkommen mag, trägt eine große Last. Je verkopfter, je kontrollierter, desto größer ist sie zumeist. Er kann nicht fühlen. Er ist ungeduldig, wütend, spürt oft gar nichts oder ist seltsam abwesend, nicht spürbar, wenn es um bestimmte Themen geht. Der »zentrale Konflikt«[2] des Kindes ist gut einge-

---

1 Buchtipp: Rhea Powers: Reinkarnation. Oder die Illusion der persönlichen Identität, Ch.Falk-Verlag 1989

2 Grundkonflikt, Ambivalenzkonflikt: Begriff aus der Psychoanalyse, geprägt von Sigmund Freud: Das Kind erlebt zwei oder mehr sich widersprechende Bedürfnisse und muss sich für ein Ziel entscheiden, welches das andere ausschließt. Meistens wählt es das Ziel, bei dem es sich selbst emotional opfert, um weiterhin physisch vom System versorgt zu werden, was man sehr exemplarisch an Missbrauchsthemen erkennen kann.

bettet in zum Teil sogar widersprüchliche Abwehrmechanismen. Das gesamte System unseres Klienten, Emotionen, Gedanken und der Körper, hält diese Abwehrmechanismen aufrecht – durch Verspannung, Schmerzen, durch Unfälle und Krankheiten, durch bestimmte Rede- und Denkweisen, Glaubenssätze und emotionale, geradezu suchtartige Muster, die immer wieder die gleichen Gefühle produzieren und damit in der gleichen schmerzvermeidenden Entscheidung enden. (Ich werde nie wieder … ich muss immer …)

Wenn wir dann noch wissen, dass sich Seelenanteile abspalten können, wenn die emotionalen Lasten zu groß werden, dass sie ins Vergessen rutschen, ins Unbewusste, wenn wir also wissen, dass unser Klient an einigen Stellen gar nicht mit sich selbst in Kontakt sein kann, egal, wie großartig unsere Übung auch sein mag, dann wird klar, welch riesiges Vertrauen das Innere Kind unseres Klienten in uns setzt, wenn es sich zeigt.

Das Innere Kind deines Klienten braucht dich. Als Ansprechpartner. Als jemanden, der es erkennt und sieht, besonders aber als jemanden, der nicht selbst in Resonanz mit den Schmerzen dieses Inneren Kindes gerät. Und so halte ich es für wesentlich, dass du, bevor du mit den Inneren Kindern deiner Klienten arbeitest, ein bewusstes, liebevolles und beschützendes Verhältnis zu deinem eigenen hergestellt hast. Dein Inneres Kind braucht nicht geheilt zu sein, was immer das auch heißen mag. Aber du musst es beschützen können, denn es hat in der Therapiesitzung absolut nichts zu suchen.

Warum nicht? Ist es nicht gut, wenn du mit deiner Fantasie und deiner Leichtigkeit anwesend bist? Neulich sagte ich genau das in einem Vortrag und bekam heftigen Gegenwind von einer Kunsttherapeutin. Ihr Inneres Kind wäre immer mit anwesend, sagte sie, es würde gerade das Besondere ihrer Arbeit ausmachen. Denn wenn sie mit den Kindern malte, würde ihre eigene Freude und Kreativität auf die Kinder überspringen. Ich bat sie nach vorn und stellte ihr die zwei Aspekte auf: die Kunsttherapeutin und das Innere Kind. Als ich auf dem Platz der Therapeutin stand, spürte ich Folgendes: Die Kunsttherapeutin war sehr verantwortungsbewusst, kreativ, kompetent und hatte die Situation zu jeder Zeit im Griff. Sie konnte ihre eigene Lebensfreude und Leichtigkeit nach außen bringen und dennoch vollkommen verantwortlich für alles bleiben, was um sie herum geschah. Würde eines der Kinder, die sie betreute, in Not geraten, wäre sie auf der Stelle präsent und wüsste, was zu tun wäre. Der Platz ihres Inneren Kindes dagegen fühlte sich ganz anders an: sehr empfindsam, kreativ, aber leicht zu verschrecken. Dieses Innere Kind wäre nicht in der Lage, für die anderen Kinder da zu sein, es brauchte selbst sehr viel Schutz, damit es sich in aller Schönheit entfalten konnte. Es war lichtvoll und leicht, malte wunderbar, brauchte aber unbedingt jemanden, der es beschützte – denn es kannte die anderen Kinder ja gar nicht! Als ich ihr diesen Unterschied aufzeigte, verstand sie.

Natürlich darf und soll die Energie unseres Inneren Kindes, sein Zauber, seine Magie, in unser Handeln einfließen. Aber es darf nicht an der Alltagsfront stehen, es darf nicht aus sich selbst heraus agieren und agieren müssen, wenn wir für andere verantwortlich sind. Denn das kann es einfach nicht.

Der Schamanismus beschreibt es treffend: Es gibt einen sogenannten Inneres-Kind-Schild und einen Erwachsenenschild. Mit »Schild« bezeichnet der Schamanismus die Rolle, die wir einnehmen, die Art, wie wir uns nach außen zeigen und präsentieren, einfach die Kraft, mit der wir anwesend sind, die Umwelt wahrnehmen und selbst wahrgenommen werden. Ist der Innere-Kind-Schild vorn, dann nehmen wir die Welt mit den Augen eines Kindes wahr und werden auch so gesehen. Das klingt oberflächlich gesehen zauberhaft. Aber wenn wir Verantwortung tragen, gesunde

Beziehungen führen, wenn wir handlungsfähig sein und selbstbestimmt leben wollen, ist es keine gute Idee, aus dem Inneren Kind heraus zu agieren. Es gibt einen Grund, warum Kinder nicht geschäftsfähig sind. Der Erwachsenenschild dagegen lässt uns die Welt aus dem gereiften präfrontalen Kortex erleben. Hier sitzen Selbstverantwortung, kreative Schöpferkraft, bewusstes Mitgefühl, bewusste Spiritualität und die Fähigkeit, konstruktive und soziale Lösungen zu finden.

Ich beschreibe das gern so: Stelle dir ein Wetterhäuschen vor. Entweder steht die Schönwetterfigur oder die Regenwetterfigur vorn, beides zugleich geht nicht. Und so ist es auch mit dem Erwachsenen und dem Inneren Kind: Du entscheidest, wer vorn steht, sichtbar und damit Ansprechpartner für die Außenwelt ist.

Wenn wir also mit unseren Klienten arbeiten, dann hat unser Inneres Kind nichts dabei zu suchen. Schon allein deshalb nicht, weil wir dann selbst viel zu verletzlich sind. Ich habe Therapeuten erlebt, die geradezu beleidigt waren, weil völlig überfordert, wenn ihr Klient sich nicht so verhielt, wie sie sich das vorstellten. Am eigenen Leib. Das ist nicht hilfreich, wenn man sich selbst in einer Notlage befindet!

Die einfachste, sicherste und effektivste Methode, seinem Inneren Kind zu begegnen, ist noch immer der leere Stuhl aus der Gestalttherapie nach Fritz Perls, aus der heraus Bert Hellinger sein systemisches Familienstellen entwickelte. Sie funktioniert nahezu immer und erfordert von unseren Klienten weder großartige kognitive Fähigkeiten noch eine besondere Entspannungstechnik.

Um Kontakt mit dem Inneren Kind aufzunehmen, nutzen wir also folgende Übung. Sie lässt sich in jede Therapieform integrieren.

Übung: Kontakt zu dem Inneren Kind herstellen
Technik: Der leere Stuhl

Der Klient stellt zwei Stühle einander gegenüber, und zwar in dem Abstand, der sich stimmig und richtig anfühlt. Einer der Stühle steht für ihn selbst, der andere für sein Inneres Kind. Nun bitte deinen Klienten (oder Patienten, ich beschränke mich der Einfachheit halber auf das Wort »Klient«), sich auf seinen Stuhl zu setzen, dem gedachten Inneren Kind gegenüber. Bitte ihn zu atmen, und lass ihn alles aussprechen, was er fühlt.

Wie fühlt sich der Körper an? Wie fließt die Atmung? Welche Gedanken, welche Gefühle kommen? Kann er das Innere Kind anschauen, will er überhaupt etwas mit ihm zu tun haben? Wir schauen uns in dieser Übung die Beziehung an, wir verändern noch nichts. Stimmt der Abstand der Stühle, wenn er darauf sitzt, will er näher zum Inneren Kind oder weiter von ihm weg?

Lass ihn da einen Moment lang sitzen, auch wenn es sich vielleicht unangenehm anfühlt. Gerade dann, wenn der erste Fluchtreflex kommt, lohnt es sich, noch einen Atemzug lang zu bleiben und diese Hürde zu nehmen. Bitte deinen Klienten, die Körperhaltung einzunehmen, die sich jetzt gut oder zumindest besser anfühlt, selbst wenn er sich wegdreht. Wie gesagt, es geht zunächst nicht darum, die Beziehung zum Inneren Kind zu verbessern, sondern darum, sie so zu erleben, wie sie eben ist.

Bitte deinen Klienten nach ein paar Minuten, aufzustehen und sich auf den Platz des Inneren Kindes zu setzen. Lass ihn für einen Moment einfach sitzen und atmen, bitte ihn dann, alles auszusprechen, was er fühlt, wahrnimmt, auch das, was er eben nicht wahrnimmt. Wie fühlt sich der Körper an, wie ist die Atmung, welche Gedanken und Gefühle hat das Innere Kind? Was ist anders als beim Erwachsenen, und wie geht es dem Kind auf diesem Platz mit seinem Gegenüber? Stimmt der Abstand, oder

möchte das Innere Kind etwas verändern? Wenn das Innere Kind etwas verändern möchte, dann erlaube das.

Lass nun das Innere Kind alles sagen, was es zu sagen hat. Das kann einen Moment dauern, sei geduldig, und sprich mit deinem Klienten auf diesem Platz so, wie du das mit einem Kind tun würdest. Frage es bitte auch, wie alt es ist.

Bitte deinen Klienten nach ein paar Minuten, noch einmal den Platz zu wechseln. Frage ihn, ob er, der Erwachsene, gehört hat, was sein Inneres Kind sagte, ob er es wahrgenommen hat. Möglicherweise stimmt jetzt der Platz nicht mehr, erlaube deinem Klienten auch in der Erwachsenenrolle, seinen Platz so zu verändern, wie das für ihn besser passt.

Nun kann der Dialog beginnen. Frage, ob dein Klient in der Erwachsenenrolle bereit ist, sich von nun an seinem Inneren Kind zu widmen, auch wenn er noch nicht genau weiß, wie. Bitte ihn, seinem Inneren Kind nun alles zu sagen, was er zu sagen hat, indem er sich vorstellt, es sitze ihm tatsächlich gegenüber.

Dann wechselt er noch einmal die Seiten und erlebt sich wieder in der Rolle des Inneren Kindes. Frage es, wie es sich fühlt, besonders aber, ob es dem Erwachsenen vertraut. Das Innere Kind spürt ganz genau, ob der erwachsene Anteil überhaupt in der Lage ist, sich ihm, dem Inneren Kind, von nun an zu widmen. Frage es bitte, was es braucht, was es sich wünscht, und bitte deinen Klienten, sich nicht selbst zu zensieren. Alles, was er auf diesem Platz zu sagen hat, ist wichtig, egal, wie absurd es ihm selbst vielleicht vorkommt.

Dieser Dialog darf so lange dauern, bis du das Gefühl hast, für heute ist alles gesagt. Ihr müsst nicht auf der Stelle alles erlösen. Heute geht es darum, einen echten Kontakt herzustellen, deinem Klienten ein Bewusstsein für sein Inneres Kind zu vermitteln und ihm ein Werkzeug zu geben, mit dem Innere Kind auch dann in Kontakt zu kommen, wenn er allein ist.

Warum der leere Stuhl, warum keine Familienaufstellung? In der Familienaufstellung schaut man sich immer das gesamte System an. Mir geht es aber zunächst darum, eine sichere und zuverlässig funktionierende Verbindung herzustellen. Und noch etwas: Du brauchst für diese Übung keine Ausbildung in Aufstellungsarbeit oder in Gestalttherapie zu haben.

Als ich diese Übung selbst zum ersten Mal machte, war ich völlig überrascht, als ich mich mit kindlicher Stimme sagen hörte: »Ich will ein schwarzes Häschen haben«. Davon hatte ich absolut nichts gewusst! Natürlich bekam mein Inneres Kind dieses schwarze Häschen – und ich verstand, dass es tatsächlich einen Teil in mir gab, der mir bislang in keiner Weise bewusst und zugänglich gewesen war.

In der Psychotherapie gibt es den Begriff des »Reparenting«, das bedeutet, der Therapeut nimmt den Platz eines guten, fürsorglichen Elternteiles ein und nährt das Innere Kind seines Klienten durch seine Anteilnahme. Stellvertretend für die Mutter, den Vater stellt sich der Therapeut zur Verfügung und gibt dem Klienten den Halt, das Verständnis, die Aufmerksamkeit, die er als Kind nie oder nur rudimentär hatte.

Wozu dient das? Wenn wir verstanden haben, wie die Amygdala funktioniert, dann ist es klar: Durch ein neues emotionales Erleben geben wir unserem Klienten Raum, die traumatischen Erlebnisse, die Konflikte, nach und nach aus der Vermeidung in das emotionale Bewusstsein und Erleben auftauchen zu lassen. Weil wir da sind, weil wir ihn halten, weil wir nicht projizieren, nicht urteilen, sondern einfach Halt geben, kann der Klient seine Erlebnisse nach und nach verarbeiten.

Ist das aber nicht längst überholt? Gibt es nicht unterdessen viele Techniken, die blitzschnell und ohne Umschweife für Klärung und Erlösung sorgen können? Quantenheilung, Reiki, NLP, Kinesiologie, Theta Healing und ein Dutzend weiterer Therapieansätze kommen ohne die bewusst her-

beigeführte Rückschau aus. Müssen wir wirklich in den alten Geschichten stochern, den zentralen Konflikt erkennen und therapieren? Nun, wozu dient es, sich das Innere Kind mit all seinen Verlusten, Verletzungen, aber eben auch seiner Schönheit, seinem Zauber, seiner Durchsetzungskraft, seiner Magie und seinem Überlebenswillen bewusst zu machen? Eben dazu, sich seiner bewusst zu werden. Denn je bewusster unsere Klienten und Patienten sich ihres Inneren Kindes sind, desto differenzierter können sie auf seine Bedürfnisse reagieren. Warum ist dieses Bewusstsein so wertvoll? Einfach, weil das Innere Kind ein unleugbarer Anteil der eigenen Psyche ist. Weil es sich lohnt, es kennenzulernen. Weil es schlichtweg ein Geschenk ist, bewusst mit diesem Inneren Kind in Kontakt zu sein, ihm zuzuhören und es in Sicherheit zu bringen. Mag sein, dass es Therapien gibt, die alte Traumen ohne Umschweife beseitigen. Aber echte Reife, echte Würde erlangen wir, wenn wir uns mit all unseren Aspekten kennenlernen, uns selbst anerkennen, annehmen und in Frieden mit dem kommen, was ist. Echtes Mitgefühl erlangen wir nur, wenn wir Mitgefühl mit uns selbst entwickeln. Und dazu braucht es den langen Weg. Denn eine Schwangerschaft dauert auch im Zeitalter erhöhter Schwingung und beschleunigter Entwicklung, wenn wir einmal annehmen, das gäbe es, neun Monate. Und solange die Dinge auf der Erde nach wie vor ihre Zeit brauchen, dürfen wir getrost davon ausgehen, dass das für eine echte Entwicklung auch sinnvoll ist.

Wie jede andere Beziehung auch braucht die zum Inneren Kind gemeinsam verbrachte Zeit, Geduld, Liebe, Fürsorge, Achtsamkeit und die Bereitschaft, sich mit dem auseinanderzusetzen, was dieses Innere Kind mitbringt. Ihm zu helfen, es zu schützen und es manchmal auch zu retten. Therapieren wir an ihm vorbei, mag es unserem Klienten besser gehen, ganz bestimmt sogar. Aber er hat sich selbst nicht besser kennengelernt, er hat kein Bewusstsein für sein Inneres Kind entwickelt und damit auch kein Bewusstsein dafür, welche Energie und Qualität ihm mit einem geheilten Inneren Kind zur Verfügung stünden. Er hat außerdem nicht gelernt, sein Inneres Kind von nun an zu beschützen und selbst zu nähren. Damit bleibt es sehr verletzlich, wird womöglich noch verletzlicher. Nämlich dann, wenn unser Klient glaubt, durch eine bestimmte spirituelle Technik könne er von nun an unangenehme und schmerzliche Ereignisse von sich fernhalten. Dann wird er, wenn ihm das Leben dennoch den Wind ins Gesicht bläst, erst recht straucheln und überfordert sein – und sich nun auch noch schämen, weil ihm »so etwa« überhaupt »noch« passiert. Als gäbe es eine Garantie für Glück, wenn wir nur genügend erleuchtet sind. Viel wichtiger als eine Glücksgarantie ist die Fähigkeit, sich selbst in jeder Situation zur Seite zu stehen, sich selbst zu halten und immer aufs Neue mit sich und dem Leben ins Reine und in Frieden zu kommen.

Wie immer gilt also auch in Bezug auf verschiedene Therapieformen: sowohl/als auch. Alles zu seiner Zeit. Und noch ein kluger Satz: Das eine schließt das andere nicht aus.

Noch wichtiger als das Reparenting, das Nachnähren des Inneren Kindes durch uns, die Therapeuten, ist, dass unser Klient lernt, selbst Verantwortung für sein Inneres Kind zu übernehmen. Damit er nicht abhängig von uns wird. Und so lege ich großen Wert darauf, meinen Klienten Techniken zu zeigen, die sie befähigen, ihr Inneres Kind zu schützen und zu retten, in Kontakt mit ihm zu sein und gut für es zu sorgen. Mehr noch – es zu heilen.

Wie heilt man die Verletzungen des Inneren Kindes und was bedeutet das? »Heilen« bedeutet, wir ermöglichen es den emotionalen Selbstheilungskräften, zu greifen und die Erlebnisse auf ihre Weise zu verarbeiten. Das geht aber erst, wenn wir das Erlebte aus dem Zustand des Schocks und der Verdrängung herausgeholt haben. Denn solange der Klient nicht fühlt,

kann sein System nicht wieder ins Gleichgewicht kommen. Erst in dem Moment, in dem wir ihm in der auslösenden Situation eine neue, liebevolle und tröstende Erfahrung ermöglichen, beginnen die Löschneuronen der Amygdala, das Geschehen aus dem Status der Unantastbarkeit zu befreien und es als durchlebte, aber befriedete Erfahrung zu verbuchen. Das heißt:

Wenn unser Klient lernt, sich selbst als Kind zu erleben, und dabei in der Lage bleibt, sich gleichzeitig als für das Innere Kind hilfreicher Erwachsener zu erfahren, hat er ein schier unendliches Heilungspotenzial.

Wir haben uns mit der Technik des leeren Stuhls einen Zugang zum Inneren Kind geschaffen. Dazu braucht unser Klient nichts weiter zu tun, als sich auf seine Wahrnehmungen einzulassen. Das ist allerdings schon schwierig genug. Mein Hauptwerkzeug in meinen Seminaren und in den Einzelsitzungen ist die »innere Reise«. Ich biete meinem Klienten durch eine geführte Fantasiereise an, sich seinen inneren Bildern zu nähern, ich begleite ihn dabei und spreche mit ihm. Er ist also, anders als in einer echten Meditation, jederzeit mit mir in Kontakt und ansprechbar, dabei aber in einer leichten Trance. Ich gebe die inneren Bilder zunächst vor, dann frage ich meinen Klienten, was er wahrnimmt. In einer bestimmten Phase der inneren Reise beginnt sein eigenes Unterbewusstsein, sich durch Bilder, Worte, Gefühle und Ahnungen bemerkbar zu machen, und ich lasse mich nun von ihm führen. Dabei habe ich das Ziel der Reise natürlich immer im Blick. Denn auch Ablenkungsmanöver können sich durch innere Bilder zeigen. Die Trance stelle ich durch meine Stimme und bestimmte archetypische innere Bilder her.[3]

---

3 Wie man Meditationen selbst schreibt und führt: Susanne Hühn: Meditationen selbst führen lernen, Schirner Verlag 2008

Innere Reise: Kontakt mit dem Inneren Kind aufnehmen

Lies deinem Klienten die folgende innere Reise einfach vor, oder wandle sie für dich ab. Das Ziel ist, ihm einen Kontakt zu ermöglichen, egal, wie intensiv dieser ist. Der Hauch einer Ahnung, dass es überhaupt ein Inneres Kind gibt, ist schon ein sehr guter Anfang!

Sorge bitte dafür, dass dein Klient es sich bequem macht. Wenn du Musik auflegen willst, tue das, ich mache es nicht, denn meinem Gefühl nach manipuliert Musik die Emotionen zu sehr. Nach einer inneren Reise lege ich gern ein Musikstück auf, um die Wirkung zu verstärken. Während einer geführten inneren Reise in einer Einzelsitzung tue ich das nicht, denn ich spreche während der Reise mit meinem Klienten, und Musik kann da stören. (In einer Gruppe dagegen schon, um den Kontakt zu halten, auch wenn ich schweige.)

Wir rufen während dieser Reise einen Schutzengel für das Innere Kind. Wenn dir das gegen den Strich geht, dann streiche es einfach. Der Sinn ist, dass der Klient, egal, ob er an Engel glaubt oder nicht, eine Kraft zur Seite gestellt bekommt, die sich um das Innere Kind kümmert, wenn er es selbst nicht kann. Ich erlebe immer wieder, wie erleichternd das ist, egal, ob ein Klient die Anwesenheit von Engeln für möglich hält oder nicht. Die inneren Bilder wirken in jedem Fall.

Der Text:

Erlaube dir, es dir ganz bequem zu machen, lege dich hin, und schließe deine Augen. Es gibt nun nichts mehr für dich zu tun. Du brauchst in diesem Raum niemandem zu gefallen, es niemandem recht zu machen, für niemanden zu sorgen. Du bist hier ganz und gar nur für dich. Dies ist deine Zeit, und du darfst dich ein wenig tiefer sinken lassen, die Kontrolle über dich selbst loslassen. Alles an dir darf sein, wie es gerade ist, egal,

ob es dir gefällt oder nicht. Es gibt tatsächlich nichts mehr zu tun, als hier zu sein, meiner Stimme zu lauschen und deinen inneren Bildern zu vertrauen.

Vor deinem inneren Auge entsteht nun ein Tor oder eine Tür. Dieses Tor führt dich in eine andere Welt, in eine Welt, in der die Dinge eine andere, tiefere Bedeutung haben. Stelle es dir einfach vor, jedes Tor ist gut und richtig. Du gehst durch dieses Tor hindurch und kannst ein weiteres Stück deiner Kontrolle loslassen. Hier bist du sicher. Du findest hinter dem Tor eine wunderschöne Landschaft, in der du ein wenig spazieren gehst, dich dabei ausruhst und bei dir selbst ankommst. Wenn du magst, dann rufe jetzt den Schutzengel deines Inneren Kindes. Dazu brauchst du gar nicht an Engel zu glauben, denn dein Inneres Kind glaubt daran, und deshalb hat es auch einen. Vielleicht spürst oder siehst du einen Engel, vielleicht auch nicht. Sei sicher, wenn du ihn rufst, dann kommt er auch.

Nun gehst du weiter. Du entspannst dich immer tiefer, atmest tief auf. In einiger Entfernung siehst du auf einmal eine ganz besonders markante, wunderschöne Stelle in dieser Landschaft, einen Wasserfall, eine mit Blumen bewachsene Lichtung oder eine weiß-türkisfarbene Bucht, wenn du an einem Strand bist. Du näherst dich dieser Stelle – und du siehst oder erahnst ein Kind.

Nimm nun bitte wahr, wie es diesem Kind geht. Bemerkt es dich überhaupt? Gehe auf das Kind zu, begrüße es, und sage ihm: »Ich bin jetzt für dich da. Ich sehe dich, ich höre dich, und ich nehme dich wahr«. Dann setze dich zu dem Kind, und erlaube ihm, dich in seiner Zeit wahrzunehmen und kennenzulernen. Es kann durchaus sein, dass dieses Kind gar nichts mit dir zu tun haben will. Es kennt dich ja möglicherweise nicht und ist es gewöhnt, allein zu sein. Erwarte bitte nichts von diesem Kind. Es braucht nicht zu funktionieren, und es braucht nicht nett zu dir zu sein. Du bist für das Kind da, nicht umgekehrt. Sei einfach da, und biete ihm deine Gesellschaft an. Wenn du den Schutzengel deines Inneren Kindes mitgebracht hast, dann bitte ihn, dem Kind das zu geben, was es jetzt in diesem Moment braucht.

Und mehr gibt es im Moment nicht zu tun. Du lernst dein Inneres Kind erst einmal kennen, genau, wie es dich gerade kennenlernt. Bleibe bei ihm, schaue ihm beim Spielen zu, oder mache mit, nimm es in den Arm, wenn es das erlaubt, und verbringe Zeit mit ihm.

Irgendwann stehst du auf und gehst den Weg zurück, kommst durch das Tor. Nun verblassen die inneren Bilder, und du kommst mit deiner Aufmerksamkeit wieder in den Raum zurück, in dem du dich befindest. Du hörst mich sehr deutlich, beginnst jetzt, tiefer zu atmen. Dehne dich, recke und strecke dich. Öffne dann deine Augen.

Wie kann so etwas aussehen? Hier eine Beispielsitzung, die ich erlebt habe:

Die Klientin war eine junge Frau, depressiv und medikamentös eingestellt, arbeitete nicht mehr. Sie lächelte viel, die Gefahr war groß, dass sie es mir recht machen wollte, statt sich selbst zu spüren.

»Was führt dich zu mir, was ist deine Not?«, fragte ich, das frage ich immer. Denn das, was offensichtlich ist, muss noch lange nicht das sein, worunter mein Klient wirklich leidet.

Sie erzählte von ihren geschiedenen Eltern und ihrer depressiven Mutter, wirkte sehr offen, war es aber nicht. Die Verweigerung war deutlich spürbar. Ich ahnte natürlich, dass sie eine Menge für ihre Mutter trug, aber meine Ahnungen waren keine Therapiegrundlage. Ich stellte mich in ihre Energie, um zu spüren, worum es wirklich ging, und fühlte deutlich das Innere Kind. Noch deutlicher aber spürte ich die Erwachsene, die mit ihrem Inneren Kind absolut nichts zu tun haben wollte. Ich konnte sie also nicht einfach in eine innere Reise führen, bei der sie das Innere Kind treffen würde. Ich musste sie zunächst mit ihrem Inneren Kind vertraut

machen, soweit es eben möglich war. Sie hatte noch nie etwas mit ihrem Inneren Kind zu tun gehabt, sagte sie, wusste auch nicht, was das ist. Ich erklärte ihr ein bisschen etwas über ihre Amygdala. Dann legte ich ein Kissen auf den Boden, ein zweites dem gegenüber.

»Das bist du«, sagte ich und deutete auf das erste Kissen. »Und das ist dein Inneres Kind.« Ich legte ein Plüschtier auf das zweite Kissen, es erschien mir wichtig, dass da symbolisch ein Lebewesen lag, nicht nur ein Kissen. Sie zuckte zurück. Sie war eine der Klientinnen, bei denen man wirklich nicht wusste, ob sie überhaupt kooperierten. Doch als ich sagte: »Probiere doch einfach einmal aus, wie es sich anfühlt, auf diesem Platz zu sitzen«, setzte sie sich ihrem Inneren Kind gegenüber. Möglicherweise nur, um es mir recht zu machen, doch das nahm ich in Kauf.

»Schaue zu dem Plüschtier – wie fühlt sich das denn an?«, fragte ich. Sie lächelte strahlend.

»Ganz schlecht«, sagte sie dann.

»Sage einmal dem Inneren Kind: ›Ich will nichts mit dir zu tun haben‹«, sagte ich bewusst provozierend. Sie war zu nett. Ich wollte, dass sie verstand: Hier hatte jede Wahrheit Raum, egal, ob sie sich freundlich anhörte oder nicht. Sie zögerte. »Wenn es stimmt«, fügte ich hinzu. Sie nickte.

»Aber ist das nicht total gemein?«, fragte sie.

»Nun, wenn es so ist, dann ist es einfach so, oder? Schau, das Innere Kind hält die ganzen Lasten aus, die du für deine Mutter trägst, und seine eigene Einsamkeit noch dazu. Es ist kein Wunder, dass du nichts mit ihm zu tun haben willst, das ist die Schmerzvermeidung. Sage ihm: ›Ich will mit deinen Verletzungen nichts zu tun haben‹, wenn dir das leichter fällt. Und wenn es stimmt.«

Sie schaute das Kissen an und sagte: »Ich will mit dir nichts zu tun haben, mit deinen Verletzungen nicht und auch sonst nicht.«

Ich war stolz auf sie.

»Stimmt das?«, fragte ich sie noch einmal, und sie nickte. »Sehr gut«, sagte ich, »du hast deine Wahrheit gesagt. Denn nur darum geht es hier. Du brauchst hier nicht zu funktionieren, und ich habe keine Erwartungen an dich außer der: Ich will wissen, was du wirklich fühlst. Und jetzt probiere doch einmal aus, wie sich der Platz des Inneren Kindes anfühlt.« Ich nahm das Plüschtier zu mir und legte es neben mich, nahm es aus der Funktion des Inneren Kindes heraus, damit sie sich auf den Platz setzen konnte. (Ich nahm es nicht in den Arm, sondern legte es bewusst achtlos neben mich, damit klar war: Es hatte im Moment keine Funktion.) Sie wechselte.

»Wie fühlst du dich hier?«, fragte ich mit einer anderen Stimme, ich redete wie mit einem Kind. »Wie geht es dir?«

»Schlecht«, sagte sie, »mich sieht keiner.«

»Das stimmt. Die Große hat ja auch gerade gesagt, sie will nichts mit dir zu tun haben. Ich sehe dich aber«, sagte ich ihr. »Was wünschst du dir denn von der Großen dir gegenüber?«

»Weiß ich nicht, ich wünsche mir nichts. Ich kann es nicht ausdrücken, das ist ja mein Problem. Ich werde nicht gesehen, und wenn ich etwas gut mache, dann lobt mich keiner.«

Das fand ich nun sehr spannend, sie wurde nicht mit dem gesehen, was sie gut konnte. Ich war sehr gespannt, welchen Schatz ich, versteckt in der depressiven, passiv-aggressiv verweigernden Frau, vor mir sitzen hatte.

»Nun«, sagte ich, »gerade eben hast du gesagt, es geht dir schlecht und dich sieht keiner. Kann es sein, dass du dir wünschst, dass dich jemand sieht?« (Es ist meistens so einfach. Sie hatte längst gesagt, was sie brauchte, und es selbst gar nicht bemerkt – was typisch für diese innere Abspaltung ist. Deshalb brauchte sie jemanden als Spiegel.)

»Ja«, sagte sie.

»Sage doch einmal der Großen: ›Ich will, dass du mich siehst!‹«, bot ich ihr an. Sie schreckte zurück.

»Das darf man nicht, eine Forderung stellen.« (Nicht einmal an sich selbst – aha.)

»Dann sage ihr: ›Ich wünsche mir, dass du mich wahrnimmst‹. Geht das?«, fragte ich sie. Ich diskutierte nicht mit dem Kind. Sonst hätte ich ihm das Gefühl gegeben, es ebenfalls nicht zu sehen. Wir müssen den Klienten, besonders sein Inneres Kind, immer unbedingt da abholen, wo er steht, sonst erreichen wir es nicht.

Die Kleine nickte. »Ich wünsche mir, dass du mich wahrnimmst«, sagte sie zu dem ihr gegenüberliegenden Kissen.

Ich schaute sie an und fragte: »Was würde die Große denn sehen, wenn sie dich wahrnähme? Welche Energie hast du denn, was kannst du denn gut?«

»Ich kann singen und auch gut malen«, sagte das Kind, und ich war beeindruckt. Es schien erheblich lebendiger und selbstbewusster zu sein als die Große.

»Ich höre dich«, sagte ich zu dem Kind. »Wie geht es dir denn damit?«

»Besser«, sagte das Kind.

»Dann setze dich jetzt bitte wieder auf den anderen Platz.« Sie wechselte. Ich legte das Plüschtier wieder auf den Platz des Inneren Kindes. »Hast du gehört, was das Kind gesagt hat?«, fragte ich sie auf dem Platz der Großen. Das war nicht immer der Fall!

»Nicht alles«, antwortete sie.

»Das Kind wünscht sich, dass du es wahrnimmst, und es sagt, dass es gern malt und singt. Was macht das denn mit dir, wenn du das hörst?«, fragte ich.

Sie schaute mich lächelnd an. »Ich habe keine Zeit, mich um das auch noch zu kümmern, es ist mir zu anstrengend.«

Ich fragte vollkommen neutral, und ich meinte es auch so: »Was machst du denn den ganzen Tag?« Sie arbeitete ja nicht.

»Zeit habe ich schon, aber keine Nerven. Aber es stimmt, ich habe früher gern gesungen.«

Ich nickte. »Natürlich hast du keine Nerven für das Innere Kind«, sagte ich. Dann nahm ich ein schweres Meditationskissen und legte es dem Plüschtier auf dem Rücken. Es war ganz platt gedrückt. (Das fiel mir schwer, das arme Plüschtier, aber so war es nun einmal.) »Das sind die Lasten, die die Kleine für ihre Mutter trägt. Und sicherlich noch ein paar andere.«

Sie reagierte, wurde aufmerksam, unruhig. Gut!

»Was hast du denn für einen Impuls, wenn du das siehst?«, fragte ich sie.

»Ich würde natürlich schon gern dieses schwere Ding von ihm nehmen«, erwiderte sie. »Aber so einfach ist es ja wohl nicht.«

»Doch«, sagte ich, »tue das. Es ist so einfach.« Ich wollte ihr zeigen, dass dieser Anteil nicht unerreichbar abgespalten war, sondern dass sie durchaus Einfluss nehmen konnte. Sie konnte hinübergreifen und sich selbst berühren. Sie griff nach dem schweren Meditationskissen und legte es neben sich.

»Besser?« fragte ich.

Sie nickte.

»Wirklich?«, fragte ich. Wir waren noch nicht fertig. Mir gefiel nicht, dass diese Last nun neben ihr lag.

»Naja, wenn ich wüsste, wohin mit dem Ding! Das mache ich immer, ich nehme etwas ab, und dann trage ich es selbst.«

Ich nickte, dann sagte ich: »Schaue dich einmal hier im Raum um. Gibt es einen Ort, an dem die Last besser aufgehoben wäre?« Warum machte ich das? Konnte ich ihr nicht gleich eine Lösung anbieten? Denn ich kannte sie ja, die Lösung. Doch ich wollte, dass meine Klientin erkannte: Sie konnte mit Energie arbeiten, sie konnte handeln, selbst entscheiden und ausprobieren.

»Im Regal«, sagte sie, und ich bat sie, das auszuprobieren. Sie legte die schwere Last in ein Regal, doch ihr Blick wurde weiterhin wie magisch davon angezogen.

»Merkst du, dass das nicht funktioniert?«, fragte ich, sie nickte. Sie spürte, dass hier echte, reale Bindungsenergien wirkten, die bestimmten Gesetzmäßigkeiten folgten. Warum war das wichtig? Weil sie, wenn sie diese Gesetzmäßigkeiten kannte, Werkzeuge in der Hand hielt, um für sich selbst zu sorgen! »Ich übernehme jetzt eine Funktion, eine Rolle«, sagte ich. »Ich setze mich zu dir als ›das Schicksal‹.« Ich setzte mich so zwischen die beiden Plätze, dass ein Dreieck entstand. »Ich bin das Schicksal«, sagte ich. »Und wenn du willst, dann gib mir die Last, die du dem Inneren Kind abgenommen hast und nun für deine Mutter trägst. Sage mir: ›Ich gebe die Lasten nun in die Hände des Schicksals.‹«

Sie gab mir das schwere Kissen, und ich nahm es an. Ich hielt es eine Weile, dann legte ich es hinter mich.

»Und jetzt ist es weg?«, fragte sie.

Ich sagte: »Spürst du es noch, zieht es dich noch an, fällt dein Blick noch darauf?« (Falls ja, wären wir noch nicht fertig gewesen. Dann hätte ich die Ahnenreise mir ihr gemacht, dazu später mehr.)

»Nein«, sagte sie.

»Nun schaue bitte wieder auf dein Inneres Kind, wie fühlt sich das jetzt an?«

»Leichter«, antwortete sie. »Ich will aber immer noch nichts damit zu tun haben.«

»Brauchst du auch nicht«, sagte ich, und ich ließ sie wieder den Platz wechseln.

»Wie geht es dir?«, fragte ich das Kind.

»Viel, viel besser. Ich spüre Leichtigkeit, ich bin eigentlich sehr fröhlich«, sagte meine Klientin auf diesem Platz.

Jetzt verbündete ich mich mit dem Kind. »Ich kann dir nicht versprechen, dass die da« – ich zeigte auf den Platz der Großen – »etwas mit dir
zu tun haben will. Ich sehe dich aber. Tut dir das gut?« Warum sagte ich
das? Weil es stimmte, ich konnte es nicht nur versprechen. Das Innere
Kind braucht radikale Offenheit, damit es vertrauen lernt. Warum? Weil
es sofort spürt, wenn jemand nur Versprechungen macht.

Das Kind nickte.

Ich fragte es: »Du hast gesagt, du kannst singen und tanzen. Machst
du das ab und zu? Und weiß das die Große?«

»Sie weiß es, aber wir machen es nicht«, sagte die Kleine.

»Hm, dann verpasst sie eine ganze Menge. Ich kann dir nicht versprechen, dass wir das ändern können. Verstehst du, ich könnte die Große dazu bringen zu machen, was ich sage, sich also um dich zu kümmern, weil
sie mir gefallen will. Aber das hilft dir nicht. Ich kann es dir also nicht versprechen. Ich bin auf deiner Seite, und ich werde alles tun, damit die Große dich sieht. Ich darf sie aber nicht manipulieren, davon hättest du
nichts.« Warum redete ich so mit dem Inneren Kind? Weil ich spürte, dass
dieses Innere Kind der sehr viel aufrichtigere und echtere Teil meiner Klientin war, der Teil, der Klarheit brauchte, aushielt und der sich nicht manipulieren ließ. Ich wollte ihm, dem Kind, zeigen, dass ich es sehr wohl
wahrnahm und dass ich auch sehr wohl wusste, dass auf die Große im
Moment kein Verlass war. Warum wollte ich ihm das zeigen? Damit es
sah, dass es mir vertrauen konnte, ich mich von der Nettigkeit der Großen
nicht blenden ließ. Das Innere Kind bildete in diesem Fall den Kraftplatz,
dieses Innere Kind verbog sich nicht so sehr wie die Große. Die Große erkannte (denn sie hörte ja auch zu), während ich mit dem Inneren Kind redete, dass genau das möglich war: Man konnte ganz offen und ehrlich mit
ihm reden! Ich gab ihr eine Vorlage, eine Blaupause für ihren eigenen Um-
gang mit ihrem Inneren Kind, ganz bewusst.

Ich bat noch einmal um einen Wechsel.

»Wie fühlst du dich nun in Bezug auf dein Inneres Kind?«, fragte ich sie.

»Besser«, sagte sie, »aber ich kann mich nicht um das Innere Kind kümmern, ich weiß gar nicht, wie.«

Ich sagte: »Kannst du der Kleinen sagen: ›Wenn ich nur wüsste, wie, würde ich gern versuchen, mich um dich zu kümmern?‹ Stimmt das?«

Die Große überlegte. »Nein«, sagte sie dann. »Ich würde ja. Aber ich habe wirklich keine Zeit dafür.«

»Ohne dass ich dich überreden will: Ich glaube, du stellst dir das sehr viel schwerer vor, als es ist. Dein Inneres Kind ist kein physisches Kind, du musst nicht nachts aufstehen, und du brauchst es auch nicht zu füttern. Sage mir doch einmal, gibt es ein Wesen, das du mit all deiner Liebe versorgst?«

Sie nickte und lächelt liebevoll. »Meine Katze.«

»Und genau dieses Gefühl brauchst du für dein Inneres Kind, mehr ist es nicht. Würdest du deine Katze mit allem verteidigen, was du nur hast?«

»Ja«, sagte sie.

»Dann kannst du es«, antwortete ich. »Mehr brauchst du nicht, ich zeige dir was. Ich drehe das Kissen mit dem Plüschtier zu mir«, sagte ich, »sodass ich jetzt kurz deinen Platz einnehme, du also Außenstehende bist. Ok?« Sie nickte, ich drehte das Kissen zu mir. Dann nahm ich das Plüschtier in den Arm, hielt es, und sagte ihm: »Ich sehe dich, ich höre dich, und du bist mir wichtig.« Ich schaute meine Klientin an. »Mehr ist es nicht. Es gibt einen sicheren Ort, an den wir das Innere Kind bringen, du musst dich nicht nonstop darum kümmern. Deine Aufgabe ist nur, es aus der Dunkelheit herauszuholen und es an diesen Ort zu bringen. Mehr ist es wirklich nicht.« Ich legte das Plüschtier wieder zurück, drehte das Kissen zu ihr. »Was macht das mit dir«, fragte ich, »wenn du das hörst?«

»Es fühlt sich auf einmal machbar an«, sagte sie. Und mehr wollte ich nicht.

Ich bat sie ein letztes Mal auf den Platz des Inneren Kindes und sprach sie jetzt beide an, so, als gäbe es diese Trennung nicht. »Schau«, sagte ich, »dieses Singen und Malen, diese Lebendigkeit, diese Kreativität, das bist auch du. Das Innere Kind ist ja keine Erfindung, das bist auch einfach du. Du kannst das leben oder nicht, du kannst dich darum kümmern oder nicht, das bist dennoch auch du. Diese Lebendigkeit und Kreativität gehört zu dir, aber sie kommt mit einem Preis: Du bist verletzlich und empfindsam, wenn das Innere Kind da ist. Aber du kannst es beschützen, ich zeige dir, wie da geht, und es ist ganz einfach. Alles, was du brauchst, ist die Fähigkeit, die du in Bezug auf deine Katze schon kennst.«

Zum ersten Mal verstand meine Klientin, dass dieser abgespaltene Anteil, mit dem sie nichts zu tun haben wollte, sowieso zu ihr gehörte, ob abgespalten oder nicht. Jetzt beendete ich diese Übung und ging mit ihr auf eine innere Reise (»Der Zaubergarten des Inneren Kindes«, später mehr dazu). Denn jetzt wusste ich, dass sie zumindest schon einmal Kontakt mit ihm aufgenommen hatte und bereit war. Nach der Reise bat ich sie noch einmal, sich auf die beiden Kissen zu setzen, damit ich sehen konnte, ob sich etwas verändert hatte.

Überfordere deinen Klienten nicht, die bloße Kontaktaufnahme zum Inneren Kind kann schon sensationell sein. Übrigens auch für dich, den Therapeuten. Denn es ist ein immenser Vertrauensbeweis, wenn sich das Innere Kind zeigt.

Was tun wir aber, wenn wir es ganz deutlich spüren, es sich aber nicht zeigen will? Unsere innere Grundhaltung während jeder Sitzung ist Vertrauen in die Selbstheilungsfähigkeiten unseres Klienten und in dessen inneren Heiler. Wie dieser innere Heiler aussieht, ob du ihn als »inneren

Arzt« bezeichnest oder ob du damit ein ganzes Geschwader aus Engeln, der Seele, einer geistigen Führung und Krafttieren meinst, spielt für das, was ich dir hier zeige, keine Rolle. Du vertraust den Kräften, die deinem Klienten zur Seite stehen, welche auch immer das sein mögen. Und weil das so ist, darfst du Folgendes annehmen: Wenn sich das Innere Kind nicht zeigt, dann hat es einen Grund. Denn du spürst es ja, so ganz verbirgt es sich also nicht. Sei sicher, wenn es nicht gesehen werden will, dann siehst oder spürst du es auch nicht. Es möchte also wahrgenommen werden. Und so kannst du stumm mit ihm kommunizieren, am Bewusstsein des Klienten vorbei. Sage dem Inneren Kind, dass du es siehst und wahrnimmst, dass du weißt, dass es gesehen werden will, und dass du sein Verbündeter bist. Das Innere Kind braucht einen Verbündeten, und wenn dein Klient das noch nicht sein kann, dann darfst du diese Rolle auch ohne seine Kenntnis einnehmen. Er kommt ja zu dir, weil er sich Hilfe erbittet. Mehr Erlaubnis brauchst du nicht.

Sage also dem Inneren Kind deines Klienten: »Ich sehe dich, ich höre dich, und ich nehme dich wahr. Bei mir bist du sicher, ich achte auf dich, und ich beschütze dich.« Sagst du das laut? Nein. Denn wenn sich das Innere Kind deines Klienten nicht zeigt, dann will er in Wahrheit oft nichts mit ihm zu tun haben. Das ist verständlich. Deshalb konfrontiere ihn bitte nicht damit. Warum nicht? Weil jede innere Ablehnung des Themas »Inneres Kind« schlichtweg dazu führt, dass das Innere Kind wieder Ablehnung erfährt. So sehr ich üblicherweise für Konfrontation mit dem, was ist, bin, so wenig dient es in diesem Fall. Das Innere Kind zeigt sich genau dann, wenn dein Klient dafür nicht nur bereit, sondern auch in der Lage ist, es in all seiner Verletzlichkeit anzuerkennen, es zumindest zu respektieren. Jede Verachtung, jede Zurückweisung, die sich dein Klient selbst zufügt, verletzt das Innere Kind.

Warum habe ich im oben beschriebenen Fall dennoch diese Übung mit dem leeren Stuhl gemacht? Hat meine Klientin ihr Inneres Kind nicht ausdrücklich abgelehnt? Nein. Denn ich fühlte sie ablehnend, sehr ratlos, aber mitfühlend.

Wenn jemand wirklich nichts mit seinem Inneren Kind zu tun haben will, dann spürst du eine massive Wand, du hast wirklich keine Chance. Dein Klient braucht in diesem Fall zunächst etwas anderes als die Arbeit mit dem Inneren Kind: die Stärkung des inneren Erwachsenen. Jener bewussten Kraft, die in der Lage ist, auf sich selbst aufzupassen und Verantwortung für sich zu tragen.

Der innere Erwachsene

Immer wieder hören wir Menschen sagen: »Ich will gar nicht erwachsen werden, ich will mir meine Kindlichkeit bewahren.« Was zeigt, dass die meisten Menschen ein völlig falsches Bild vom Erwachsensein haben. Was ich damit meine, habe ich eingangs schon beschrieben. Wie also führen wir unseren Klienten an das Erwachsensein heran? Zunächst erklären wir ihm, was das überhaupt bedeutet.

Wieder ist es sinnvoll, die Technik des leeren Stuhls zu nutzen. Denn erst wenn dein Klient am eigenen Leib spürt, wovon du redest, öffnet er sich vollständig für seine Selbstverantwortung. Warum? Weil sich sein Inneres Kind schützt. Erzählt wurde dem Inneren Kind schon viel. Woher soll es wissen, dass es nicht zu etwas überredet wird, was es in Wahrheit gar nicht möchte? Denn auch wenn es hier um den inneren Erwachsenen geht, so hört das Innere Kind doch genau zu. In Wahrheit gibt es diese Trennung ja gar nicht. Wir fasern uns nur deshalb in der Therapie in die verschiedenen Aspekte auf, damit wir Bewusstsein über unseren inneren Zustand erlangen. Und somit wählen können, welchen Impulsen wir fol-

gen und welchen nicht. Tun wir das nicht, so folgen wir unbewusst den älteren, triebgesteuerten Gehirnteilen, die im Stammhirn angesiedelt sind: der Schmerzvermeidung und dem unmittelbaren Lustgewinn. Einfach deshalb, weil sie stärker sind als unser bewusstes Denken – außer, wir setzen es ausdrücklich ein. Der erste Impuls ist immer der, der unser eigenes Leben erhalten will, und das ist auch richtig so. Doch oft gibt es bessere Möglichkeiten, unser Leben zu meistern, als das Stammhirn es uns glauben machen will.

Lernen wir also den inneren Erwachsenen kennen. Weil er im Gegensatz zum Inneren Kind das Leben meistern kann und auch dann handlungsfähig bleibt, wenn das Innere Kind erstarrt.

Übung: Den inneren Erwachsenen kennenlernen

Bitte deinen Klienten, sich zwei Stühle zu nehmen – einen für sich selbst, den anderen für seinen inneren Erwachsenen. Selbst wenn er nicht weiß, wie dieser sich anfühlen könnte, selbst wenn er ihn noch nie erlebt hat, gibt es diesen Aspekt. Glaubt dein Klient nicht, dass er überhaupt einen erwachsenen Anteil hat, oder will er nichts mit ihm zu tun haben, dann sage ihm: »Tue einfach so, als gäbe es einen reifen, selbstverantwortlichen Teil in dir, der in der Lage ist zu tun, was er wirklich tun möchte, und der für sich und seine Träume einsteht.

Uns genügt es, wenn unser Klient so tut, als ob. Die Kraft, das Potenzial des Erwachsenen-Ichs zeigt sich in jedem Fall.

Weise ihn an: »Stelle die Stühle nun so weit voneinander entfernt auf, wie es sich für dich richtig anfühlt, und setze dich dann auf den Stuhl, der für dich steht.« Der Klient setzt sich. Es spielt wirklich keine Rolle, ob er besonders feinfühlig ist oder nicht, ETWAS nimmt jeder wahr, wenn er diese Übung macht.

Frage ihn: »Wie geht es dir auf diesem Stuhl? Wie atmest du? Stimmt der Abstand? Und was möchtest du deinem Gegenüber gern sagen? Willst du überhaupt etwas mit dem Erwachsenen zu tun haben?« Gib ihm Zeit für die Antworten.

Was immer er sagen will, lass es ihn sagen. Du brauchst keine Lösung für sein Thema parat zu haben. Hier geht es darum, sich selbst kennenzulernen und ungeschminkt die eigene emotionale Wahrheit auszusprechen. Je weniger du in Gedanken wertest, urteilst und analysierst, desto sicherer fühlt sich dein Klient. Selbst wenn du deine Gedanken nicht aussprichst, so fühlt sein Inneres Kind, ob du urteilst oder nicht. Deine innere Haltung ist folgende: Ich gebe dir Raum, damit du deine Wahrheit spürst, egal, ob diese einem von uns beiden gefällt oder nicht. Ich gebe dir Raum, weil ich weiß, dass deine Selbstheilungskräfte wirken, wenn du einen Zeugen hast, der an dich und deine Fähigkeit, dich selbst auf einem höheren Niveau neu zu organisieren, zu finden, glaubt.

Diese innere Haltung basiert auf dem humanistischen Menschenbild, das besagt: Jeder Mensch ist bestrebt, sich selbst zu vervollkommnen, es gibt ein sogenanntes angeborenes (positives!) Selbstkonzept. Gibt man einem Menschen achtsamen und wertschätzenden Raum, erschafft man eine mitfühlende Umgebung, so greift dieses Selbstkonzept. Da dem Menschen laut Carl R. Rogers eine »Aktualisierungstendenz« innewohnt, nutzt das psychische System eines Menschen die Gelegenheit, sich neu auszurichten, wenn es eine bekommt. Wie immer du das siehst, das ist die Basis für die klientenzentrierte Psychotherapie. Die Annahme, dass sich die Psyche eines Menschen positiv ausrichten möchte und das auch kann, das

humanistische Menschenbild also, entstand in den Jahren 1950 bis 1960 und war bei seiner Entdeckung brandneu!

Es braucht drei Kräfte, damit sich dein Klient neu ausrichten kann: deine Aufrichtigkeit, dein Mitgefühl und deine bedingungslose, positive Wertschätzung. Stelle dir das so vor: Dein Therapieraum ist das Gewächshaus, in dem sich dein Klient neu entfalten kann. Deine innere Haltung bildet die so wichtige Atmosphäre dieses Gewächshauses. Denn ein Gewächshaus hat ja gar keine Funktion, wenn es nicht ein bestimmtes Klima schützt, Luftfeuchtigkeit, Temperatur, Luftdruck, Helligkeit. Und diese Atmosphäre muss echt sein. Du kannst also nicht so tun, als seiest du in bedingungsloser Wertschätzung, wenn du deinen Klienten einfach nicht magst. Das heißt nicht, dass du alles gutheißen musst! Aber verurteile ihn nicht. Auch nicht unbewusst. Sonst öffnet er sich nicht, ganz einfach. Positive Wertschätzung kann man nicht vorspiegeln.

Wenn dein Klient alles gesagt hat, was er auf diesem Platz zu sagen hat, dann bitte ihn, den Stuhl zu wechseln. Er setzt sich nun auf den Stuhl des inneren Erwachsenen, selbst wenn er gar nicht weiß, wer das ist und ob es ihn überhaupt gibt. Der leere Stuhl funktioniert auch dann, wenn man nur so tut, als ob.

Gib ihm Zeit, die Energie dieses Platzes zu spüren. Es kann sein, dass er sich aufgerichtet fühlt, größer, klarer, weniger emotional. Was immer es zu sagen gibt, bitte ihn, es auszusprechen. Es kann sein, dass sich auch dieser Platz kindlich anfühlt, zart, empfindsam.

Dazu ein Beispiel:

Ich hatte eine Klientin, die in Seminaren sagte, dass sie nur aus ihrem Inneren Kind heraus lebte, keine Verantwortung übernahm, sich selbst als kindlich erlebte. Da sie selbst Mutter von zwei Kindern war, führte das zu starken inneren Konflikten. Sie hatte das Gefühl, als Mutter zu versagen. Ich nahm sie als sehr differenziert und verantwortungsbewusst wahr, wunderte mich über ihre eigene Einschätzung. Aber weil ich in ihrem Alltag nicht dabei war, konnte ich natürlich nicht wissen, ob das stimmte oder nicht. Sie kannte die Arbeit mit dem inneren Erwachsenen, es nutzte bei ihr aber nichts, sagte sie.

Sie kam zu einer Einzelsitzung, und wir schauten uns ihr Thema an. Ich stellte mich auf den Platz ihres Inneren Kindes, ich wollte selbst spüren, was sie meinte, und ihr einen Spiegel geben.

»Ich fühle mich sehr kindlich, ich bin mit mir beschäftigt, und ich will nur spielen«, sagte ich, und sie nickte. »Das kenne ich«, meinte sie, »ich will dann total meine Ruhe haben.«

»Das ist dein Inneres Kind«, sagte ich. »Jetzt schauen wir uns deinen inneren Erwachsenen an.« Ich stellte mich auf ihren Platz des inneren Erwachsenen. Diese Kraft war auch sehr zart, liebevoll, empfindsam – aber, und genau darum ging es, sie hatte alles um sich herum im Blick. Sie war nicht auf sich selbst bezogen, wollte nicht spielen, sondern konnte sehr gut für die anderen um sich herum da sein, Verantwortung übernehmen und für die Kinder sorgen.

»Ah!«, sagte meine Klientin, »und ich dachte, die Erwachsene müsste sich ganz anders anfühlen, irgendwie härter, weniger zart und empfindsam.« Sie war tief erleichtert, dass ihre Erwachsene genauso lieblich sein durfte, wie es nun einmal ihre Art war. Der Unterschied zwischen ihr und dem Inneren Kind war, dass die Erwachsene dabei für andere da sein konnte und dass sie das auch wollte. Sie konnte handeln und wusste in jedem Moment, was zu tun war, weil sie präsent und klar, empfindsam, aber nicht empfindlich war. Das half ihr sehr, hatte sie doch geglaubt, zu feinfühlig zu sein. Aber es ging wirklich nur darum, ob dieser Anteil Ver-

antwortung für sich selbst und seine Aufgaben tragen wollte und konnte. Nicht darum, ob er für andere funktionierte. Sondern darum, ob er in der Lage war, selbstbestimmt und in klarer Selbstverantwortung, nach eigenem besten Wissen und Gewissen zu handeln. Das konnte das Innere Kind nicht.

Stelle deinem Klienten irgendwann folgende Frage: »Meinst du, dass du von diesem Platz aus dein Leben auf eine gute, gesunde Art meistern kannst?« Sitzt dein Klient wirklich auf dem Platz des Erwachsenen, dann sagt er jetzt Ja. (Gehen wir zunächst davon aus, er sagt Ja. Später mehr über ein mögliches Nein.) Lass ihn die Kraft des echten Erwachsenseins eine Weile spüren. Ich stelle gern diese Frage: »Wenn du von hier aus auf dein Leben schaust, was ist dann anders?« Denn die Sicht des Erwachsenen ist eine ganz andere als die des Inneren Kindes, das mimt, ein Erwachsener zu sein. Nachdem er geantwortet hat, stelle ich den Stuhl zunächst weg, auf dem er vorher gesessen hat. Dann stelle ich ihn wieder neu dazu, und ich sage ihm: »Und hier ist der Platz deines Inneren Kindes.«

Dazu ein kurzer Ausflug in die Welt der Archetypen.

Das Innere Kind ist kein einzelner, für sich stehender innerer Anteil, der ein Gesicht hat und in einem bestimmten Alter daherkommt. Es ist ein Geflecht aus verschiedenen Altersstufen, emotionalen Zuständen und Reifegraden. Das ist auch ganz klar, denn das Innere Kind enthält die gesamte Kindheit und Jugendzeit, ja, sogar die Erfahrungen des Erwachsenen, wenn er aus dem Inneren Kind heraus lebt.

Es hat sehr verletzte, zornige, trotzige und beschämte Aspekte, aber auch äußerst fantasievolle, lebendige, freie und humorvolle Anteile. Es umfasst die gesamte Persönlichkeit und auch die spirituelle Identität eines Menschen. Denn im Kind ist ja bereits alles angelegt. Es erfährt die Welt unmittelbar über seine körperlichen und emotionalen Empfindungen, aber das Potenzial des vollständigen, heilen Menschen ist vorhanden. Weil das so ist, braucht das Innere Kind auf sehr vielen verschiedenen Ebenen Zuwendung, Heilung und Unterstützung: auf der körperlichen, der emotionalen und auch der spirituellen Ebene. Die Werkzeuge, die ich für die verschiedenen Ebenen nutze, scheinen sich manchmal zu widersprechen, aber das stimmt nicht. Es ist von immenser Bedeutung, diese unterschiedlichen Ebenen anzuerkennen, denn das, was auf einer Ebene hilft, ist auf einer anderen geradezu schädlich. Auf einigen Ebenen sind Mitgefühl und Schutz notwendig, auf anderen Ebenen ist zur Reifung und Heilung wesentlich, dass der Klient Verantwortung übernimmt. Verwechselt man die Ebenen, dann bleibt der Klient in seinen Mustern gefangen.

Ich erkläre das gern mit diesem Bild: Stelle dir vor, wenn du geboren wirst, hast du eine Tüte mit Samen dabei, sagen wir dreißig. (Das ist eine völlig willkürliche Zahl!) Um dein Leben in aller Fülle zu leben, um all deine Talente und Fähigkeiten gewinnbringend einzusetzen, brauchst du die Früchte und Blüten all dieser Samen. Deshalb pflanzt du sie in die Erde, wenn du geboren wirst. Doch wenn die keimenden Samen nicht geschützt werden, wenn sie durch Stürme, Kälte, Hitze, zu wenig oder zu viel Nässe nicht gut genährt werden, dann stellen einige das Wachstum ein. Der ein oder andere Same keimt vielleicht nicht einmal. Dafür kannst du nichts! Denn als Kind bist du nicht in der Lage, dich zu schützen. Einige Pflanzen werden groß, wenige tragen Früchte. Diese wenigen Früchte nutzt du, um dein Leben zu meistern, und du machst das großartig. Doch um wahrhaft erfüllt und frei zu leben, brauchst du all deine Blüten und all deine reifen Früchte. Die Therapie nun bietet dir ein Gewächshaus. Wir schauen uns den Zustand der Pflanzen an, erkennen, was sie brauchen, um gesund zu werden und um zu reifen, und geben es ihnen. Jede der verletzten Pflan-

zen braucht etwas anderes, das ist wichtig zu verstehen! Die nicht ge-
keimten Samen und die erstarrten Pflänzchen tauschen wir aus, wenn sie
sich nicht zum Leben erwecken lassen. (Dazu später mehr.)

Mit diesem Bild können die meisten Menschen etwas anfangen. Vor allem erkennen sie, dass sie weder versagt haben noch irgendwie schuld
sind, sondern schlicht der Unterstützung bedürfen.

Zurück zur Übung. Welchen Aspekt des Inneren Kindes stellen wir nun in
Form eines Stuhles vor den Erwachsenen? Jenen, welcher gerade jetzt gesehen werden will. Wir entscheiden nicht, auf welcher Ebene wir arbeiten,
sondern vertrauen darauf, dass sich genau die Ebene zeigt, die jetzt und
heute gesehen werden will und soll. Das entspricht dem humanistischen
Menschenbild, wir vertrauen seinem System.

Frage: »Wie fühlt es sich nun an, deinem Inneren Kind gegenüberzu-
sitzen?« Dann lass deinen Klienten bitte den Platz wechseln. Jetzt sitzt
er wieder auf dem Stuhl des Inneren Kindes, und jetzt wird er einen Unterschied spüren, egal, wie gering dieser auch sein mag. Denn nun sitzt
ihm der gereifte Erwachsene gegenüber, der Verantwortung übernehmen
kann und wird. Wie dein Klient das in die Tat umsetzt, ist noch gar nicht
Thema. Wir rufen mit dieser Übung die Kräfte in ihm wach, wir aktivieren
die Selbstheilungskraft und sein Bewusstsein für seine unterschiedlichen
inneren Aspekte. Um mehr geht es im Moment noch nicht.

Was bewirkt diese Übung? Erinnern wir uns daran, dass jeder Mensch
schlummernde Potenziale hat, die nur darauf warten, geweckt zu werden.
Diese Übung wirkt wie eine Initialzündung, denn zum ersten Mal erlebt
der Klient bewusst den Unterschied zwischen dem sich oft ohnmächtig
fühlenden Inneren Kind und dem auf gute Weise machtvollen Erwachsenen.

Eine andere Weise, das Innere Kind zu erleben, ist die systemische Aufstellungsarbeit. Ich habe es mir zur Gewohnheit gemacht, alle Kräfte, Energiefelder, Persönlichkeitsanteile oder wie immer du die verschiedenen Aspekte nennst »aufzustellen« und meinem Klienten dadurch einen Spiegel zu geben.

Das bedeutet: Wie in der systemischen Aufstellungsarbeit nach Bert Hellinger gezeigt, gehe ich davon aus, dass jedes System ein Kraftfeld bildet, das sich selbst kennt, ein sogenanntes wissendes Feld. Man braucht nicht daran zu glauben, um es anzuwenden, du nicht und dein Klient auch nicht. Probiere es einfach aus, und schaue, welche Erfahrungen du damit machst.

Ich bitte also darum, dass sich das Kraftfeld »Inneres Kind« entwickelt. Wen bitte ich? Das Kraftfeld selbst. Ich nehme mir sehr viel Freiheit, wenn es darum geht, therapieübergreifend zu arbeiten. Was hilft, hilft. So bitte ich einfach das Feld selbst darum, sich mir zu zeigen. Wenn es keins gibt, passiert auch nichts, oder? Ist das unwissenschaftlich? Ja. Funktioniert es? Auch ja. Ein Energiefeld kann man sich nur ganz schwer einbilden, vor allem, wenn man nicht weiß, wie es sich anfühlen soll.

Also: »Ich bitte darum, dass sich jetzt das Energiefeld des Inneren Kindes (meines Klienten) zeigt«, sage ich laut, dann vertraue ich meinen Wahrnehmungen. Ich mache einen Schritt dahin, wo ich das Feld spüre, und stelle mich mitten hinein in das Energiefeld des Inneren Kindes meines Klienten. Ich arbeite nicht mehr gern mit Platzhaltern in Form von Zetteln, ich lasse mich lieber auf den Platz ziehen, aber das ist Ansichtssache. Warum mache ich das nicht gern? Weil ich vollkommen offen dafür sein will, dass sich eventuell etwas anderes zeigt, und mein Gefühl ist, dass bereits ein geschriebener Zettel schon zu viel Einfluss auf das Feld haben kann. Aber das ist nur mein Gefühl, mache es so, wie du es gut kannst. Früher habe ich sehr oft mit Zetteln gearbeitet und kam gut damit zurecht.

Jetzt stehe ich auf dem Platz des Inneren Kindes meines Klienten und zeige und sage ihm alles, was ich hier spüre, ohne es zu interpretieren, zu analysieren oder zu bewerten. Ich spreche alles aus, besonders, wie sich das Innere Kind fühlt, und bin dabei vollkommen ehrlich. Wenn ich fühle, dass es wütend ist, sage ich das. Wenn ich fühle, dass es lieber »nach Hause gehen« will, was immer das heißt, sage ich auch das. (Diesen Satz spüre und höre ich oft, wenn ich mit dem Inneren Kind arbeite. Damit ist nicht gemeint, dass der Klient sterben will. Dennoch gibt es Anteile, für die genau das zutrifft. Dazu später mehr.)

Doch dann kommt die für mich wichtigste Frage an meinen Klienten: »Kannst du mit dem, was ich hier spüre und sage, etwas anfangen?« Schaue ihn dabei an, nimm wahr, ob du ihn emotional berührst. Ob er sich gesehen, erkannt fühlt. (Wenn nicht: Gleich folgt mehr dazu.) Berührst du ihn also, dann kannst du die nächste Frage aufstellen: »Was braucht das Innere Kind?«

Verlasse den Platz des Inneren Kindes, mache einen bewussten Schritt zurück. Damit bist du wieder bei dir, das ist sehr wichtig, schon allein für deine eigene Klarheit und deinen eigenen Schutz. Verlasse immer zunächst den aufgestellten Platz, bevor du die nächste Frage stellst, das nächste Feld aufrufst. So verlasse den Platz, damit du wieder bei dir und nur bei dir bist. (Ja, ich habe das jetzt dreimal gesagt, bewusst, damit du es wirklich verstehst. Aufstellen, spüren, aussprechen – runter vom Platz. Sonst stapeln sich in dir die Informationen.)

Schaue dir nun die nächste Ebene an, indem du laut fragst: »Was braucht das Innere Kind?« Und dann bitte wieder darum, dass sich ein Kraftplatz mit der Antwort auf diese Frage bildet. Das System weiß, was es braucht, und so wird es dir eine Antwort geben. Stelle dich auf diesen neuen Platz, lass dich von ihm anziehen, und sprich wieder ganz offen und deutlich aus, was du wahrnimmst, egal, ob du es verstehst oder nicht.

Ich nutze die systemische Aufstellungsarbeit wie einen CT, einen Computer-Tomografen. Ich schaue mir das System Schicht für Schicht an. Die Frage, die sich mir auf einem Platz zeigt, bildet die nächste Schicht. Ich verlasse immer wieder den Platz und stelle die sich mir aufdrängende Frage, dann lasse ich mich auf den Platz der Antwort ziehen oder führen.

Welche Fragen stelle ich? Die, auf die ich eine Antwort brauche, um das System meines Klienten zu verstehen. Ich frage das, was ich als Therapeut wissen will, um den inneren Konflikt zu verstehen. Nicht das, was mein Klient wissen möchte! Ich lasse niemals ihn die Fragen stellen, sondern sie ergeben sich von selbst. Meine Absicht beim Aufstellen ist nicht die, meinem Klienten Antworten zu geben, sondern sein System zu verstehen. Erst wenn ich am Punkt bin, erst wenn ich verstanden habe, welches sein zentraler Konflikt ist, das, worum es in Wahrheit geht, kann ich effizient mit ihm arbeiten. Das hört sich nach viel Fragerei an, aber es geht ganz schnell – zwei, drei Fragen, und du bist am Punkt. Vertraue einfach den Fragen, die sich dir beim Aufstellen aufdrängen. Wenn du eine Position nicht richtig spüren kannst oder nicht verstehst, verlasse sie sofort wieder, und gehe noch einmal mit der Frage darauf: »Zeig dich deutlicher, worum geht es wirklich?« Du kannst dir, aber vor allem dem System deines Klienten vertrauen, es will sich zeigen und stellt sich schon selbst die richtigen Fragen. Lass dich von deinen Fragen in die Tiefe führen, verzettele dich nicht in Details! Im Zweifelsfall frage ich immer: »Worum geht es wirklich?« Und das stelle ich auf.

Nach jeder Position frage ich bei meinem Klienten nach, ob er mit meiner Sicht und meiner Wahrnehmung etwas anfangen kann. Ich lasse ihn zwar nicht die Fragen stellen (weil er andere hat als ich, ich will sein System verstehen und bin dafür verantwortlich, dass ich alle Informationen zusammentrage), aber ich überprüfe meine Wahrnehmung immer, indem ich nach seiner Resonanz frage.

Eine kurze Anmerkung: Natürlich mache ich auch Aufstellungen, bei denen mein Klient fragen kann, was er will. Ich stelle mich in die Antworten und gebe sie ihm, soweit es mir möglich ist. Aber erst dann, wenn ich mit ihm gearbeitet habe, also am Ende der Sitzung, als Bonus. Das ist nicht die echte, tiefe Arbeit, sondern eine Zugabe. Keine Therapie, sondern eine Art Wahrsagerei, völlig okay und angemessen, aber mit völlig anderer Absicht. Will ich mit ihm arbeiten, muss ich verstehen, worum es geht, und das stelle ich mir selbst auf. Warum ist das so? Weil ich den Fragen meines Klienten nicht vertrauen kann, denn oft will und braucht er Beruhigung, Beschwichtigung, und er hat seinen schmerzvermeidenden Filter eingeschaltet. Es ist meine Verantwortung, dass ich die Fragen stelle, deren Antwort ich brauche, damit ich hinter die Kulissen schauen kann.

Ich vertraue dem Feld vollkommen, und ich vertraue meiner Wahrnehmung – vorausgesetzt, ich erlebe, dass ich meinen Klienten dabei erreiche, emotional berühre. Es kann auch sein, dass seine körperlichen Symptome, so er welche hat, deutlicher werden, auch das ist eine Resonanz. Wenn es gar keine Resonanz gibt, dann stimmt entweder meine Wahrnehmung nicht oder ich bin noch nicht an dem Punkt, der heute wichtig ist. (Ich halte es für arrogant, davon auszugehen, dass »der Klient noch nicht so weit ist«, denn ich kann nicht sicher sein, dass ich wirklich spüre, was mit ihm los ist, egal, wie sauber ich arbeite. Es kann durchaus sein, dass ich von irgendwelchen Fremdenergien geneckt werde oder dass sogar meine eigenen Resonanzen meine Wahrnehmung verfälschen, wissen kann ich das nicht. Deshalb: Bleibe bitte bei allem angemessenen Selbstvertrauen offen dafür, dass du dich irren könntest, und bestehe darauf, dass sich das zentrale Thema so zeigt, dass dein Klient es erkennt und sich erkannt fühlt.)

Erreichst du deinen Klienten nicht, bleibt er unbeteiligt, dann stelle dem System bitte diese Frage: »Was sollte mein Klient heute wissen?« Und dann stelle dich noch einmal auf das entstehende Kraftfeld. Es kann sein, dass es zunächst um etwas völlig anderes geht, sei bitte so ehrlich wie nur möglich, und sprich alles aus, was du wahrnimmst, ohne es zu analysieren.

Nicht immer zeigt sich das Innere Kind. Und nicht immer zeigt sich das den Klienten! Manchmal steht ein anderes Thema im Vordergrund und braucht Erlösung, damit überhaupt emotionaler Raum für das Innere Kind entstehen kann. Besonders oft erlebe ich das, wenn die Großeltern meines Klienten im Krieg aus ihrer Heimat vertrieben worden sind, dann will sich der Schmerz der Ahnen zeigen, damit zunächst dieser befriedet wird.

Der Zweite Weltkrieg hat nachhaltige emotionale Schäden hinterlassen – bei Opfern und bei Tätern –, die sich oft in Aufstellungen zeigen, wenn es um das Innere Kind geht. Sei vollkommen offen für das, was sich zeigen will, und mache dich darauf gefasst, dass es wirklich wehtut. Bleibe dennoch stehen, bis du alles erfasst hast. Wenn du eine Aufstellung verlässt, weil du es als Therapeut nicht aushältst, dann lässt du deinen Klienten im Stich. Wenn du die Energien nicht aushalten kannst, dann mache keine Aufstellungen, das sage ich so krass, und ich meine es auch so.[4]

Wenn du auf dem Platz des Inneren Kindes Erstarrung spürst, Kälte, Leere, so, als wäre da nichts, dann kann es sein, dass es keine sichtbare Resonanz mit deinem Klienten gibt, obwohl du am Punkt bist. Dann fehlen ihm womöglich Seelenanteile, oder sie sind tief ins Unbewusste gerutscht, weit in der Verdrängung gelandet, wie immer du das für dich siehst. Dann kann er sich nicht berührt fühlen, denn das Symptom ist gerade diese Un-

---

4 Wie man als Seminarleiter und als Therapeut gut für sich sorgt, habe ich an anderer Stelle ausführlich beschrieben, siehe: Susanne Hühn: In meiner Kraft bleiben, Schirner Verlag 2014.

berührbarkeit. Fragst du ihn dann, ob er diese Leere kennt, wird er dennoch Ja sagen.

Verlasse den Platz, und stelle gleich die nächste Frage an das System: Was braucht dein Klient? Dieses »Was braucht er?« bezieht sich natürlich auf das, was du kannst, auf dein Therapieangebot, denn er hat ja dich um Hilfe gebeten. Was braucht er also VON DIR? Die Werkzeuge findest du in den nächsten Kapiteln.

Gehen wir also davon aus, dass du das Innere Kind gespürt hast und dein Klient sich erkannt und gesehen fühlt. Du fragst, was es braucht, und bekommst eine befriedigende Antwort. Dann ist jetzt Zeit für den nächsten Schritt: Bitte auch den inneren Erwachsenen deines Klienten, ein Kraftfeld zu bilden.

Lass dich auf den entsprechenden Platz ziehen, und fühle die Energie des Erwachsenen-Ichs. Sprich wieder unzensiert alles aus, was du fühlst, aber sei dabei wie immer ganz offen dafür, dass du dich irren könntest. Biete deinem Klienten diese Sichtweise an, mehr nicht! Seine Schmerzvermeidung ist in Habtachtstellung, sei dir dessen immer gewahr. So lass ihm eine Rückzugsmöglichkeit, damit er sich nicht völlig verschließen muss, wenn du etwas in ihm anrührst.

Ich lasse meinen Klienten immer sofort wieder los, wenn ich spüre, dass er zu blocken beginnt, und ziehe mich ein Stück zurück, um ja nicht zu manipulieren. Wir können einfach nicht wissen, was mit dem Klienten ist. Sein System ist immer klüger als wir, und das dürfen wir nutzen. Wenn du es einmal selbst erlebt hast, dass dich ein Therapeut in eine bestimmte Richtung drängen wollte, eine bestimmte Vorstellung von dir und deinem Thema hatte, obwohl du es anders wahrgenommen hast, dann weißt du, wie es ist, wenn du als Klient aus der Sitzung aussteigst. Du bist noch anwesend, aber der andere erreicht dich nicht mehr. Diesen Widerstand brauchen wir nicht, er hilft nicht und frustriert nur beide.

Wenn du so gar nicht an deinen Klienten herankommst, dann lass die Aufstellung und die Arbeit mit dem Inneren Kind für heute wieder los, und mache etwas anderes, etwas, das du kannst und bei dem du dich sicher fühlst. Es kann gut sein, dass etwas in ihm erst Vertrauen zu dir fassen muss, und dazu gehört, dass du ihn nicht drängst.

Fühlt sich unser Klient aber berührt, wenn wir ihm den inneren Erwachsenen aufstellen, dann kannst du ihm anbieten, sich einmal selbst auf dieses Energiefeld zu begeben. Gehe einen Schritt zur Seite, und lass ihn das Feld spüren, das du gerufen hast. Auf diese Weise aktivierst du das Potenzial in seinem Inneren, du gibst dem inneren Erwachsenen eine Art Starthilfe, eine Initialzündung. Etwas in ihm wird dadurch aufwachen und sich entfalten.

Gehen wir wie versprochen noch einmal zurück zur Übung »Der leere Stuhl«. Wir stellten die Frage: »Kannst du von hier aus das Leben meistern?« Wenn der Klient auf dem Platz des Erwachsenen sitzt, dann kommt ein klares Ja.

Was aber, wenn unser Klient eben keinen Unterschied bemerkt, wenn er auf die oben gestellte Frage mit Nein antwortet? Dann braucht es einen Zwischenschritt. Ich erlebe in der Praxis immer wieder, dass zwei Kräfte fehlen, wenn sich der Erwachsene nicht zeigt: Erdung und die männliche bzw. weibliche Kraft. Ob diese Kräfte wirklich fehlen, ob sie unbewusst sind, ob sie schlummern oder warum auch immer sie nicht zugänglich sind, sei dahingestellt, da gibt es in jedem Therapieansatz unterschiedliche Erklärungen. Schauen wir auf das, was hilft – im nächsten Kapitel über die Werkzeuge der Genesung.

Zusammengefasst:

❖ Du erkennst das Innere Kind deines Klienten an seiner kindlichen, emotionalen Haltung.

❖ Die Übung »Der leere Stuhl« bringt das Innere Kind fühlbar in den Raum.

❖ Der innere Erwachsene ist wesentlich für die Arbeit mit dem Inneren Kind, ihn rufen wir mit der gleichen Technik.

❖ Unsere innere Haltung unserem Klienten gegenüber ist maßgeblich für seinen Prozess: Wir sind wertschätzend, bedingungslos und raumgebend.

❖ Aufstellungsarbeit dient dazu, die Energiefelder sichtbar zu machen: Wir stellen das Innere Kind, den inneren Erwachsenen und vor allem das, worum es wirklich geht, auf.

❖ Dabei stellen wir uns selbst in die Rollen und sprechen alles aus, was wir spüren, wir geben dem Klienten einen Spiegel für seine inneren Anteile.

❖ Im ersten Schritt möchten wir das Bewusstsein unseres Klienten für sein Inneres Kind wecken, um mehr geht es noch nicht.

❖ Wenn sich der Erwachsene nicht spürbar zeigt, dann fehlen bestimmte Kräfte: Erdung und die weibliche oder männliche Energie.

Davon mehr im nächsten Kapitel!

Die Werkzeuge der Genesung

Lies dir die Kapitel über die Werkzeuge durch, und wende diese zunächst auf dich selbst an, damit du erkennst, wie sie wirken. Wenn du mit dem Inneren Kind eines anderen arbeitest, dann tritt es unweigerlich in Kontakt mit deinem eigenen, egal, wie sehr du es zu schützen versuchst. Warum? Weil sich das Innere Kind deines Klienten bei deinem eigenen nach dir erkundigt. Bist du tatsächlich mitfühlend? Wertest du es wirklich nicht ab? Kümmerst du dich liebevoll, bist du dir selbst ein schützender Vater, eine nährende Mutter? Das Innere Kind deines Klienten ist ein äußerst feinfühliger Anteil, der sich selbst schützt. Er zeigt sich nur dann, wenn er dir vertraut. Je besser du die Werkzeuge kennst und je liebevoller du mit deinem eigenen Inneren Kind umgehst, umso bereitwilliger zeigt sich das deines Klienten. Denn es will ja gesehen werden. Aber eben nur, wenn es sicher sein kann, dass es nicht wieder verletzt wird.

Erdung

Was bedeutet Erdung, und warum ist sie so wichtig? »Lass Wurzeln aus deinen Füßen wachsen …« – das kennen wir. Aber wozu dient Erdung, und warum sind wir nicht automatisch geerdet? Und überhaupt: Was hat Erdung mit dem Inneren Kind zu tun? Was ist denn das Gegenteil von Erdung, was fehlt uns, wenn wir eben nicht geerdet sind? Nun, wir alle kennen diese Menschen, die irgendwie nicht ganz da sind, die auf ungesunde Weise über den Dingen zu schweben scheinen. Sie sind nicht wirklich präsent, nicht konzentriert und wach, etwas fehlt. Sie träumen, verlieren sich in Vorstellungen und Plänen oder haben gleich gar keine. Wenn wir sie ansprechen, dann ist es, als erwachten sie aus einer Trance, und es kostet sehr viel Kraft, ihre Aufmerksamkeit zu erhalten. Sie haben sich ein men-

tales Konzept zurechtgelegt, mit dem sie schlüssig erklären, warum sie ihre Wünsche und Träume nicht in Taten umsetzen, und sie erfinden jede Menge Ausreden und Entschuldigen für ihre Vermeidungsstrategie – teilweise so stimmig und klar, dass du ihnen glaubst. Und doch ... Diese Menschen scheinen sich immer irgendwie aus ihrem Menschsein herauszusehnen, gerade so, als wäre die Seele nie wirklich im Körper angekommen. Oder als sehnten sie sich dringend »nach Hause«, wo immer das auch sein mag. In vielen spirituellen Ansätzen geht man davon aus, dass sich eine Seele, wenn ein Fötus ungefähr drei Monate alt ist, in dem Körper »inkarniert«, das heißt, sie beseelt den entstehenden Körper, verschmilzt mit ihm, beginnt, durch ihn hindurch zu wirken. Diese Sichtweise ergibt Sinn, und sei es, um einen funktionierenden Ansatz zur Therapie zu haben. Denn wenn wir davon ausgehen, dass sich eine Seele in einen Körper hineinbegibt, dann kann man sich vorstellen, wie viel dabei schiefgehen kann. Weil die Körperebene durch viele Traumen und Verhärtungen nicht zwangsläufig zur Seelenschwingung passt.

Nehmen wir zwei unterschiedlich schwingende Energiefelder an. Eines, die Seelenebene, schwingt in einer sehr hohen Frequenz, das andere, die Körperebene, in einer niedrigen. Darin steckt keine Wertung, das ist reine Physik. Ich vergleiche diese Ebenen gern mit den Tasten eines Klaviers. Die hohen Töne bilden die Seelenebene, die tiefen die körperliche Ebene. Dazwischen gibt es viele Bewusstseinszustände, alle Zustände zusammen ergeben das Gesamtkonzept Geist-Seele-Mensch. Natürlich ist das Bild ungenügend, weil begrenzt, aber für das, was ich zeigen will, reicht es. Denn jetzt wird klar: Wenn das Klavier nicht gestimmt ist, wenn also die Töne, die die Tasten erzeugen, nicht aufeinander abgestimmt sind, dann wird die Musik disharmonisch, auch wenn der Pianist noch so virtuos spielt.

Du bemühst dich, ein erfolgreiches, glückliches Leben zu führen, tust alles, was dir möglich ist, aber irgendwie passt es nicht. Das, was dabei herauskommt, ist immer irgendwie schief. Es ist, als hättest du keine Chance, die Dinge zum Laufen zu bringen, du »bekommst kein Bein auf den Boden«, obwohl du dich abmühst. Und so ist es auch, wenn du nicht geerdet bist.

Wie kann es aber sein, dass die Seelenebene nicht zur physischen Ebene passt? Nun, ganz einfach. Das Kind erleidet zum Beispiel schon im Bauch der Mutter einen Schock. Es spürt die Angst der Mutter, ist unerwünscht, fühlt sich nicht genährt. Es gibt unendlich viele Gründe, warum ein Baby vorgeburtlich irritiert werden könnte. Das irdische Leben ist robust, so schnell stirbt das Kind nicht. Doch es beginnt bereits jetzt, völlig unbewusst, emotionale Verpanzerungen aufzubauen. Woher weiß ich das? Ich weiß es nicht. Aber ich erlebe in meiner Arbeit immer wieder, dass sich manche Klienten bereits im Mutterleib unwohl fühlten und die ersten schmerzvermeidenden Entscheidungen trafen. Ob das stimmt oder nicht, sei dahingestellt, es ergibt Sinn, es anzunehmen.

Was macht die Seele nun, dieses so feinstoffliche, zarte und filigrane Gebilde, wenn sich der Körper so schwer anfühlt, wenn so viel Angst (Angst kommt vom lateinischen »angustia«, was »Enge« bedeutet) im Körper ist, wenn sich Muskeln zusammenziehen, wenn sich das Leben auf der Erde als vorwiegend schmerzhaft und unangenehm präsentiert? Die Seele kann nicht weg, sie hat bereits angefangen, sich mit dem Körper zu verbinden – das Kind würde sterben. Und so einfach trennen sich Körper und Seele nicht mehr, wenn der Prozess der Inkarnation erst einmal begonnen hat. Was also passiert? Die Seele stoppt ihre Inkarnation. Sie bleibt, bildlich gesprochen, zwischen Himmel und Erde hängen. Anders als bildlich kann man diesen Prozess nicht beschreiben, nicht in Worten. Fühlen kann man ihn schon!

Noch einmal also, um das ganz klar zu machen: Die Seele verbindet sich, wenn die Lebensumstände zu schwierig sind, nicht so fest und innig mit dem Körper, wie es möglich und nötig wäre, um erfüllt und selbstbestimmt auf der Erde zu leben. Und das meint, der Mensch ist nicht geerdet. Seine Seele ist nicht richtig im Körper angekommen. Die Seele nun ist keine »Energiekugel«, die im Körper ankommt, und das ist es dann, sondern ein multidimensionales Bewusstseinsfeld, das nach und nach den Körper beseelt, je nach Reife- und Schwingungszustand des Körpers. Fehlt aber die vollständige Beseelung, so fühlt der Mensch Leere in sich, und er sucht sich Ersatz. Diese Ersatzenergie kann die Aufmerksamkeit anderer Menschen sein, Drogen jeder Art, emotionale Dramen – was immer ihn mit Energie erfüllt, egal, ob sich diese gut oder schlecht anfühlt, hilft, die Leere zu vergessen. In Wahrheit aber fehlt die eigene Seele. Noch einmal: Wann inkarniert eine Seele nicht richtig? Wenn die physische Ebene aus welchen Gründen auch immer nicht mit der Seelenebene harmoniert.

Gehen wir einen Schritt weiter. Nehmen wir an, es gäbe ein Wesen »Erde«. Warum? Weil es Sinn ergibt. Dieses »Wesen Erde«, nennen wir es Gaya, heißt die Seele willkommen, bildet den Körper, hat ein eigenes Bewusstsein. Das Körperbewusstsein ist ein völlig anderes als das Seelenbewusstsein, schon allein deshalb, weil der Körper die Erfahrung »Tod« macht. Die Seele nicht. Das Körperbewusstsein weiß um seine Endlichkeit und Vergänglichkeit und ist im Frieden damit, denn Vergänglichkeit und Veränderung gehören zu seiner Natur. Gaya nun ist die Hüterin, die Trägerin dieses Bewusstseins, sie steht in der Tradition der Schamanen für die Weiblichkeit, das Nährende, das Fruchtbare, Form- und Haltgebende. Mutter Erde wandelt jede Materie von einer Form in die andere, verfügt über alchemistische Kräfte, ist in ständiger Veränderung. Ihr Wesen ist in jeder Sekunde Leben und Tod zugleich. Leben und Tod greifen ineinander, der Tod des einen ist unmittelbare Lebensgrundlage für den anderen, es gibt niemals Stillstand, nur Veränderung und ständige Transformation von einer Form in eine andere.

Die Seelenebene dagegen ist formlos, reines Bewusstsein, ohne Emotionen, in sich ruhend und über das Bewusstsein mit allem verbunden, was ist. Woher ich das weiß? Nun, ich stelle es mir auf, dann fühle ich es. Nutze die Technik des leeren Stuhls aus dem ersten Kapitel, und setze dir die Seele gegenüber. Das darfst du, selbstverständlich! Warum denn nicht? Wir erforschen diese Energien, deshalb sind wir ja hier. Ich beschreibe dir hier meine Forschungsergebnisse, aber nicht, damit du sie glaubst, sondern damit du sie verifizierst und für dich nutzt, wenn sie stimmig sind.

Wir haben also die Seelenebene, den individuellen menschlichen Körper und das übergeordnete Nährende, Irdische – Mutter Erde.

Damit die Seele überhaupt auf die Erde kommen kann, braucht es eine Einladung von Mutter Erde, eine Übereinkunft. Eine Art gegenseitigen Impuls, eine nicht sichtbare, energetische Wechselwirkung zwischen Erde und Seele. Es gibt einen Platz auf der Erde, das spürt man spätestens dann, wenn man ihn eben nicht findet. Es ist, als brauchte ein Mensch ein Energiefeld, eine bestimmte Kraft, um auf der Erde anzukommen, eben den eigenen Platz. Wenn wir dieses Bild ernst nehmen, dann können wir uns sehr gut vorstellen, dass eine Seele, die nicht richtig inkarniert ist, ihren Platz nicht finden kann, auch wenn es ihn gibt (es muss ihn geben, sonst hätte sie erst gar nicht inkarnieren können). Wenn du geboren wurdest, dann hattest du eine Übereinkunft mit der Erde. Du hast dich mit dem Leben verabredet, andernfalls wärst du nicht geboren worden. Es braucht zum Inkarnieren die Wechselwirkung mit der Erde. Es ist aber sehr gut möglich, dass dieser Platz auf der Erde noch nicht »geboren« wurde, dass er zwar als Impuls, als Anlage im Energiefeld der Erde existiert (das muss

er), aber noch nicht aktiviert wurde – eben weil deine Seele ihn nicht einfordert, nicht in Wechselwirkung mit ihm tritt. Die Beseelung des Körpers und die Aktivierung des Platzes auf der Erde bedingen sich gegenseitig, zumindest nehme ich das so wahr.

Erinnerst du dich an das Bild des Klaviers? Wenn die Seelenmusik die erste Stimme eines Musikstückes bildet, dann ertönt die Erde in der zweiten Stimme. Beide Stimmen zusammen ergeben eine wundervolle und einzigartige Musik – vorausgesetzt, das Klavier ist gestimmt und sie werden zur gleichen Zeit, in der gleichen Lautstärke und in der gleichen Geschwindigkeit gespielt. Die Erde kann ihre Zweitstimme so lange ertönen lassen, wie sie will, wenn die Melodie der Seele gar nicht richtig ankommt, dann bleibt die Musik unvollständig. Wenn wir nun auch noch dazu angehalten werden, anders zu handeln, als wir wollen, dann finden wir unseren Platz sowieso nicht. Im Gegenteil. Wir erschaffen uns einen künstlichen Platz, wenn wir nicht dem folgen dürfen, was sich für uns tief im Bauch richtig anfühlt. Dass dieser künstlich erschaffene Platz nicht genügend von Erdenergie genährt wird, zumindest nicht auf die Weise, die wir brauchen, kann man sich leicht vorstellen … Also strengen wir uns an, kontrollieren uns selbst und andere, fühlen uns unvollständig statt beseelt und getragen. Und halten diese höchst unbefriedigende Erfahrung für »Menschsein«.

Viele spirituelle Lehrer reden von einem sogenannten Erdchakra, das ist ein Energiezentrum unterhalb der Füße. Nutzen wir das Bild. Denn durch dieses Chakra singt die Stimme der Erde ihr extra für uns erschaffenes Lied und verändert auf diese Weise die Schwingung des Körpers. Es bildet unseren Platz auf der Erde, ruft die Seele und hält sie im Körper. Denn dieses Erdchakra synchronisiert die Körperebene mit der Seelenebene. Es sorgt dafür, dass der Körper in einer mit der Seelenschwingung übereinstimmenden Frequenz bleibt.

Und was hat das alles mit dem Inneren Kind zu tun? Das Innere Kind ist der von Anfang an fühlende und wahrnehmende Anteil. Es ist das Innere Kind, das neben all dem, was es sonst erlebt, die Auswirkung der fehlenden Seele kompensieren muss. Wenn wir nicht richtig inkarniert sind, wenn wir unseren Platz auf der Erde nicht finden, dann fehlt uns zudem die innere Stärke, uns mit dem Inneren Kind zu befassen. Es bekommt schlichtweg nicht das, was es braucht. Wir sammeln also zunächst Kräfte, bevor wir uns dem Inneren Kind nähern: Wir bringen Körper- und Seelenschwingung zum Gleichlauf, damit wir überhaupt richtig im Körper ankommen können. Denn dann, und nur dann, hört diese innere Leere auf, die das Innere Kind so tief bedürftig werden lässt. Und nur dann können wir den inneren Erwachsenen entwickeln, der voller Selbstvertrauen und Selbstverantwortung handelt, statt zu zögern und zu hadern.

Innere Reise:
Ein neues Erdchakra – Körper und Seele in Harmonie vereinen

Führe eine dir vertraute Eingangsentspannung durch, dann nutze diesen Text:

»Stelle dir vor, unter deinen Füßen gäbe es eine Energiekugel, die, wenn du aufrecht stehst, etwas dreißig Zentimeter in der Erde liegt. Schaue sie dir genau an, diese Kugel, ist sie kraftvoll, gefällt sie dir, hast du genug Platz, um bequem darauf zu stehen? Reichen kleine oder auch größere Wurzeln von anderen Menschen in deine Kugel hinein, oder streckst du selbst deine Wurzeln nach anderen aus? Ist diese Energiekugel noch passend für dich und deinen Weg? Stärkt sie dich? Lass dich ihre Energie spüren, wie fühlt es sich an, auf dieser Kugel zu stehen? Nährt sie dich?«

Lass dir von deinem Klienten beschreiben, wie er diese Kugel wahrnimmt.

»Wie auch immer sie sich anfühlt, bitte nun Mutter Erde, aus ihrem Herzen heraus eine ganz neue Energiekugel für dich zu formen, ein Erdchakra, das jetzt zu dir passt, das deine Seele sanft und leicht im Körper hält und das nur dir gehört. Erlaube, dass deine gesamte Erdung ausgetauscht wird oder zum ersten Mal überhaupt entsteht. Mutter Erde sendet nun eine Energiekugel an die Oberfläche, sie ist einzigartig und gehört nur dir. So, wie deine Seele einzigartig ist, brauchst du auch eine einzigartige Erdung, die zu dir passt und die genau deiner Seelenenergie entspricht. Dieses neue Erdchakra ist nun bei dir angekommen, und jetzt – jetzt – mache einen Schritt genau auf dieses neue Chakra. Stelle dich genau darauf, und lass dich von seiner Kraft durchströmen. Es hat genau die richtige Stärke, die richtige Art der Energie, es erdet dich genau so, wie es für deine Seele ideal ist. Die Erdkraft fließt von unten in dich hinein, strömt in deinen Körper und nährt ihn. Körper und Seelenschwingung gleichen sich an, finden zueinander. Es gibt nichts zu tun, das geschieht von ganz allein.

Stelle dir nun vor, du stehst, während all das geschieht, in einer Lichtsäule. Nun erlaube, dass dieses neue Erdchakra wie ein Magnet wirkt und deine Seele ganz sanft in deinen Körper hineinzieht. Durch die Lichtsäule hindurch, sicher und geschützt, strömt nun deine Seelenessenz in deinen Körper hinein, verbindet sich mit der hineinfließenden Erdkraft.

Wie fühlt sich das an? Kannst du spüren, dass Energien einströmen?«

Wenn mein Klient jetzt Nein sagt, wenn ich das Gefühl habe, die Energie fließt nicht richtig, dann braucht es einen Zwischenschritt, den ich später im Kapitel »Heimkehren ins Licht« (S. 150) ausführlich beschreibe. Hier erst einmal so viel:

Ich sage: »Erlaube jetzt, dass alle Energien, alle Seelenanteile, alles, was du für andere trägst, alles, was nicht zu dir gehört oder jetzt nach Hause gehen will, deinen Körper verlässt, in die Erde abfließt oder sicher und geschützt in der Lichtsäule nach oben aufsteigt. Alle Seelenanteile, für die es heute Zeit wird, den Körper zu verlassen und heimzugehen, verlassen nun den Körper, steigen auf in ihre Seelenflamme, kehren genau dahin zurück, wohin sie gehören. Alle Seelenaspekte, die gehen wollen, alle Anteile des Inneren Kindes, die nach Hause wollen, verlassen jetzt den Körper. Ihr könnt gehen, es ist gut. Sicher und geschützt geleitet euch das Licht der Lichtsäule nach Hause, wo immer dieses Zuhause auch sein mag.«

Dein Klient braucht während der inneren Reise nicht zu verstehen, was passiert, vertraue darauf, dass die Seele genau weiß, was richtig ist. Ich erkläre dir später ausführlich den Prozess.

Halte die Energien so lange, bis du spürst, dass der Prozess zu Ende ist. Du kannst auch einfach sagen: »Gib mir mit der Hand ein Zeichen, oder sage es mir, wenn sich die Energien in dir beruhigen.«

Weiter im Text: »Immer, wenn du dich veränderst, wenn du etwas loslässt oder etwas Neues in dein Leben rufen willst, schaue, ob dein Erdchakra noch zu dir passt. Du kannst jederzeit um eine neue, für den jetzigen Zeitpunkt stimmige Erdung bitten. Nimm die Energie in dich auf, in alle Zellen, lass dich davon erfüllen. Die inneren Bilder verschwinden nach einer Zeit wieder, aber die Erdung bleibt.«

Wenn du gern mit Aufstellungen arbeitest, dann probiere das hier aus, es ist die gleiche Übung als Aufstellung:

Bitte deinen Klienten, sich einfach irgendwohin in den Therapieraum zu stellen.

Sage ihm: »Stelle dir vor, unter deinen Füßen gibt es eine Energiekugel, die dich mit der Kraft der Erde verbindet.« Frage ihn, wenn er zustimmt, wie sich diese Kugel anfühlt, ob sie ihn nährt und ob er das Gefühl hat, gut zu stehen. Wichtig sind folgende Fragen: »Haben andere ihre Wurzeln in diese Kugel hineingebohrt, nährst du andere mit deiner Kraft? Oder streckst du selbst deine eigenen Wurzeln nach anderen aus?« Höre dir einfach die Antworten an, es gibt noch nichts zu tun und zu verändern. Es kann aber sein, dass ihm bereits jetzt klar wird, für wie viele Menschen er Verantwortung übernommen hat – ein typisches Zeichen, dass das Innere Kind etwas für andere trägt.

Wenn ein Mensch aus dem Erwachsenen-Ich heraus viel Verantwortung trägt, dann hat er, bildlich gesprochen, ein großes, leuchtendes Erdchakra, das nach außen hin strahlt, aber niemals erlaubt er, dass andere Menschen ihre Wurzeln in seines hineinbohren. Denn das würde die anderen von ihm abhängig machen und wäre ein Zeichen für Coabhängigkeit, der Unfähigkeit, die eigenen Grenzen zu wahren.

Wenn dein Klient die Kraft dieser Energiekugel erforscht hat, dann sage ihm Folgendes: »Jetzt bitte Mutter Erde darum, dass sie dir eine neue Erdung schenkt, dass sie dir aus ihrem Herzen heraus ein neues Erdchakra erschafft, ein Erdchakra, das genau die Kraft hat, die du brauchst, um deinen Weg zu gehen. Und dann – wenn du spürst, wo sich dieses neue Erdchakra befindet – mache einen Schritt, und stelle dich mitten auf den neuen Platz.«

Ich schreibe, wie oben erwähnt, nicht gern Zettel, ich mag es, wenn die Dinge sozusagen aus dem Nichts heraus entstehen. Aber das kann eine sehr große Herausforderung sein. Folge deinem Gefühl. Es nutzt nichts, tolle Energiearbeit zu machen, wenn dein Klient sich fragt, was das alles soll. Dann schreibe eben diese Zettel. Auf den einen »deine bisherige Erdung«, auf einen zweiten »deine neue Erdung«. Lege den ersten Zettel nach Gefühl in den Raum (oder lass ihn von deinem Klienten an den für ihn stimmigen Platz legen), und bitte deinen Klienten, sich daraufzustellen. Mir geht es bei dieser Art von Aufstellung nicht um das ganze Familiensystem. Ich nutze einfach sehr gern die Entstehung der Kraftfelder, um Energien spürbar zu machen. Es geht bei dieser Übung nicht darum zu erkennen, warum jemand nicht geerdet ist, sondern darum, das Potenzial zu rufen und zugänglich zu machen.

Hat dein Klient das erste Feld gespürt, dann lege den zweiten Zettel hin, das machst bitte du. Denn das Energiefeld entsteht ja gerade, es wird sozusagen von Mutter Erde neu geboren. Dein Klient kennt es noch nicht. Bitte ihn, sich auf die neue Erdung zu stellen, und lass ihn wahrnehmen, was geschieht.

Nun sage ich: »Lass diese Kraft in dich hineinströmen, besonders in die Beine und in das Becken. Dort wird dein Körper nun ein wenig schwerer, das ist deine neue Erdung.« Wenn diese Kraft gut in ihn hineinfließt, gehen wir einen Schritt weiter.

Ich gebe ihm, während er auf diesem Platz steht, den Text der oben beschriebenen inneren Reise: »Stelle dir nun vor, du stehst, während all das geschieht, in einer Lichtsäule. Nun erlaube, dass dieses neue Erdchakra wie ein Magnet wirkt und deine Seele ganz sanft in deinen Körper hineinzieht. Durch die Lichtsäule hindurch, sicher und geschützt, strömt nun deine Seelenessenz in deinen Körper hinein, verbindet sich mit der hineinfließenden Erdkraft. Wie fühlt sich das an, kannst du spüren, dass Energien einströmen?«

Üblicherweise spürt der Klient das deutlich. Falls nicht, braucht er die bereits oben beschriebene Reinigung: »Erlaube jetzt, dass alle Energien, alle Seelenanteile, alles, was du für andere trägst, alles, was nicht zu dir gehört oder jetzt nach Hause gehen will, deinen Körper verlässt, in die Erde abfließt oder sicher und geschützt in der Lichtsäule nach oben aufsteigt. Alle Seelenanteile, für die es heute Zeit wird, den Körper zu verlassen und heimzugehen, verlassen nun den Körper, steigen auf in ihre Seelenflamme, kehren genau dahin zurück, wohin sie gehören. Alle Seelenaspekte, die gehen wollen, alle Anteile des Inneren Kindes, die nach Hause wollen, verlassen jetzt den Körper. Ihr könnt gehen, es ist gut. Sicher und geschützt geleitet euch das Licht der Lichtsäule nach Hause, wo immer dieses Zuhause auch sein mag.«

Auch dieser Prozess kommt zur Ruhe, danach strömen alle Seelenkräfte in deinen Klienten hinein, die heute neu kommen wollen, die jetzt bereit sind.

Lass deinen Klienten noch ein wenig auf diesem Platz stehen, damit er die Kraft spürt. Dann sage: »Nun nimm all diese Energie in dich auf, sammle sie ein, und nimm sie mit, wenn du diesen Platz verlässt. Dein Erdchakra kommt mit dir, es sind deine Energien. Sie sind nicht abhängig von dem Raum, in dem du bist.«

Hiermit ist der Erdungsprozess für dieses Mal abgeschlossen. Wenn du die Technik »Soul Body Fusion« kennst, dann kannst du diese folgen lassen. Dabei hältst du einfach den Raum, damit sich die Seele deines Klienten innig mit dem Körper verbinden kann. Ich empfehle dir das Buch[5] dazu, die Technik ist leicht zu lernen und sehr hilfreich.

Ich überprüfe immer sofort, ob meine Arbeit erfolgreich war. Zur Erinnerung: Wir brauchen eine gute Erdung, damit wir den Erwachsenen errei-

---

5 Jonette Crowley: Soul Body Fusion, Ansata Verlag 2011

chen, der sich seinerseits gut um das Innere Kind kümmern kann. Nach der inneren Reise oder der Aufstellung erinnere ich mich also an mein primäres Therapieziel für meinen Klienten: Ich will ihm seinen inneren Erwachsenen zugänglich machen.

Nun gehe ich vor wie im ersten Kapitel beschrieben: Ich arbeite mit dem leeren Stuhl und bitte meinen Klienten, sich mit dieser neuen Erdung auf den Platz des Erwachsenen zu setzen. Hatte ich eine kleine Aufstellung gemacht und selbst im Erwachsenen-Ich gestanden, so überprüfe ich, ob sich die Energie des Platzes verändert hat. In der Regel tut sie das. Von hier aus kann ich nun weitergehen.

Die Erdungsübung dient der Vorbereitung, der Stabilisierung, damit ich dem Inneren Kind begegnen kann. Ich führe sie in Bezug auf das Innere Kind nur dann durch, wenn ich den inneren Erwachsenen nicht erreichen kann. Sinnvoll ist sie aber immer, unabhängig vom Thema.

Wenn jemand nicht gut geerdet ist, dann ist er in den meisten Fällen sehr wenig im Gefühl und sehr in der Kontrolle. Deswegen ist er kein guter und sicherer Ansprechpartner für das Innere Kind. Auch andersherum gilt natürlich: Wenn sich jemand sehr stark selbst kontrolliert, dann fühlt er wenig und ist auch nicht gut geerdet. Das Erden führt dazu, dass der Klient seinen Körper wieder fühlt, dass er sich vollständiger wahrnimmt und auf diese Weise Kraft, Selbstvertrauen und Beweglichkeit gewinnt.

Selbstverständlich hilft es sehr beim Erden, in die Natur zu gehen, zu tanzen, in einen Sandsack zu boxen, Zeit mit Tieren zu verbringen. Doch die bewusste Verbindung zwischen Körper und Seele zu schaffen ist eine wesentliche Voraussetzung dafür, dass wir ernsthaft die Verantwortung für unseren energetischen Zustand übernehmen.

Die Erdung bezieht sich auf den Körper und ist neutral, es ist also egal, ob er männlich oder weiblich ist. Es gibt eine weitere Kraft, die wir brauchen, bevor wir unserem Inneren Kind Schutz und Trost anbieten können.

Noch einmal zum Verständnis: Lässt sich der innere Erwachsene ohne Umschweife rufen, ist er gut spürbar, dann braucht man diese Kräfte nicht, solange es um das Innere Kind geht. Oft genug aber fehlen tatsächlich diese Energien, deshalb biete ich dir im nächsten Kapitel eine weitere Kraftquelle an.

Zusammengefasst:

❖ Wir gehen davon aus, dass es ein Erdchakra, ein Energiezentrum unterhalb der Füße, gibt, nutzen es zumindest als Bild.

❖ Wir bitten Mutter Erde, ein ganz neues Erdchakra zu bilden – als Symbol und Energiegeber für unser physisches Menschsein.

❖ Wir rufen Seelenenergie in den Körper, wenn wir durch das neue Erdchakra gut geerdet sind.

❖ Wir lassen Seelenenergie, die sich müde anfühlt, die »heimwill«, zurück in die Seelenflamme strömen.

❖ Durch diese Erdung ermöglichen wir es unserem Klienten, sein Erwachsenen-Ich zu entwickeln.

Die männliche und die weibliche Energie rufen

Im Schamanismus wird die männliche Energie durch das Feuer, die weibliche durch den sogenannten Hochzeitskorb, eine Schale, versinnbildlicht. Das Männliche steht für Tatkraft und die Umsetzung der eigenen Ideen im Außen, das Weibliche steht für die Empfängnis und das innerliche Hüten und Nähren. Ganz deutlich werden das Zusammenspiel, aber auch die vollkommen unterschiedlichen Wirkungsweisen der männlichen und der weiblichen Kraft im Zeugungsakt:

Das Männliche verströmt sich nach außen, es zeugt das Leben außerhalb des eigenen Körpers, erkennt seine Schöpfung und seine Zeugungskraft durch das, was außerhalb seiner selbst entsteht. Das Männliche erfährt sich selbst über das, was es erschafft. Das Ergebnis seiner Tat ist der Spiegel für seine Zeugungskraft. Ich erlebe es immer wieder, dass man so weit gehen kann zu sagen: Ein Mann findet seine Mitte in dem, was er tut. Das Männliche erfährt sich über seine Handlungen, über das, was es nach außen gibt, und über die Resonanz, die es dadurch erfährt. Ein Baumarkt-Werbeslogan wie »Sei dein Projekt!« richtet sich nicht an Männer, sondern an das Männliche. Das Männliche gibt sein Feuer nach außen und befruchtet damit die Welt. Es zieht einen Feuerring um das, was es geschaffen hat, und beschützt es. Seine Energie, seine Aufmerksamkeit ist außen, es sorgt dafür, dass der innere Raum sicher bleibt. Ist die männliche Energie kraftvoll, dann bist du in der Lage, deine Vorhaben in die Tat umzusetzen. Du befruchtest die Welt mit deinem Samen, du handelst, statt nur zu reden, du hast den Mut und die Kraft, das, was du willst, auch zu machen, es zu beschützen und die Verantwortung dafür zu übernehmen. Du

bist in der Lage, dich durch Handlungen zu zeigen, dich sichtbar zu machen, deine Pläne zu gebären, nach außen zu bringen. Und dich damit auch der Gefahr des Scheiterns auszusetzen. Nicht jedes Kind, das gezeugt wird, wird auch geboren. Ist das Männliche schwach, dann planst du, du redest, aber du handelst nicht. Oftmals ist die männliche Energie durchaus stark – aber sie steht nicht im Dienst der eigenen Ideen und Pläne, sondern befruchtet die Pläne anderer. Wenn du zwar ständig handelst und machst, dabei aber dauernd die Vorhaben anderer unterstützt, statt deine eigenen in die Tat umzusetzen, dann kannst du dich getrost, ob du Mann oder Frau bist, als Samenspender betrachten. Das kannst du machen. Aber dann fehlt dir oft die Kraft, deine eigenen Kinder zu zeugen, deine eigenen Projekte in die Tat umzusetzen!

Das Weibliche hingegen nimmt den Samen, das Feuer in sich auf und nährt es, hütet es, gibt ihm bedingungslos Raum und umhüllt es. Die weibliche Natur ist das Nähren. Die Aufmerksamkeit des Weiblichen ist nach innen gerichtet, seine Mitte liegt in dem, was es nährt und in sich wachsen lässt. In der Schale, dem sogenannten Hochzeitskorb, hütet das Weibliche das Leben und sorgt dafür, dass es sich so gesund wie nur möglich entwickelt. Die weibliche Mitte ist innen, in dem, was du wahrnimmst und fühlst.

Was ist dieser Hochzeitskorb? Die Großmütter einiger indigener Völker flechten einen Korb, der aussieht wie eine große, flache Schale. In diesen Korb sind bestimmte Muster eingeflochten, die die Weisheit der großen Muttergöttin symbolisieren. Die Enkeltöchter bekommen diesen Hochzeitskorb, der stellvertretend für ihre Gebärmutter, die Fähigkeit, das Leben weiterzugeben, steht, zu ihrer ersten Mensis geschenkt. Damit sind sie in den Kreis der Frauen aufgenommen.

Selbstverständlich trägt jeder Mensch beide Energien in sich, sonst könnten wir nicht leben. Es ist ganz einfach: Die innere weibliche Kraft nimmt auf, ist offen für Impulse, Ideen, Geistesblitze. Sie nährt diese Impulse und überprüft, ob sie lebensfähig sind – so, wie das im Bauch einer Frau geschieht. Ist ein Fötus nicht lebensfähig, dann stirbt er, die Gebärmutter stößt ihn ab. Die Gebärmutter, die energetische Schale, weiß genau, ob ein Plan, eine Idee, ein Impuls »erdtauglich« ist oder nicht. So großartig sich etwas auch anhören und anfühlen mag, der Bauch weiß, ob es machbar ist. Er weiß es auch dann, wenn der dazugehörige Mensch aus Angst und Vermeidung oder aus einem Wunschdenken heraus entscheidet. Das Bauchgefühl ist das Gefühl der inneren, weiblichen Schale, die mit der Erdkraft kommuniziert und deshalb weiß, ob etwas lebensfähig ist, also von der Erde getragen und genährt werden kann oder nicht. Darin steckt keinesfalls eine Wertung. Die Erde nährt bedingungslos, aber nur das, was zum jetzigen Zeitpunkt lebensfähig ist.

Ist die weibliche Energie kraftvoll, dann nimmst du Ideen, Impulse, Anregungen offen und bedingungslos in dich auf und nährst sie in dir. Du überprüfst sorgfältig, indem du deinen Wahrnehmungen vertraust, ob das, was du vorhast, umsetzbar ist oder nicht. Du hörst auf dein Bauchgefühl. Ein Bauchgefühl kannst du nur dann zu einer Sache haben, wenn du sie zunächst in dich aufnimmst, dich von einer Idee, einem Impuls schwängern lässt. Doch halt! Dieses Bauchgefühl sagt dir auch sofort und ohne Umschweife Stopp, wenn eine Idee, ein Impuls nicht zu dir gehört, nicht stimmig ist. Du spürst das innere Nein, wenn du dich nicht »schwängern« lassen willst, wenn du eine Idee oder eine Anregung erst gar nicht in dich aufnehmen möchtest. Tust du es dennoch, dann machst du dich womöglich zur Leihmutter. Das kannst du tun. Wenn du aber ständig die Ideen anderer nährst, statt deinen eigenen Impulsen in dir Raum zu geben, dann bekommst du nie deine eigenen Kinder, sondern immer nur die der anderen.

Ein Beispiel? Ganz einfach – du bist ständig für andere da, nährst sie, unterstützt sie, machst ihnen Mut und schenkst ihnen deine Zeit, deine Aufmerksamkeit. Und darum hast du nie Zeit, um deine eigenen Wünsche und Vorhaben in die Tat umzusetzen, ja nicht einmal die Zeit, sie überhaupt in dir zu hüten! Das kann so weit gehen, dass du nicht einmal wahrnimmst, dass du überhaupt eigene Impulse und Pläne haben könntest.

Die heilige Hochzeit nun bedeutet, dass das innere Weibliche und das innere Männliche reibungslos und bedingungslos zusammenwirken. Das heißt ganz einfach: Du bekommst einen Impuls, du nimmst ihn in dir auf, nährst ihn, überprüfst ihn, und wenn du spürst, die Zeit der Geburt naht, greift das Männliche in dir ein und setzt das, was du in dir spürst, in die Tat um. Es ist wirklich so einfach, denn es ist ein natürlicher Vorgang. Du nimmst Impulse in dir auf, lässt dich also befruchten, nährst und hütest die Idee, und wenn die Zeit gekommen ist, dann setzt du sie in die Tat um. So einfach – und doch geschieht das so selten!

Du weißt selbst, wie störanfällig dieses Zusammenwirken ist, wenn wir in Angst und Vermeidung statt in Freude und Lebendigkeit leben. Denn Impulse hast du immer, lebendige, erfüllende, spannende und großartige aus dem Reich deiner Seele, angsterfüllte, vermeidende und dich eng machende aus dem Reich deiner Schmerzvermeidung. Das gesunde Weibliche nun spürt genau, welche Impuls dem Leben dienen und welche nicht, und nährt nur die, die sich kraftvoll und lebendig anfühlen. Das gesunde Weibliche lässt sich nur vom Feuer der Lebendigkeit befruchten, vom, wenn du es schamanisch ausdrücken willst, großen Geist. Ganz sicher nicht vom schwelenden Qualm der Schmerzvermeidung. Und schon gar nicht von den Impulsen anderer, wenn diese sie in Wahrheit selbst in sich hüten sollten!

Die gesunde männliche Kraft setzt nur die Impulse in die Tat um, die vom inneren Weiblichen für gut befunden wurden, es handelt nicht eigenmächtig im Dienst der Schmerzvermeidung, sondern dient dem Leben – und nur dem Leben. Wenn das Männliche gesund ist, dann handelt es nur, wenn es ein inneres Ja vernimmt. Dann aber handelt es ohne Umschweife.

Was hat das alles mit dem Inneren Kind zu tun? Wenn dein Klient nicht in der Lage ist, das, was er für wichtig und richtig hält, auch zu tun, wenn er womöglich nicht einmal in Kontakt mit dem ist, was er fühlt, dann bekommt das Innere Kind keinen Schutz. Damit es sich zeigen und heilen kann, sind oftmals deutliche Verhaltensänderungen nötig. Fehlt der innere Anzeiger, mit dem ein Mensch spürt, was er wirklich will, ist er nicht in der Lage, das auch zu tun, dann wird das Innere Kind nicht gehört.

Die Erdung sorgt dafür, dass sich die Seele mit dem Körper harmonisch und vollständig verbindet, sie ist die Basis für ein erfülltes Menschsein. Die männliche und die weibliche Energie nun sind menschliche Kräfte. Wir brauchen sie, um etwas zu bewirken, um uns selbst auszudrücken, um uns in positive Wechselwirkung mit anderen zu bringen. Wir brauchen diese Kräfte, um unser Leben auf der Erde selbstbestimmt und selbstverantwortlich zu gestalten. Die Fähigkeit, Impulse in sich aufzunehmen, sich befruchten zu lassen (statt jeden Impuls gleich als unsinnig von sich zu weisen), und die Fähigkeit, diese Impulse außen als Handlung sichtbar werden zu lassen, damit sie in eine wechselseitige Wirkung mit der Außenwelt treten können.

Jonette Crowley beschreibt die Ausrichtung dieser beiden Energien in ihrem Buch »Soul Body Fusion« sinngemäß so: Stelle dir ein X vor, das deinen Körper durchzieht, der Kreuzungspunkt der Linien ist genau in deiner Körpermitte, etwas über dem Bauchnabel. Es verbindet jeweils die Schulter mit der gegenüberliegenden Hüfte. Nun schaue, ob dieses X

gleichmäßig ist. Falls nicht, konzentriere dich auf die stärkere, dickere Linie, und weise den Rest des X an, sich an dieser zu orientieren. Die schwächere Diagonale passt sich also der stärkeren an, indem du dich auf die stärkere konzentrierst. Jonette sagt ausdrücklich, wir sollten nicht versuchen, die schwächere Linie zu verändern, sondern ihr Gelegenheit geben, sich der stärkeren anzupassen – ganz im Sinne der Quantenheilung. Das ist ein ganz einfaches und sehr gutes Bild, nutze es bitte, wenn es dir dient.

Es kann sehr hilfreich sein, dieses X mit einem Stift auf den Körper deines Klienten (vorne und hinten je von der Schulter bis zur Hüfte) zu malen, falls du körperorientiert oder schamanisch arbeitest. (Wir nutzen je nach benötigter Farbe einen kostengünstigen Kajal- oder Lippenkonturenstift, wenn wir mit Körpersymbolen arbeiten.)

Die männlichen und die weiblichen Kräfte dennoch auch namentlich zu rufen hat den Sinn, dass dein Klient sie bewusst erfährt. Wie aber rufen wir diese Kräfte? Dazu die folgende Übung.

Innere Reise: Weibliche und männliche Energien rufen

Mache es dir bequem, atme ein paar Mal tief durch, und erlaube dir, eine neue Erfahrung zu machen. Nun stelle dir bitte eine Lichtsäule vor, die ganz und gar neu ist. Die Energie dieser Lichtsäule war in dieser Zusammensetzung noch nie auf der Erde, und sie schenkt dir eine neue Erfahrung und neue Möglichkeiten. Stelle dich bitte mitten in diese Lichtsäule hinein, und lass dich von dem Licht durchfluten. Es nimmt alles mit sich, was nicht mehr zu dir gehört, besonders den Anteil, der sich nie gut genug fühlt. Ganz von selbst reinigt dich diese Lichtsäule auf nie gekannte Weise, sie vibriert alles aus dir heraus, was jetzt gehen will. Deine seelischen Aspekte und Anteile, für die es Zeit ist, den Körper zu verlassen und nach Hause zurückzukehren, steigen in der Lichtsäule ganz leicht und wie von selbst auf und verwandeln sich in Licht. Aspekte deines Inneren Kindes, die sehr entmutigt sind oder in Angst vor Beschämung und Strafe leben, strömen aus dir heraus und kehren ins Reich deiner Seele zurück, finden Trost und Frieden in deinen eigenen feinstofflichen Daseinsformen. Du spürst förmlich, wie sich besonders deine Mandelkerne reinigen, wie dunkle Energie aus ihnen heraus aufsteigt und sie heller und lichter werden, vielleicht werden sie gar ganz ausgetauscht und entstehen neu, voller lebensbejahendem Mut. Ganz besonders fließt alles, was du für deine Ahnen und deine Familie, möglicherweise für das Kollektiv trägst, aus dir heraus und löst sich in Licht auf oder strömt in die Erde, wo es zur Ruhe kommen darf.

Immer lichter und klarer fühlst du dich. Nun beginnen neue Seelenkräfte, aus dem Reich deiner Seele in dich hineinzufließen. Gleichermaßen spürst du, wie Erdkraft in dich hineinströmt. Diese Erdkraft brauchst du, damit deine Seelenenergie hier auf Erden Form annimmt und sichtbar wird, sich in Taten und Möglichkeiten, die dir begegnen, zeigt.«

Nutze bitte die Reise, die heute dient. Es ist sinnvoll, beide anzubieten, denn jeder trägt den männlichen und den weiblichen Pol in sich.

Für das Weibliche:

»Diese Erdkraft fließt in dein Becken hinein und beginnt, eine Schale zu formen, eine wunderschöne, einzigartige, stabile Schale. In dieser Schale hütest du das Leben, sie steht stellvertretend für deine Gebärmutter. Jede Idee, jedes Projekt hütest du hier so lange, bis es geboren werden kann, das kann sehr schnell gehen, manchmal aber brauchen die Dinge ihre Zeit. Diese Schale entsteht aus der Erdkraft heraus, und sie kennt die

Rhythmen, weiß genau, wie lange eine Idee, ein Projekt und natürlich auch ein Kind brauchen, bis sie reif sind, bis sie in die Welt entlassen werden können, bis du sie gebären kannst. Mehr und mehr fließt die Erdkraft in dich hinein und sammelt sich im Becken, die Schale wird nun genau so groß, schwer und stabil, wie es für dich stimmig und deinem Seelenfeuer entsprechend richtig ist. Die Schale entsteht ganz neu, und so ist sie frei von all den Lasten, die du womöglich für deine Ahnen, für deine Familie und für das weibliche Kollektiv trägst. Nun sieh, wie sich das Licht der Lichtsäule und deine eigenen Seelenkräfte in dieser Schale sammeln, zur Ruhe kommen und von hier aus in die verschiedenen Chakren, Aurakörper und physischen Körperteile strömen. Hier ist deine Mitte, als Frau bist du im Becken geerdet, hier sammelst du Energien und nährst sie, bis sie sich als Tat, als gelebter Ausdruck zeigen. Du nährst deine Ideen tief im Becken. Hier gibt es weder Zweifel noch Unsicherheiten, die Schale weiß genau, was dem Leben dient und was nicht, und sie vertraut sich selbst – kommt sie doch aus dem Schoß von Mutter Erde.«

Für das Männliche:

»Die Erdkraft fließt in Form von rot glühender Magma in dein Becken hinein und von da aus weiter in deinen Bauchraum. Im Bauchraum entsteht ein Feuer, wie ein riesiges Lagerfeuer, das Feuer deiner Schöpferkraft, mit der du die Welt befruchtest. Dieses Feuer füllt deinen ganzen Bauchraum aus und wärmt dich, schenkt dir Lebendigkeit und Begeisterung für das, was du verwirklichen willst. Die Erdkraft nährt das Feuer, speist es, versorgt es mit Brennstoff, und so sorgt ein unablässiger Strom aus der Erde dafür, dass dein Feuer heiß und gleichmäßig lodert. Es steht dir zur Verfügung, um damit schöpferisch tätig zu werden, um deine Träume, Wünsche und Ideen im Außen in die Tat umzusetzen. Die Erdenergie nährt dein Feuer auch dann, wenn du es nach außen gibst, sie strömt durch dich

hindurch in deine Projekte. Deine Seelenenergien und die Kraft der Lichtsäule strömen in das Feuer hinein und geben ihm eine Richtung, eine Farbe, einen Impuls, sie zeigen dir, auf welche Weise dein Feuer in der Welt
wirken möchte. Du spürst deine Mitte in deinem Feuer, nimmst dich als
schöpferisch und befruchtend wahr und spürst, wie erfüllend es ist, dein
Feuer in die Welt zu bringen, sichtbar zu sein und dich nach außen zu ver-
strömen.«

Für beide:
»Bleibe in der Lichtsäule stehen, lass diese Kräfte in dir wirken, und komme dann, wenn du für diesen Moment genügend genährt und entflammt
bist, zurück – diese Lichtsäule steht dir jederzeit zur Verfügung, du kannst
dich hier immer wieder bewusst mit deiner Seele und der Erde zugleich
verbinden.«

Oft nutze ich die innere Reise »Ein neues Erdchakra – Körper und Seele in
Harmonie vereinen« (S. 74) aus dem letzten Kapitel, gehe aber noch einen
Schritt weiter.

Wieder (wie auch bei der Erdungsübung) interessiert mich zunächst
nicht, warum der Klient seine männliche oder weibliche Energie nicht leben kann. Warum nicht? Damit wir, der Klient und ich, uns nicht verzet-
teln. Wenn diese Information für die Arbeit mit dem Inneren Kind rele-
vant sein sollte, werden wir uns später darum kümmern, weil sie sich dann
sowieso zeigt. Zunächst möchte ich sie ihm zugänglich machen. Warum?
Erinnern wir uns: Weil wir sonst nicht mit dem Inneren Kind arbeiten
können.

Hier also die erweiterte innere Reise.

Innere Reise: Die männliche/weibliche Energie durch das Erdchakra rufen

»Stelle dir vor, unter deinen Füßen ist eine Energiekugel, die, wenn du aufrecht stehst, etwas dreißig Zentimeter tief in der Erde liegt. Schaue dir diese Kugel genau an. Ist sie kraftvoll, gefällt sie dir, hast du genug Platz, um bequem darauf zu stehen? Reichen kleine oder auch größere Wurzeln von anderen in deine Kugel hinein, oder streckst du selbst deine Wurzeln nach anderen aus? Ist diese Energiekugel noch passend für dich und deinen Weg? Stärkt sie dich? Lass dich ihre Energie spüren, wie fühlt es sich an, auf dieser Kugel zu stehen? Nährt sie dich?«

Lass dir beschreiben, wie dein Klient diese Kugel wahrnimmt.

»Wie auch immer sie sich anfühlt, bitte nun Mutter Erde, aus ihrem Herzen heraus eine ganz neue Energiekugel für dich zu formen, ein Erdchakra, das jetzt zu dir passt, das deine Seele sanft und leicht im Körper hält und das nur dir gehört. Erlaube, dass deine gesamte Erdung ausgetauscht wird oder zum ersten Mal überhaupt entsteht. Mutter Erde sendet nun eine Energiekugel an die Oberfläche, sie ist einzigartig und gehört nur dir. So, wie deine Seele einzigartig ist, brauchst du auch eine einzigartige Erdung, die zu dir passt und die genau deiner Seelenenergie entspricht. Dieses neue Erdchakra ist nun bei dir angekommen, und jetzt – jetzt – mache einen Schritt genau auf dieses neue Chakra. Stelle dich genau darauf, und lass dich von seiner Kraft durchströmen. Es hat genau die richtige Stärke, die richtige Art der Energie, es erdet dich genau so, wie es für deine Seele ideal ist. Die Erdkraft fließt von unten in dich hinein, strömt in deinen Körper und nährt ihn.«

Für Frauen:

»Immer mehr dieser Erdkraft strömt in dich hinein und bildet jetzt in deinem Becken eine Schale – deine weibliche Mitte.«

Für Männer:

»Immer mehr dieser Erdkraft fließt in dich hinein und nährt das Feuer in deinem Bauchraum, das Feuer, mit dem du dich in die Welt verströmst.«

Für beide:

»Lass die Erdkraft aus diesem neuen Chakra in dich hineinströmen, bis du dich stabil und gut genährt fühlst. Diese Kraft steht dir von nun an jederzeit zur Verfügung. Erlaube jetzt, dass alle Energien, alle Seelenanteile, alles, was du für andere trägst, alles, was nicht zu dir gehört oder jetzt nach Hause gehen will, deinen Körper verlässt, in die Erde abfließt oder sicher und geschützt in der Lichtsäule nach oben aufsteigt. Alle Seelenanteile, für die es heute Zeit wird, den Körper zu verlassen und heimzugehen, verlassen nun den Körper, steigen auf in ihre Seelenflamme, kehren genau dahin zurück, wo sie hingehören. Alle Seelenaspekte, die gehen wollen, alle Anteile des Inneren Kindes, die nach Hause wollen, verlassen jetzt den Körper. Ihr könnt gehen, es ist gut. Sicher und geschützt geleitet euch das Licht der Lichtsäule nach Hause, wo immer dieses Zuhause auch sein mag.

Gleichermaßen strömt jetzt all die Seelenenergie, die heute, hier und jetzt durch dich zur Erde kommen möchte, in dich hinein, berührt die Schale, das Feuer und verändert beide. Deine Seelenkraft verbindet sich mit der Schale und dem Feuer. Diese Kräfte werden immer stabiler, füllen dich aus, verändern dein gesamtes Erleben, wirken bis in die DNA hinein.«

Dann halte ich einfach den Raum, damit Seele und Körper in Gleichklang kommen können. Irgendwann, wenn ich spüre, der Energiefluss kommt zur Ruhe, sage ich: »Komme dann in deiner Zeit in den Raum zurück, in dem du dich befindest.«

Die Erfahrung zeigt, dass Frauen in erster Linie ihre Schale, Männer in erster Linie ihr Feuer brauchen, um sich stabil und handlungsfähig zu fühlen. Während es also im Kapitel über Erdung um die für ein erfülltes Leben notwendige senkrechte Verbindung zwischen Seelen- und Erdkraft geht, geht es in diesem Kapitel um die waagerechte Verbindung der beiden Körperhälften, der männlichen (rechts) und der weiblichen (links) Seite. Nur wenn diese beiden Seiten im Gleichgewicht sind, ist der Mensch intuitiv und handlungsfähig zugleich. Ich möchte in diesem Buch nicht allzu ausführlich auf die Erweckung der männlichen und der weiblichen Kraft eingehen. Wir brauchen sie hier nur, um eine gesunde Basis für das Innere Kind zu schaffen.

Selbstverständlich bieten sich auch die Arbeit mit dem leeren Stuhl und die Aufstellungsarbeit an, um die weibliche und die männliche Kraft zu rufen.

Übung: Männliche und weibliche Kraft rufen
Technik: Der leere Stuhl

(Du kannst auch die Aufstellungsarbeit mit Zetteln machen. Der Einfachheit halber fasse ich beide Techniken hier zusammen.)

Bitte deinen Klienten, einen Stuhl bzw. einen Zettel für sich selbst, einen für seine weibliche und einen für seine männliche Kraft aufzustellen. Wie diese Stühle oder Zettel zueinander stehen oder liegen, ist für die Arbeit mit dem Inneren Kind nicht wesentlich, es geht nur um die Aktivierung der Kräfte, nicht um ihre Beziehung zueinander. (Wolltest du tiefer in das Thema »Heilung der Sexualität« einsteigen, bekämen diese Kräfte natürlich ein ganz anderes Gewicht.)

Bitte nun deinen Klienten, sich zunächst auf seinen eigenen Stuhl zu setzen bzw. sich auf den Zettel mit seinem Namen zu stellen. Wie immer fragst du ihn, wie er diesen Platz wahrnimmt. Lade ihn dann ein, sich als Mann auf den Platzhalter für das Männliche, als Frau auf den Platzhalter für das Weibliche zu setzen oder zu stellen.

Ich sage: »Nimm nun die Energie dieses Platzes tief in dich auf. Stelle dir vor, das Weibliche, das in dich einströmt, bildet eine Schale, das Männliche facht dein inneres Feuer an. (Ich arbeite sehr gern mit diesen beiden Bildern, sie erweisen sich immer als sehr hilfreich und kraftvoll.) Nimm bitte wahr, wohin deine Aufmerksamkeit strömt. (Auf dem weiblichen Platz richtet sie sich üblicherweise nach innen, auf dem männlichen nach außen.) Lass diese Kraft einfach wirken, sie fließt in dich hinein, genau so, wie es für dich richtig ist.«

Nach einer Weile bitte ich meinen Klienten, den Platz zu wechseln und jetzt die gegengeschlechtliche Energie zu spüren. Hier stelle ich die gleichen Fragen, damit mein Klient ein Bewusstsein für beide Kräfte bekommt. Nämlich: »Wohin richtet sich deine Aufmerksamkeit, wie fühlt sich diese Kraft an?«

Dann sage ich: »Nimm jetzt diese Kraft in dich auf, atme sie ein, nimm sie in deine Zellen auf, und setze oder stelle dich dann noch einmal auf den vorigen Platz (also den männlichen, wenn ich einen Mann, den weib-

lichen, wenn ich eine Frau vor mir habe). Jetzt verbinden sich diese beiden Energien in dir auf die für dich stimmigste und harmonischste Weise.«

Arbeitest du mit Zetteln, dann lass deinen Klienten die Platzhalter für die männliche und die weibliche Energie übereinanderlegen und sich auf beide Zettel zugleich stellen. Es strömen beide Energien in ihn hinein und harmonisieren sich in ihm.

Arbeitest du wie ich lieber ohne Zettel, so sieht die Übung folgendermaßen aus: »Spüre, wo deine männliche (für einen Mann)/weibliche (für eine Frau) Energie einen Kraftplatz hier im Raum bildet. Mache einen Schritt, und stelle dich mitten hinein in diese Energie, lass sie in dich hineinströmen, atme sie ein. Wie fühlt sie sich an, wie nimmst du dich selbst wahr? Dann bitte darum, dass sich nun deine gegengeschlechtliche Kraft zeigt. Tritt aus deinem Kraftfeld heraus, und nimm den neuen Platz ein. Was ist anders, wie nimmst du diese Energie wahr? Nun atme diese Energie ein, nimm sie mit, und gehe mit ihr zusammen zurück auf den Kraftplatz deiner Männlichkeit (für einen Mann)/Weiblichkeit (für eine Frau). Was geschieht nun, wenn sich diese beiden Kräfte in dir ausgleichen, wenn beide wirken?«

Verstanden? Zunächst spürt mein Klient die Kräfte getrennt voneinander, damit er Bewusstsein darüber erlangt. Dann verbinden wir sie, indem er die Energie des einen Platzes in sich aufnimmt und sich damit auf den anderen stellt. Diese Technik nutze ich immer dann, wenn ich Energie verbinden will. Die Ergebnisse sind oft spektakulär.

Beispiel: Platz der Seele aufstellen – verlassen. Platz des Körpers aufstellen – verlassen. Zurück auf den Platz der Seele, Energie in sich aufnehmen, damit auf den Platz des Körpers treten – verbinden.

Das funktioniert natürlich auch mit dem inneren Erwachsenen und dem Inneren Kind, wenn sich diese Plätze gut spüren lassen:

Inneres Kind aufstellen, spüren – Platz verlassen. Erwachsenen aufstellen, spüren – Platz verlassen. Wieder Inneres Kind aufstellen, spüren, bewusst in sich aufnehmen, damit auf den Platz des Erwachsenen treten – Verbindung wirken lassen.

Um diese Wirkung zu verstärken, lege ich Musik auf und bitte meinen Klienten, diese Energie nun zu tanzen, in den Körper zu rufen, auf allen Ebenen spürbar werden zu lassen. Besonders für Seminare bietet sich diese Übung an.

Ich habe dir nun sehr ausführlich geschildert, wie ich Energien rufe und meinem Klienten zugänglich mache. Hast du andere Methoden, so nutze diese. Verstehe aber, dass es für die Arbeit mit dem Inneren Kind unerlässlich ist, dass dein Klient gut geerdet ist, damit er seinen inneren Erwachsenen rufen kann.

Das überprüfe ich jetzt wieder, wie oben beschrieben. Kann ich den inneren Erwachsenen nun ausmachen, spürt mein Klient nun ausdrücklich einen Unterschied zwischen dem kindlichen Anteil und dem Erwachsenen, so ist er bereit, sich dem Inneren Kind zu nähern.

Brauche ich für all das je eine Sitzung? Nicht unbedingt. Manchmal dauert das gesamte Prozedere, von der ersten Arbeit mit dem leeren Stuhl bis hin zum Rufen der Erdkraft sowie der weiblichen und männlichen Energie gerade einmal eine Stunde. Je nachdem, wie offen mein Klient ist, wie viel er schon energetisch gearbeitet hat, kann das einige Sitzungen lang dauern oder ein paar Minuten – und alles ist genau richtig.

Wenden wir uns nun der Begegnung mit dem Inneren Kind zu.

Zusammengefasst:

- ❖ Die männliche Kraft verströmt sich nach außen, das Männliche erkennt sich in dem, was es tut.
- ❖ Die weibliche Kraft nährt das Innen, das Weibliche erkennt sich in dem, was es wahrnimmt und in sich nährt.
- ❖ Der Mensch ist für das, was er in sich aufnimmt und seine Handlungen verantwortlich.
- ❖ Stimmen Wahrnehmung, Absicht und Tat überein, so nennt man das »Die heilige Hochzeit«.
- ❖ Hingabe und Tatkraft, beides im bewussten Dienst am Leben, sind die Basiskräfte, die ein Mensch braucht, um den inneren Erwachsenen zu bilden.
- ❖ Wir brauchen den inneren Erwachsenen als Verbündeten des Inneren Kindes.

Der sichere innere Ort – der Zaubergarten des Inneren Kindes

Erinnerst du dich an das, was ich eingangs über die Amygdala gesagt habe? Die älteren Hirnteile reagieren schneller als die entwicklungsgeschichtlich neueren – und das ist nicht immer sinnvoll.

Die Amygdala, die in engster Verbindung zum Inneren Kind, also zum unmittelbaren, emotionalen und triebhaften Erleben steht, reagiert schneller als der bewusste und reife präfrontale Cortex. Es ist also ganz normal, dass das Innere Kind längst das Heft in der Hand hat, noch bevor der innere Erwachsene reagieren kann – besonders in belastenden und aufregenden, emotionalen Situationen. Da nahezu jede Situation, die wir meistern müssen, aufregend und emotional ist oder es zumindest schnell werden kann, auch wenn wir es nicht bewusst spüren, ist das Innere Kind fast immer ein wenig hilfreicher Ansprechpartner. Es kann weder unser Berufsleben meistern (weil es gefallen will, Angst vor Strafe hat und bestimmt auch Angst vor Autoritätspersonen) noch unsere Liebesbeziehungen führen (weil es Angst hat, verlassen zu werden, und eine Mutter, einen Vater und einen Spielgefährten braucht statt eines erwachsenen Partners). Es kann sich nicht um unser krankes Kind kümmern (weil es vor lauter Mitleid und Sorge nicht handeln kann) und schon gar nicht den immer noch stattfindenden eventuellen Belehrungen und Beschämungen der Eltern standhalten (weil es sowieso schon verletzt ist, sich rechtfertigt, mauert, schmollt oder Liebe fordert). Es kann weder mit Verletzungen noch mit schwierigen Aufgaben umgehen, weil es das gar nicht muss. Das Innere Kind ist eben genau das, ein Kind, und das darf es auch sein. Und wie jedes Kind braucht es Schutz und hat in der Erwachsenenwelt, in der du deine Aufgaben zu meistern hast, nichts zu suchen. Warum nicht? Weil es

verletzlich und bedürftig ist. Weil es auf der Suche nach Liebe ist. Weil es emotional ist. Weil du nicht klar denken kannst, wenn du in der Schmerzvermeidung gefangen bist – und das bist du immer, wenn dein Inneres Kind vorne, also an deiner Entscheidungsfront steht. Immer, wenn du funktionieren musst, wenn es nicht um dich selbst, sondern um die Aufgaben geht, die du zu meistern versprochen hast, immer, wenn es erforderlich ist, erwachsen und reif zu reagieren, bewusst und stabil zu sein, brauchen wir den präfrontalen Cortex. Heißt das, wir sollen nicht fühlen, sollen wie Roboter funktionieren? Natürlich nicht, das ist doch klar. Das Innere Kind aber macht seine Gefühle zur Basis seiner Handlungen, unreflektiert. Es reagiert unbewusst, seine Bedürftigkeit und seine unmittelbaren Impulse stehen im Vordergrund. Reflektiert zu sein bedeutet nicht, sich zu kontrollieren! Sondern sich zu überprüfen. Die Schale, das innere Feuer zu nutzen, zu spüren, woher ein Impuls kommt, ob er dem Leben oder der Schmerzvermeidung dient. Und in der Lage zu sein, entsprechend zu handeln.

Mir geht es immer darum, meinem Klienten die Freiheit zu ermöglichen, selbstbestimmt und bewusst zu entscheidend, welchem Impuls er folgt. Die Impulse des Inneren Kindes sind, weil unbewusst, oft so zwingend, dass von Freiheit überhaupt keine Rede sein kann. Wahre Freiheit finden wir im reifen Erwachsenen-Ich, nicht im Inneren Kind.

Den Zaubergarten zu nutzen bedeutet: Wir geben unserem Gehirn die Anweisung, bewusst und aktiv aus den reifen, vorderen Hirnteilen heraus zu handeln. Der Zaubergarten ist ein Werkzeug des Erwachsenen-Ichs, mit dem es bewusst die Fürsorge für das Innere Kind übernehmen kann. Der Zaubergarten ist also ein inneres Bild, das uns hilft, ausdrücklich und bewusst »nach vorn«, in den Stirnlappen, umzuschalten. Wir brauchen nicht nur den inneren Erwachsenen, sondern auch einen inneren sicheren

Ort für unser Inneres Kind, wenn wir erwachsen handeln wollen. Das habe ich auf sehr eindrückliche Weise selbst erlebt.

1996 arbeitete ich für meinen Vater in seiner Firma, der »Gesellschaft für Informatik«. Ich bin Physiotherapeutin, psychologische Beraterin, und ich schrieb damals Romane, ich hatte keine Ahnung von Informatik, aber es ging um reine Messtätigkeiten. Das bekam ich hin. Diese Messungen fanden in einem dieser beeindruckenden Bankenhochhäuser in Frankfurt statt, ich sollte helfen. Natürlich konnte ich nicht für die Messumgebung verantwortlich sei, ich war schließlich keine Ingenieurin. Aber ich war die älteste Tochter meines Vaters und noch dazu ein Leistungskind.

Eines Morgens ging alles schief. Der für die Messungen verantwortliche Mitarbeiter meines Vaters war nicht da (später hörte ich, dass er krank war), doch die Messungen mussten erledigt werden. Ich stand also in der Bank, hatte zwar die Messausrüstung dabei, doch ich wusste wirklich nicht, wie ich die Situation meistern sollte. Mein Inneres Kind drehte fast durch vor Angst zu versagen. Ernsthaft. Die Firma meines Vaters würde ein schlechtes Bild abgeben, wenn ich diese Messungen nicht hinbekam! Hilfe konnte ich nicht holen. 1996 hatte ich kein Handy, und das Stockwerk war eine Baustelle. Die Messungen, die wir durchführten, betrafen die Datenkabel (1996 gab es noch kein WLAN), es gab also auch noch kein Festnetztelefon. Ich nahm mir immerhin einen kleinen Moment Zeit, um durchzuatmen und um zu schauen, wie es meinem Inneren Kind ging, so weit war ich schon. Es war völlig gelähmt vor Angst. Wie ich mir Hilfe suchen sollte, wusste ich nicht. Ich konnte nicht einfach in ein Büro ein Stockwerk unter oder über mir gehen und darum bitten, das Telefon benutzen zu dürfen, das war ziemlich unprofessionell und würde das Ansehen der Firma meines Vaters schwächen. Ich trug Arbeiterkleidung, war also auch vollkommen unpassend angezogen, um ein Büro zu betreten.

Ich schämte mich, war total unsicher, all den hohen Herren und Damen in Kostümen und Anzügen gegenüberzutreten. Mein Inneres Kind hatte einfach Angst, beschämt zu werden.

Und auf einmal, ich wusste nicht wie, ich hatte davon trotz meiner psychologischen Ausbildung und meiner Therapie noch nie gehört, kam mir ein Gedanke. Ich würde das Innere Kind spielen schicken. Ich richtete ihm in Gedanken ein wunderschönes Spielzimmer ein, viktorianisch, mit Puppen (mein inneres Mädchen liebt Puppen) und einem Himmelbett, und schickte es da hinein. Doch es wollte nicht! Es war so sehr gewohnt, an der Front zu stehen und alles irgendwie hinzubekommen, war es so gewohnt, Verantwortung zu tragen und tapfer zu sein, dass ich es regelrecht einsperren musste. Ich erschuf eine Hintertür, durch die es in einen riesigen Garten gehen konnte, rief Engel und Tiere in den Garten, aber ich musste die Vordertür regelrecht zusperren und einen Wächter davorstellen, damit es nicht doch wieder die Kontrolle übernahm. Warum tun Innere Kinder das? Weil sie es nicht anders kennen. Weil wir als Kinder funktionieren mussten, Verantwortung trugen und damit völlig überfordert waren. Wir sind darauf konditioniert zu funktionieren. Es war eine brandneue Situation für mein Inneres Kind, dass auf einmal ein anderer, bewusster Teil da war, der irgendwie vernünftiger war, weniger emotional, nicht so ängstlich.

Plötzlich erlebte ich wie durch ein Wunder, dass ich erwachsen reagieren konnte. Ich konnte Situationen erwachsen meistern, natürlich. Das musste ich als Physiotherapeutin jeden Tag. Aber das war die Firma meines Vaters, den ich unter keinen Umständen enttäuschen wollte. Mein Inneres Kind war in einer dermaßen angespannten Habachtstellung, dass dieser Moment wirklich ein Wunder war. Ich verließ das Stockwerk und fuhr mit dem Fahrstuhl einen Stock nach unten, dort gab es ein Großraumbüro, in dem gearbeitet wurde. Ich bat einen der dortigen Mitarbeiter, sein Telefon benutzen zu dürfen, Kleidung und Unsicherheit hin oder her, und konnte meinen Vater erreichen. Ich war in der Lage, Hilfe zu holen, ohne Angst zu sagen, was Sache war, und entsprechend zu handeln.

Dieses so abrupt umschwenkende Gefühl hat sich mir so sehr eingeprägt, dass ich die Arbeit mit dem Zaubergarten entwickelte. Mit Sicherheit gibt es viele Therapieansätze, die dem Inneren Kind einen sicheren Ort schenken. Der Zaubergarten entwickelte sich von allein, aus der Not heraus, er fiel sozusagen vom Himmel, als ich ihn brauchte.

Diese Erfahrung zeigt, dass es in sehr vielen schwierigen Situationen sehr entlastend und entspannend ist, das Innere Kind bewusst und ausdrücklich an einen inneren, sicheren und bewachten Ort zu bringen.

Das hat zwei Aspekte: Zum einen weiß mein Klient sein Inneres Kind in guter Obhut, wenn es im Zaubergarten ist, und etwas entspannt sich in ihm. Es ist, als könne er die Verantwortung für sein Inneres Kind an gute Kräfte abgeben und sich deshalb besser auf die vor ihm liegende Aufgabe konzentrieren. Er entscheidet ausdrücklich, indem er sein Inneres Kind in den Zaubergarten bringt, dass er die anstehenden Aufgaben aus dem Erwachsenen-Ich heraus meistern will. Zum anderen erfährt das Innere Kind im Zaubergarten in vielerlei Hinsicht echte Heilung.

Dieser Zaubergarten bildet den Dreh- und Angelpunkt meiner Arbeit mit dem Inneren Kind. Er ist Rückzugsort, sicherer Ort und Heilungsstätte zugleich. Beinah alle Prozesse des Inneren Kindes finden im Zaubergarten statt. Es ist ein mehrdimensionaler Raum, in dem das Innere Kind auf jeder Ebene berührt werden kann. In diesem Zaubergarten gibt es all die Kräfte, die das Innere Kind braucht. Das Besondere an diesem Ort: Das Innere Kind ist hier sicher und geschützt, es ist frei und wird zugleich gut versorgt. Es ist wie eine Art idealer Kindergarten. Wenn ich meinen Klien-

ten den Zaubergarten vorstelle, dann erlebe ich sie immer tief erleichtert. Endlich haben sie einen Ort, an dem sie ihr Inneres Kind gut aufgehoben wissen, endlich gibt es einen Ort, an dem es nie mehr allein sein muss.

Hier die innere Reise in den Zaubergarten, damit du spürst, wovon ich rede:

Innere Reise: Der Zaubergarten des Inneren Kindes

Der Zaubergarten ist das Basiswerkzeug, um Sicherheit und Befreiung für das Innere Kind zu finden, das immer wieder angewendet werden kann und sollte, um alte Traumen und Verletzungen zu heilen. Es sorgt für neues Erleben und damit für neue Erfahrungen von Sicherheit, Geborgenheit und Liebe, bietet einen sicheren Ort für das Innere Kind, besonders, wenn der Erwachsene im Außen funktionieren muss.

Der Text:
Du machst es dir bitte ganz bequem … entspannst dich, atmest ruhig und langsam …

Vor deinem inneren Auge entsteht eine wunderschöne Landschaft, eine Landschaft, die deiner Seele entspricht. Vielleicht kennst du sie schon, vielleicht entsteht sie genau jetzt vor deinem inneren Auge. Schaue dich in aller Ruhe um, entspanne dich, gehe spazieren … Es gibt einen kleinen Weg, einen Pfad, und du gehst ihn gemächlich und friedlich entlang. Du nimmst die Landschaft mit all deinen Sinnen wahr, entspannst dich, lässt dich verzaubern. Nimm dir Zeit, anzukommen und die Landschaft zu erforschen. Sie ist beinahe magisch, und du fühlst dich augenblicklich wohl und entspannt.

Irgendwann kommst du zu einer Lichtung, hier ist es ganz still, und du spürst, etwas ganz Besonderes erwartet dich ... Achtsam näherst du dich der Lichtung.

Auf einmal entdeckst du ein kleines Kind, ein Mädchen oder einen Jungen. Als Frau kannst du durchaus auch ein männliches Inneres Kind haben oder umgekehrt. Vielleicht kennst du das Kind schon. Achte besonders darauf, ob es dich kennt und ob es auf dich zukommt. Dieses Kind ist vielleicht sehr verletzt, vielleicht spielt es auch friedlich mit den Tieren auf dieser Wiese oder im Wald, wo es sich befindet. Schaue es dir in Ruhe an, und gehe bitte mit ihm um, wie du mit einem Kind umgehen würdest, das du sehr liebst und beschützen willst. Frage das Kind, was es braucht, wenn es mit dir spricht. Wenn nicht, dann setze dich einfach in seine Nähe, und gib ihm Zeit, dich kennenzulernen.

Es wird Zeit, die Verantwortung für dieses Innere Kind zu übernehmen, und du spürst, wie sich der erwachsene Teil in dir innerlich aufrichtet und stärker wird. Du spürst die Mutter, den Vater in dir.

Nimm das Kind in die Arme, wenn du möchtest und wenn es das zulässt. Sage ihm: »Ich bin jetzt da. Ich sehe dich, ich höre dich, und ich nehme dich wahr.« Und dann sage ihm, dass du einen wunderbaren Ort kennst, einen Zaubergarten, in dem seine tiefsten und geheimsten Wünsche und Sehnsüchte erfüllt werden, in dem es behütet und geschützt ist, nie wieder allein, nie wieder einsam sein muss. An diesem Ort wird es nie wieder verletzt werden, es darf sich endlich entspannen und bekommt, was es braucht. Sage ihm, dass du gekommen bist, um es nach Hause zu bringen.

Du beginnst, den wunderschönen Weg weiterzugehen, und dein Inneres Kind begleitet dich. Vielleicht trägst du es, vielleicht nimmt es deine Hand, vielleicht aber springt es auch vergnügt vor dir her. Die Natur wird immer geheimnisvoller, magischer, immer schöner. Du fühlst dich wie in einem besonders geheimen Teil deiner inneren Landschaft, und so ist es

auch. Auf einmal kommst du an ein Tor. Ein Wächter steht davor, er ist groß und machtvoll.

»Was ist dein Begehr?«, fragt er dich mit ernster Stimme, und du antwortest: »Ich bringe mein Kind nach Hause.«

Augenblicklich öffnet sich das Tor, und du betrittst den schönsten Garten, den du je gesehen hast: einen Ort voller Magie, Liebe, Heilung, Fantasie und Geborgenheit. Dein Inneres Kind hüpft begeistert hinter dir her, vielleicht ist es auch bereits vorausgerannt. Der Zaubergarten ist wunderschön, hier findest du alles, was das Herz deines Inneren Kindes begehrt.

Ein großer, sehr heller Engel tritt auf dich zu. Er begrüßt dich und das Kind sehr liebevoll und sagt dir: »Ich bin der Hüter dieses Ortes. Bei mir ist dein Inneres Kind sicher. Es bekommt hier alles, was es braucht. Du kannst mir vertrauen und es mir immer dann überlassen, wenn du im Außen als Erwachsener reagieren musst und willst.«

Nimm wahr, wie sehr es dich erleichtert zu wissen, dass dein Inneres Kind nun einen idealen, sicheren Ort hat, an dem es bekommt, was es braucht, behütet und genährt wird. Was auch immer dein Inneres Kind braucht, hier und jetzt bekommt es Heilung. Sei bitte ganz offen für die Art und Weise der Heilung, hier kann wahrhaftig alles geschehen. Für das Innere Kind ist es genau richtig, und du wirst gleich spüren, wie etwas in dir zur Ruhe kommt.

Sieh dein Kind, wie es erfüllt und glücklich ist, wie es endlich bekommt, was es braucht, und wisse, dass seine Bedürfnisse in diesem inneren Zaubergarten immer erfüllt werden. Hier kann dein Kind heilen, hier kann es sich erholen, hier ist der Ort, an dem es ganz werden darf und seine Liebe, Zauberkraft und Freude entfalten kann. Dieser Ort befindet sich mitten in deinem Herzen, und von hier aus kann das Innere Kind nun seine Liebe und Glückseligkeit in dein Leben hineinstrahlen lassen.

Wann immer du von nun an bemerkst, dass dein Inneres Kind Verantwortung für eine schwierige Situation übernehmen will, wann immer dieses hilflose und verzweifelte Gefühl kommt, kannst du es in den Zaubergarten schicken, den Hüter des Gartens bitten, für das Kind zu sorgen.

Spüre bitte ganz deutlich, dass sich der Zaubergarten in deinem Herzen befindet, und bitte das Innere Kind, dir seine Energie in dein Herz zu senden. Nimm wahr, wie sich das anfühlt, wie warm und frei dein Herz auf einmal wird. Behalte das warme Gefühl im Herzen, erlaube, dass es sich in deinem ganzen Körper ausbreitet, und nimm deine Umgebung wieder wahr. Bleibe innen angebunden, und öffne deine Sinne gleichzeitig für deine äußere Welt. Recke und strecke dich, und sei ganz zuversichtlich, du hast nun einen Schutzraum für den verletzlichsten, liebevollsten Teil deines Selbst gefunden!

Wann nutze ich diesen Zaubergarten? Immer. Für die Selbstermächtigung deines Klienten ist es unumgänglich, dass er einen inneren sicheren Ort für sein Inneres Kind hat. Ganz besonders, wenn er schwierige Situationen mit Verletzungspotenzial zu meistern hat, wenn er arbeiten geht, fürsorglich, effektiv sein und sich behaupten muss, ist es sehr hilfreich, das Innere Kind bewusst vorher in den Zaubergarten zu bringen.

Ich sage immer: »Du nimmst dein Kind auch nicht mit zur Arbeit, und so solltest du auch dein Inneres Kind nicht mitbringen. Warum nicht? Weil du sonst aufpassen musst, dass es nicht verletzt wird. Außerdem langweilt es sich schnell. Im Zaubergarten dagegen wird es nicht verletzt, es steht nicht an der Front, sondern ist in dir sicher und behütet. Und weil du das weißt, kannst du viel freier und selbstsicherer agieren. Du hast einfach nicht so viel Angst, Fehler zu machen, denn der Erwachsene kann auch damit umgehen. Das Kind nicht. Es schämt sich und vermeidet Verletzungen. Der Erwachsene dagegen tut, was zu tun ist, und weiß, dass er klarkommt.«

Der Zaubergarten ist kein »Notfallort«, sondern ständiger Wohnsitz des Inneren Kindes, wenn wir unseren Alltag meistern. Vorträge halten. Mit dem Finanzamt zu tun haben. Unsere Position behaupten. Kinder und Tiere versorgen. Rechnungen öffnen und bezahlen. Unserem Partner liebevoll und frei begegnen. Und so weiter.

Immer dann, wenn du deinen Klienten als blockiert erlebst, wenn er sich unfähig fühlt, bestimmte Situationen zu meistern, wenn er in Vermeidung statt in Bejahung lebt oder immer wieder in die gleiche Gefühlsschleife fällt, ist es sehr hilfreich, das Innere Kind bewusst in den Zaubergarten zu bringen.

Wann? Möglichst vorher schon. Meistens wissen wir, dass wir unseren inneren Erwachsenen brauchen, wenn wir unseren Tag planen. Wir gehen arbeiten – das tun Erwachsene, egal, welchen Beruf wir ausüben, und wenn er noch so künstlerisch ist. (Vielleicht ist es anders, wenn jemand allein in seinem Atelier steht und malt, bildhauert oder auf andere Weise etwas erschafft, aber auch das bezweifle ich. Beim Schreiben zum Beispiel würde mein Inneres Kind ständig in Selbstzweifel verfallen und sich ablenken lassen.) Das Innere Kind darf voll und ganz mit seinem Zauber in unsere Arbeit einfließen, aber es darf sie nicht machen müssen. Ist der Unterschied klar? Aus dem Zaubergarten heraus darf es erstrahlen und schimmern, aber der Erwachsene setzt die Impulse um.

Nutzen wir doch einfach wieder den leeren Stuhl, um unserem Klienten den Unterschied zu zeigen, nachdem du mit ihm die Meditation durchgeführt hast.

Warum ist das so wichtig? Damit dein Klient lernt, das Innere Kind bewusst und ausdrücklich abzuholen und in den Zaubergarten zu bringen. Es braucht diesen bewussten Schritt, denn auf diese Weise schaltet das Gehirn bewusst von »Stammhirn« auf »Großhirnrinde«. Das zu üben ist wichtig, damit unser Klient immer dann, wenn er doch in emotionales, kindliches Verhalten verfällt (was besonders zu Beginn oft passieren wird), ein funktionierendes Werkzeug hat, um sich wieder selbst zu stabilisieren.

Übung: Den Zaubergarten fühlen
Technik: Der leere Stuhl

Nimm einen Stuhl für das Alltagsbewusstsein, den zweiten für den Zaubergarten. Wie immer kannst du diese Übung auch aufstellen, also mit Zetteln oder Kraftfeldern auf dem Boden durchführen.

Nun bitte deinen Klienten, sich auf den ersten Platz zu setzen, auf das Alltagsbewusstsein. Bitte ich ausdrücklich sein Inneres Kind, Platz zu nehmen? Nein. Warum nicht? Weil ich etwas zeigen will – nämlich wie unbewusst wir normalerweise halb im Inneren Kind, halb im Erwachsenen-Ich oder im konstruierten, funktionierenden Ich hängen. Hier erlebt er sich üblicherweise so wie immer. Lass ihn aussprechen, wie er sich fühlt, was er wahrnimmt, wie er atmet, wie er seinen Körper empfindet.

Nun bitte ihn, sich auf den Platz des Zaubergartens zu stellen oder zu setzen. Hier erleben die meisten Menschen spontanes Aufatmen, Freude, Sicherheit, ein Gefühl, als würde etwas zu Hause ankommen. Die mühsam aufrecht erhaltene Kontrolle fällt ab, und Lebendigkeit bricht sich Bahn, durchaus auch in Form von Tränen.

Probiere nun diese Übung noch einmal aus, indem du deinen Klienten bittest, das Gleiche bewusst mit dem Inneren Kind zu tun, also die Haltung des Inneren Kindes einzunehmen und sich nacheinander auf beide Stühle zu setzen. Spätestens jetzt wird er erkennen, wie wertvoll der sichere Ort für das Innere Kind ist.

Ich gehe noch einen Schritt weiter. Das Innere Kind ist kein feinstoffliches Gebilde, sondern ein realer, physisch erfahrbarer Teil unseres Menschseins. Setze dich auf eine Schaukel, dann weißt du, was ich meine. Weil das so ist, ist es sinnvoll, dem Inneren Kind einen physischen Ausdruck zu verleihen.

Ich bitte also meinen Klienten, sich als Hausaufgabe eine Puppe oder ein Stofftier zu kaufen, die/das das Innere Kind verkörpert. Kein Geschenk FÜR das Innere Kind, sondern Ausdruck des Inneren Kindes. Wann immer das Innere Kind nun bedürftig ist, kann er dieses Stofftier, diese Puppe in den Arm nehmen und halten. Noch einmal: Nicht als Trost! Sondern UM ZU trösten – das ist etwas völlig anderes.

Wenn er nun eine schwierige Aufgabe vor sich hat, dann sage ich ihm: »Nimm bitte die Puppe/das Stofftier, und bringe sie/es in deiner Wohnung an einen guten, sicheren Ort. Lege sie/es in dein Bett, oder richte ihr/ihm einen guten Platz ein. Stelle einen Engel dazu, oder tue, was immer sich gut anfühlt. Bringe das Innere Kind also nicht nur gedacht in den Zaubergarten, sondern richte ihm einen physisch erfahrbaren Platz in deiner Wohnung ein, an dem du es sicher und geschützt weißt.«

Die Wirkung auf die emotionale Stabilität ist wirklich immens, wenn man das Innere Kind bewusst zu Hause lässt und sicher und geborgen weiß.

Aber … Ja, ich weiß. Die meisten Menschen laufen ganz sicher nicht mit einer Puppe im Arm herum, legen bestimmt kein Stofftier ins Bett, weil sich die Familie darüber lustig machen könnte oder weil sie sich selbst albern vorkämen. Und was bedeutet das? Dass sie ihr Inneres Kind eben nicht beschützen. Deshalb braucht es einen stabilen Erwachsenen, darüber mehr im nächsten Kapitel. Denn was soll denn das für ein Argument sein? Es geht um das Innere Kind, das einen unverbrüchlichen Verbündeten braucht. Es ist lange genug beschämt und verleugnet worden. Genau hier, im Tun, auch wenn es von außen Widerstände geben könnte, setzt die wahre innere Reifung ein. Und genau das sage ich auch meinem Klienten. An dieser Stelle nehme ich ihn in die Pflicht. Der innere Erwachsene verträgt das nicht nur, er braucht das auch, um zu reifen und die Verantwortung für sich selbst, für seine empfindsamen Anteile zu übernehmen.

Die meisten der nächsten Werkzeuge nutzen wir im sicheren Raum des Zaubergartens. (Ich werde ausführlich darauf eingehen.) Es ist ein Zaubergarten, das heißt, hier ist alles möglich. Er bildet die Schaltstelle zwischen Seele und Körper und befindet sich somit im Herzchakra. Der Zaubergarten schwingt immer in der Dimension, die wir für unseren Prozess brauchen. Ich habe noch nie erlebt, dass ein Inneres Kind nicht mit in den Zaubergarten gehen wollte. Falls es doch passieren sollte, dann nur, weil das Innere Kind dem Erwachsenen (noch) nicht vertraut. Ist das der Fall, rufen wir einen Helfer – das Krafttier des Inneren Kindes oder seinen Schutzengel. Selbstverständlich schauen wir uns auch den inneren Erwachsenen genauer an (Siehe das nächste Kapitel: »Rettung für das Innere Kind«). Denn wenn ihm das Innere Kind nicht vertraut, dann ist er noch nicht ganz so in seiner Kraft, wie es möglich und auch nötig wäre.

Manchmal werde ich gefragt: »Aber dann schicke ich mein Inneres Kind ja weg, das kenne ich doch schon, ich musste immer das Zimmer verlassen! Ich sperre es ein, wann darf ich es denn wieder herauslassen?« Darum geht es natürlich in gar keiner Weise! Der Zaubergarten ist ein sicherer Ort, an dem sich das Innere Kind gut fühlen und der unsere Klienten erleichtern soll.

Wann also darf mein Klient sein Inneres Kind wieder »herauslassen«? Immer dann, wenn er sich in einer sicheren Situation befindet, in der er nichts leisten muss. Mit Freunden, die liebevoll und nicht verletzend oder

energieraubend sind. Mit dem Partner, wenn sich beide bewusst an ihren Inneren Kindern erfreuen.[6]

Dem Inneren Kind bewusst Zeit zu schenken, sich regelmäßig mit ihm zu treffen, kann äußerst heilsam sein. Julia Cameron schlägt in ihrem Buch »Der Weg des Künstlers«[7] sogenannte Künstlertreffs vor, das sind bewusste Verabredungen mit dem kreativen, fantasievollen Inneren Kind. Für ein paar Stunden hat das Innere Kind das Sagen, es darf bestimmen. Blumen pflücken, schaukeln, in einen Kinofilm gehen, den sich der Erwachsene vielleicht nicht ansehen würde, sich verkleiden, sich selbst ein Spielzeug kaufen … immer dann, wenn der äußere Rahmen sicher ist, kann das Innere Kind »vorne« stehen und sichtbar sein. Aber eben bewusst und kontrolliert, nicht unbewusst und kontrollierend.

Zusammengefasst:
* ❖ Das Innere Kind braucht einen sicheren Ort.
* ❖ An diesen sicheren Ort muss der Klient sein Inneres Kind bewusst bringen.
* ❖ Tut er das nicht, dann agiert das Innere Kind ungefragt und ungehütet im Alltag, weil die älteren Hirnteile automatisch die Steuerung übernehmen.

---

6 Wenn das Innere Kind auf ungute Weise in Beziehungen wirkt und wie man in diesem Fall die Verantwortung für das eigene Innere Kind übernimmt, habe ich in dem Buch »Seh' ich aus wie deine Mutter?« ausführlich beschrieben. Nutze es bitte, auch wenn es sich an Betroffene wendet, ich bin sicher, du kannst dir die Therapieansätze selbst herausfiltern!

7 Julia Cameron: Der Weg des Künstlers. Ein spiritueller Pfad zur Aktivierung unserer Kreativität, Knaur TB 2009

- ❖ Das innere Kind an eine sicheren Ort zu bringen bedeutet, bewusst die neuen Hirnteile zu nutzen, hier ist das Erwachsenen-Ich ansässig

- ❖ Der Zaubergarten bietet dem Inneren Kind einen flexiblen inneren Raum, in dem es alles bekommt, was es braucht, und in dem es gehütet wird – das heißt, der Erwachsene hat die Hände frei und weiß sein Inneres Kind gut beschützt.

- ❖ Dem Inneren Kind einen sicheren äußeren Rahmen zu erschaffen, bewusst Zeit mit ihm zu verbringen, in der es bestimmen darf, trägt sehr viel zur Lebensfreude bei.

Rettung für das Innere Kind

Warum ist das Innere Kind verletzt, warum bilden seine Verletzungen Trigger, die uns bis in das Erwachsenenleben hinein steuern können? Weil niemand da war, der uns gehalten, getröstet, in Schutz genommen und in all unserer Empfindsamkeit gesehen hat. Eingangs haben wir verstanden, dass die Löschneuronen in der Amygdala durch positive emotionale Erlebnisse aktiviert werden. Wenn wir also in einer schmerzauslösenden Situation plötzlich positive Erfahrungen machen, dann verschwindet der Trigger nach und nach. Die gute Nachricht ist: Für die Amygdala gibt es keine Zeit. Verletzungen verjähren nicht. Wir können diese positiven emotionalen Erfahrungen jederzeit nachholen. Was hat dem Kind gefehlt? Ein machtvoller Verbündeter. Jemand, der unverbrüchlich zum Kind hielt, ihm glaubte und für es einstand. Und der die Kraft dazu hatte.

Woher sollen wir einen solchen Verbündeten nehmen? Ganz einfach. Wir haben ihn schon. Der unverbrüchliche, bedingungslose Verbündete des Inneren Kinds muss der innere Erwachsene sein. Deshalb ist es so wesentlich, diesen zu aktivieren.

Wir wissen, es gibt für die Traumen der Amygdala kein Zeitempfinden, und das können und sollten wir nutzen. Denn wenn wir heute das tun, was vor dreißig Jahren notwendig gewesen wäre, holen wir das Innere Kind aus der Schockstarre und aus der Vermeidung heraus.

Hier gleich die innere Reise, die ich immer dann anwende, wenn ich spüre, dass mein Klient in einer Zeitschleife hängt. Das tut nahezu jeder, deshalb wende ich diese Reise immer bei der Arbeit mit dem Inneren Kind an. Auch diese Reise ist ein Werkzeug, das mein Klient für sich selbst zu nutzen erlernen sollte. Denn es ist natürlich nicht damit getan, das Innere Kind einmal aus einer Situation zu retten. Immer dann, wenn wir im Jetzt auf eine emotional unangemessene Weise reagieren, ist es also sehr wertvoll, die folgende innere Reise zu machen.

Übung: Die Spur des Schocks zurückverfolgen

So mache es dir bequem, schließe deine Augen. Bitte deinen Körper, dir zu zeigen, an welcher Stelle der Schock oder die Verletzung, die durch die Situation berührt wird, gespeichert ist. Du fühlst das als Enge, als Schmerz, als Atemnot, als Verspannung. Atme bewusst an diese Stelle, erlaube dir, sie zu fühlen. Lege deine Hände darauf. (Das sage ich, damit ich sehe, ob mein Klient präsent ist und die Stelle sich zeigt.)

Und jetzt bitte deinen Körper, dir diesen Schmerz, die Verspannung, die Atemnot oder die Übelkeit als Gefühl zu zeigen, bitte ihn, die Ebene zu wechseln und dir den körperlichen Zustand als emotionalen Ausdruck zugänglich zu machen. Nun fühlst du vielleicht etwas, vielleicht Trauer, vielleicht Schmerz. Lass es sein, wie es ist, gehe nicht darauf ein. Manchmal fühlt man auch, dass man eben nichts fühlt, dass da ein Teil fehlt, etwas erstarrt ist. Bitte deinen Körper oder dein Gefühl jetzt, dir innere Bilder zu geben, dich dahin zu führen, wo es entstanden ist, dir die Ursache zu zeigen. Sei vollkommen offen. Es kann sein, dass dir auf einmal eine Erinnerung in den Sinn kommt, lass sie sein, wie sie ist. Glaube dir selbst. Gehe noch ein bisschen tiefer, nimm dich selbst in dieser Situation wahr, egal, wie alt du bist und wie du aussiehst, vertraue deinen inneren Bildern.

Wie geht es dem Kind, wo ist es, was braucht es? Nun stelle dir bitte vor, dass du als der Erwachsene, der du jetzt bist, mit in diese Situation hineingehst und dein Inneres Kind, also dich selbst, rettest. Tue, was du tun würdest, wenn ein Kind, das du sehr liebst, in dieser Situation wäre.

Sage dem Kind: »Ich sehe dich, ich höre dich, und ich nehme dich wahr, ich bin jetzt für dich da.« Mache genau das für dein Inneres Kind, was du für deine Tochter oder deinen Sohn tun würdest. Liebst du kein Kind, so liebst du vielleicht ein Tier. Hole das Innere Kind aus der Situation heraus, und bringe es in den Zaubergarten, oder halte es im Arm. Sage denjenigen, die es verletzt oder im Stich gelassen haben, dass du das nie wieder erlauben wirst, und nimm es mit zu dir. Bist du in der Situation, an die du dich erinnerst, kein Kind, so tue dennoch genau das Gleiche für dich, hole dich da raus, rette dich selbst.

Was geschieht nun? Halte unverbrüchlich zu deinem Inneren Kind, egal, ob du die Reaktion der Erwachsenen (Eltern, Lehrer) oder auch der anderen Kinder in dieser Situation verstehst oder nicht, dein Inneres Kind braucht einen Verbündeten, der seine Not sieht, der nicht von ihm verlangt, die Situation zu verstehen, sondern der zu ihm hält, ihm den Rücken stärkt und es rettet.

Nimm es also an der Hand, sage ihm: »Ich werde nie wieder zulassen, dass dich jemand verletzt«, und bringe es in den Zaubergarten. Hier ist es sicher und geschützt, es wird verstanden, und es kann sich ausruhen. Nun spüre, ob du besser atmen kannst, ob du dich leichter fühlst. Immer dann, wenn du spürst, dein Kind ruft nach dir, lass dich zu ihm führen, lass dir die verletzende, auslösende Situation zeigen, und tue, was nötig ist. Du darfst ausdrücklich und ausschließlich für dein Inneres Kind einstehen. Es wird Zeit, dass das jemand tut. Komme dann zurück in den Raum, in dem du dich befindest, und merke dir dieses Werkzeug!

Natürlich setzt die Erwähnung des Zaubergartens voraus, dass der Klient diesen schon kennt. Nachfolgend eine innere Reise, in der ich beide Werkzeuge verbinde, den Zaubergarten mit der Rettung des Inneren Kindes. Ich nutze meistens die kombinierte Version.

Lese ich diese Reise einfach vor? Nein. Ich bin ständig in Kontakt mit meinem Klienten, ich berühre ihn am Arm, wenn ich das Gefühl habe, er braucht einen Halt, und ich lasse ihn während der Reise reden. Ich frage immer wieder: »Was geschieht nun?« Denn die Tendenz, die Eltern oder die »Angreifer« zu schützen und von dem Inneren Kind (schon wieder) Verständnis zu erwarten, ist groß. Die Erlaubnis, ausdrücklich für das eigene Innere Kind einzustehen, ist unschätzbar wertvoll. Manchmal fällt es dem Klienten wirklich sehr schwer, sich zum Verbündeten seines Inneren Kindes zu machen. War er doch sein Leben lang Verbündeter des Vaters oder der Mutter und trug ganz bestimmt auch ihre Lasten. Gerade deshalb ist diese Reise so unendlich wichtig. Ich habe zu Beginn gesagt, dass jede Ebene eine andere Art der Erlösung braucht. Hier geht es auf keinen Fall um Vergebung für die Eltern oder um Verständnis für denjenigen, der das Kind verletzt hat. Auf dieser Ebene geht es nur darum, dem Inneren Kind zu zeigen, dass du bei ihm bist, es beschützt, egal, was passiert.

Ein Satz mag dir vielleicht merkwürdig vorgekommen sein, doch er ist für einige Klienten ein wesentlicher Schlüssel: »Liebst du kein Kind, so liebst du vielleicht ein Tier.«

Es gibt Menschen, die sich so sehr von ihrem eigenen Fühlen abgetrennt haben, um ja nicht wieder beschämt zu werden, dass sie ihrem Inneren Kind sehr kritisch und ablehnend gegenüberstehen. Zum Glück hilft hier die Technik »So tun, als ob«. Warum? Weil es für das Kind zunächst einmal egal ist, aus welchem Grund es gerettet wird, die Hauptsache ist, es ist jemand da. Das ist wirklich so. Das Innere Kind steht noch immer mit dem Rücken zur Wand, es gibt auf dieser Ebene keine Zeitrechnung, unser Klient ist noch immer in Not, das müssen wir uns ganz klarmachen.

Irgendetwas liebt jeder. Hat jemand keine Kinder, so liebt er vielleicht ein Tier. Wenn ein Klient in der Reise sagt, dass er nichts mit seinem Inneren Kind zu tun haben möchte, oder es ihm schwerfällt, für das Kind

einzutreten, dann frage ich ihn während der Reise, ob er irgendein Lebewesen liebt. Und wenn es eine Pflanze ist. Wir nehmen jedes Potenzial, das wir bekommen können! Dann frage ich ihn: »Was würdest du tun, wenn jemand dein Tier (oder auch deine Pflanze) verletzt?« In beinahe allen Fällen bekomme ich dann zur Antwort: »Ich würde sie/es um jeden Preis beschützen.«

»Und damit haben wir alles, was wir brauchen«, sage ich, »denn genau diese Bereitschaft braucht auch dein Inneres Kind.« Viele Menschen haben keine emotionale Blaupause für Selbstschutz und Selbstfürsorge. Die Liebe zu einem Tier ist zum Glück eine sehr gut funktionierende Vorlage.

Retten wir auf dieser Reise auch die Inneren Kinder von anderen? Denn oft erlebe ich, dass Geschwister genauso betroffen sind, vor allem, wenn es um Gewalt geht. Manchmal steht auch das Innere Kind der Mutter oder des Vaters mit dabei und ist genauso in Not. Dann ist es schwierig, nur für das eigene Innere Kind Partei zu ergreifen. Es wird nicht in den Zaubergarten mitkommen, denn es will die anderen Kinder nicht im Stich lassen. Was tun wir dann?

Es gibt zwei Werkzeuge, um die Inneren Kinder der anderen zu retten. Ich halte es für wenig liebevoll, die Inneren Kinder anderer zu ignorieren, wenn sie mir während einer inneren Reise begegnen. Das habe ich nie verstanden, und ich heiße es auch nicht gut. Es ist nicht übergriffig, das Innere Kind eines anderen zu retten, wenn wir es auf achtsame Weise tun. Es würde sich nicht zeigen, wenn es uns nicht brauchte. Siehst du das anders, dann gehe bitte anders damit um. Ich zeige dir meine Weise:

Wenn das Innere Kind meines Klienten auf der Reise nicht mit in den Zaubergarten kommen will, wenn es in der verletzenden Situation bleiben möchte, dann frage ich es: »Nimmst du noch ein anderes Inneres Kind wahr?« Ich bekomme dann immer ein Ja. Ich sage: »Wessen Inneres Kind ist das? Rufe bitte den dazugehörigen Erwachsenen, und sage ihm, dass sein Inneres Kind in Not ist.« Meistens funktioniert das nicht, aber es ist wichtig, es zumindest anzubieten. Ich frage also: »Kommt der Erwachsene, kümmert er sich um sein Inneres Kind?« Ich höre dann zumeist ein Nein. Ich sage: »Das macht nichts, alles ist gut. Rufe nun bitte den Schutzengel und das Krafttier dieses Inneren Kindes. Du brauchst nicht zu wissen, wer dieses Krafttier und dieser Schutzengel sind, da darfst du voll und ganz vertrauen. Rufe die guten Kräfte, die dieses Innere Kind beschützen können, und bitte darum, dass das Innere Kind nach Hause geführt wird, wo immer das auch sein mag.«

Ich habe sehr gute Erfahrungen damit gemacht, eine spirituelle Kraft des Vertrauens meines Klienten zu rufen. So sage ich das auch: »Rufe eine spirituelle Kraft deines Vertrauens, Mutter Erde, Mutter Maria oder wem auch immer du vertraust, und bitte ihn oder sie darum, sich des Inneren Kindes des anderen anzunehmen.«

Weil wir nichts forcieren, sondern die Kräfte auf ihre eigene Weise wirken lassen, können wir nichts falsch machen. Manchmal allerdings ist diese Lösung stimmiger:

»Nimm das Innere Kind, das noch bei dir ist, einfach mit in den Zaubergarten. Nimm es mit, auch dieses Kind darfst du in Sicherheit bringen.« Sind alle Inneren Kinder im Zaubergarten angekommen, dann rufen wir die guten Kräfte, die für das fremde Innere Kind zuständig sind, und lassen es abholen. Wir behalten es nicht, sondern bringen es nach Hause. Warum? Damit wir nicht wieder die Fürsorge für jemand anderen tragen müssen. Das Innere Kind deiner Mutter, deines Vaters oder deines Bruders braucht sich selbst, nicht dich. Deshalb kann deine Fürsorge nur eine Zwischenstation sein.

So machen wir das also mit den Inneren Kindern von anderen: Wir erkennen, dass sie in Not sind, rufen Hilfe in Form von geistigen Kräften

und sorgen dafür, dass sie nach Hause gebracht werden. (Mehr dazu im letzten Kapitel.) Aber wir richten ihnen kein Kinderzimmer in unserem eigenen Zaubergarten ein! Das tun wir nur für unser eigenes Inneres Kind.

Wir haben zu Beginn über die Amygdala gesprochen, darüber, dass sie positive emotionale Erfahrungen braucht, damit der Schock gelöscht wird. Wenn wir uns die auslösende Situation noch einmal anschauen und dann aber als Erwachsener zu dem Inneren Kind hingehen, es beschützen, koste es, was es wolle, dann macht es eine brandneue Erfahrung: Ich bin nicht mehr allein. Ich habe einen Verbündeten. Jemand sieht meinen Schmerz, jemand glaubt mir, hört mich, rettet mich.

Warum reicht es nicht, sich die Situation noch einmal anzuschauen und jetzt bewusst anders zu handeln? Zu sehen, dass wir mehrere Möglichkeiten haben? Oder zu verstehen, dass wir ja jetzt groß sind und uns deshalb nichts mehr passieren kann? Weil das Kind damit keine positive emotionale Erfahrung macht, sondern eine kognitive. Die natürlich sehr hilfreich ist, aber eben nicht den Trigger in der Amygdala löscht.

Welche emotionale Erfahrung fehlt dem Inneren Kind, wenn es verletzt wurde? Beschützt zu werden. Einen machtvollen Verbündeten zu haben. Deshalb schicken wir unseren Klienten als Erwachsenen zum Inneren Kind in Not und geben diesem, was es schon so lange braucht. Diese Erfahrung zu machen heilt tatsächlich.

Und sie lässt den Erwachsenen heranreifen, lässt ihn seine eigene Macht erkennen. Ich erlebe immer wieder, dass diese Erfahrung, dieses Sich-selbst-Retten, dramatische Wirkung zeigt. Wenn das Kind erst im Zaubergarten angekommen ist, wenn es aus der belastenden Situation herausgeholt wurde und sich in Sicherheit weiß (der Wächter, die Engel), dann ist es, als würde mein Klient von einer schweren Last wahrhaftig erlöst. Das zu sehen, Zeuge zu sein, wie sich jemand selbst rettet (und erkennt, dass er es kann!), ist unendlich kostbar.

In einem Seminar gab es eine Frau, deren Großvater sich ihr, als sie Kind war, unsittlich genähert hatte, er berührte sie nicht, befriedigte sich aber vor ihren Augen selbst. Eines Tages wehrte sie sich, stieß ihn zurück, sie war acht Jahre alt. Am gleichen Tag erlitt er einen Herzinfarkt und starb einige Tage später im Krankenhaus. Sie kam, so verrückt das auch klingt, mit immensen Schuldgefühlen zu mir und wollte auf gar keinen Fall noch einmal in diese Situation zurückgehen. Sie habe genug darin herumge-wühlt, sagte sie verständlicherweise, es sei nun gut, sie habe ihm verziehen und sich selbst auch. Sie bemerkte nicht, wie unerträglich falsch das klang. Sie habe ihm und sich selbst verziehen, um Himmels willen. Ich war zu-tiefst betroffen. Als müsse sich das Kind etwas vergeben.

Ich führte sie zurück in diese Situation, zum Glück vertraute sie mir und ließ ihr Inneres Kind entscheiden, an welcher Stelle des inneren Fil-mes wir einsteigen sollten. (»Erlaube nun deinem Inneren Kind, dich in jene Situation zurückzuführen, in der es Hilfe gebraucht hätte, einen Ver-bündeten …«)

Das Kind zeigte uns den Großvater, der seine Hose herunterzog. Ich hielt mich nicht lange auf mit »Wie fühlst du dich?« und so weiter, das Kind war in großer Not. Ich sagte also: »Nun gehe als die Frau, die du jetzt bist, hinein in diese Situation, und tue, was immer du tun würdest, wenn du ein Kind in Not siehst. Rette dieses Kind, gehe hin zu dem Mädchen, und sage ihm: ›Ich bin jetzt da, ich glaube dir, ich sehe dich und ich höre dich.‹ (Zu hören, dass man ihnen glaubt, ist extrem wichtig für sexuell missbrauchte Kinder!) Und dann tue, was immer du tun willst. Gehe hin zum Großvater, und sage ihm: ›Ich werde dir nie wieder erlauben, das

Kind zu missbrauchen, ich nehme es jetzt mit zu mir, und du bist voll und ganz für dich verantwortlich.‹ Nimm das Kind in den Arm, und sage ihm: ›Du kannst nichts dafür. Er ist erwachsen, das alles liegt nur in seiner Verantwortung. Du kannst nichts dafür, auch nicht dafür, dass er stirbt.‹ Nimm dein Inneres Kind an die Hand, und verlasse den Raum, es hat hier nichts mehr zu suchen.«

Sie war tief erleichtert, doch das reichte mir noch nicht. Ich ging noch weiter. Ich sagte meiner Klientin: »Gehe zu deiner Mutter und zu deinem Vater, und sage ihnen: ›Ihr habt nicht auf die Kleine aufgepasst. Ihr habt erlaubt, dass sie missbraucht wurde. Ich nehme sie jetzt mit zu mir.‹ Und dann bringe sie in den Zaubergarten.«

Huh! Das klingt krass. Ich meine es auch krass. Warum arbeiten wir nicht mit Vergebung, nicht mit Verständnis für die Eltern? Warum bewerten wir sie so heftig, warum entziehen wir ihnen das Innere Kind? Warum antworten wir nicht mit Versöhnung, sondern mit Eskalation? Weil das Trauma auf mehreren emotionalen Ebenen stattgefunden hat. Und es gibt eine Ebene, da braucht das Innere Kind einen Verbündeten, da muss es seiner Wut, seiner Verletzung, seiner Not Ausdruck verleihen. Denn das ist nur angemessen. Stelle dir einfach vor, du selbst kommst in einer solchen Situation hinzu. Es wäre mehr als unnatürlich, das Kind dann nicht in Schutz und die Erwachsenen in ihre Fürsorgepflicht zu nehmen, oder?

Auch die anderen Ebenen schauen wir uns ausführlich an, keine Sorge. Doch das Innere Kind braucht dringend diesen Verbündeten, jemanden, der seinen Schmerz sieht und an erste Stelle stellt. Unterstützen wir damit nicht das Selbstmitleid oder das Gefühl, ein Opfer zu sein? Nein, im Gegenteil. Denn wir retten uns ja selbst. Wir holen uns gerade auf diese Weise aus dem Selbstmitleid und der Vermeidung heraus und lernen uns selbst als machtvollen Verbündeten, als potenten Ansprechpartner kennen! So reift der Erwachsene: indem er immer eindeutiger zu seinem Inneren Kind und damit zu sich selbst steht.

Nachdem wir in unserer Vorstellung auch zu den Eltern gegangen waren, fühlte sich meine Klientin zum ersten Mal tatsächlich gesehen und anerkannt. Jemand glaubte ihr und stand für sie gerade, für ihr Inneres Kind war das eine völlig neue Situation. Sie verließ das Seminar als erwachende Frau mit einem glücklichen Inneren Kind.

Hier die Kombination der beiden Werkzeuge (Zaubergarten und Selbstrettung) in einer einzigen Reise:

Innere Reise: Rettung und Heilung für das Innere Kind

Du machst es dir bitte ganz bequem … entspannst dich, atmest ruhig und langsam …

Vor deinem inneren Auge entsteht eine wunderschöne Landschaft, eine Landschaft, die deiner Seele entspricht. Vielleicht kennst du sie schon, vielleicht entsteht sie genau jetzt vor deinem inneren Auge. Schaue dich in aller Ruhe um, entspanne dich, gehe spazieren … Es gibt einen kleinen Weg, einen Pfad, und du gehst ihn gemächlich und friedlich entlang. Du nimmst die Landschaft mit all deinen Sinnen wahr, entspannst dich, lässt dich verzaubern. Nimm dir Zeit, anzukommen und die Landschaft zu erforschen. Sie ist beinahe magisch, und du fühlst dich augenblicklich wohl und entspannt.

Irgendwann kommst du zu einer Lichtung, hier ist es ganz still, und du spürst, etwas ganz Besonderes erwartet dich … Achtsam näherst du dich der Lichtung.

Auf einmal entdeckst du ein kleines Kind, ein Mädchen oder einen Jungen. (Wundere dich nicht, als Frau kannst du durchaus auch ein männliches Inneres Kind haben oder umgekehrt.) Vielleicht kennst du das Kind schon. Achte besonders darauf, ob es dich kennt und ob es auf dich zukommt. Dieses Kind ist vielleicht sehr verletzt, vielleicht spielt es auch friedlich mit den Tieren auf dieser Wiese oder im Wald, wo es sich befindet. Schaue es dir in Ruhe an, und gehe bitte mit ihm um, wie du mit einem Kind umgehen würdest, das du sehr liebst und beschützen willst. Frage das Kind, was es braucht, wenn es mit dir spricht, wenn nicht, dann setze dich einfach in seine Nähe, und gib ihm Zeit, dich kennenzulernen.

Es wird Zeit, die Verantwortung für dieses Innere Kind zu übernehmen, und du spürst, wie sich der erwachsene Teil in dir innerlich aufrichtet und stärker wird. Du spürst die Mutter, den Vater in dir. Nun erlaube, dass vor deinem inneren Auge eine Situation entsteht, in der du es als Kind sehr schwer hattest, vielleicht einsam warst, hin- und hergerissen, in der du beschämt oder gar geschlagen wurdest.

Du findest dich nun also in einer Situation wieder, in der du sehr verletzt wurdest. Wie alt bist du, wo bist du, was geschieht? Wie geht es dir, wo spürst du die Verletzung, die Enttäuschung, die Angst, die Scham oder auch die innere Zerrissenheit? Fühle, was du fühlst. Schaue dir die Situation an, nimm die Gefühle des Kindes wahr – und dann betritt als Erwachsener die Szene, stelle dich vor das Kind, nimm es in den Arm, tröste es, und greife ein, hole das Kind aus der Gefahrenzone heraus, und behüte und beschütze es. Du bist nun erwachsen, du kannst das für dein Inneres Kind tun, was deine Eltern oder wer auch immer nicht tun konnten. Du bist nun die Mutter, der Vater, die Vertrauensperson deines Inneren Kindes. Wer auch immer dein Inneres Kind beschämt oder verletzt hat, sage ihm, dass du von nun an die Verantwortung für das Kind trägst und dass du nie wieder erlauben wirst, dass es verletzt wird.

Vielleicht gibt es mehrere Situationen, die du dir anschauen möchtest, einige Szenen, in denen dein Inneres Kind Hilfe braucht. Nimm es aus der Gefahrenzone heraus, sage ihm, dass seine Gefühle richtig sind, dass es lieben darf, wen es will, dass es schön ist, dass es so lebendig sein darf, wie es das möchte, und dass du nun für das Kind sorgst – oder was immer das Kind braucht. Deine innere Mutter, dein innerer Vater weiß es.

Nimm es in den Arm, wenn du möchtest und wenn es das zulässt. Und dann sage ihm, dass du einen wunderbaren Ort kennst, einen Zaubergarten, in dem seine tiefsten und geheimsten Wünsche und Sehnsüchte erfüllt werden, in dem es behütet und geschützt ist, nie wieder allein, nie wieder einsam sein wird. An diesem Ort wird es nie wieder verletzt werden, es darf sich endlich entspannen und bekommt, was es braucht. Sage ihm, dass du gekommen bist, um es endlich nach Hause zu bringen.

Du beginnst, den wunderschönen Weg weiterzugehen, und dein Inneres Kind begleitet dich. Vielleicht trägst du es, vielleicht nimmt es deine Hand, vielleicht aber springt es auch vergnügt vor dir her. Die Natur wird immer geheimnisvoller, magischer, immer schöner. Erlaube, dass auch andere Innere Kinder, die alle zu dir gehören, mitkommen. Du hast sehr viele verschiedene Innere Kinder. Es kann sein, dass du dich nachgerade wie der Rattenfänger von Hameln fühlst. Auch der innere Teenager mag vielleicht mitkommen.

Du fühlst dich wie in einem besonders geheimen Teil deiner inneren Landschaft, und so ist es auch. Auf einmal kommst du an ein Tor. Ein Wächter steht davor, er ist groß und machtvoll.

»Was ist dein Begehr?«, fragt er dich mit ernster Stimme, und du antwortest: »Ich bringe meine Inneren Kinder nach Hause«.

Augenblicklich öffnet sich das Tor, und du betrittst den Zaubergarten der Inneren Kinder, den schönsten Garten, den du dir überhaupt nur vorstellen kannst. Es ist ein Ort der Liebe, der Freiheit, der Geborgenheit und

der Klarheit. Die Inneren Kinder hüpfen begeistert hinter dir her, vielleicht sind sie auch bereits vorausgerannt. Der Zaubergarten ist wunderschön, hier findest du alles, was deine Inneren Kinder begehren. Die Hüterin oder der Hüter dieses Gartens, ein großer, sehr heller Engel, tritt auf dich zu. Er begrüßt dich und die Kinder sehr liebevoll und fragt sie nach ihren geheimsten Wünschen. Du brauchst sie nicht zu kennen, es genügt, wenn deine Inneren Kinder wissen, was sie brauchen. Manchmal ist es sogar besser, wenn du diese Wünsche nicht kennst, damit du sie nicht bewertest und abtust. Nur weil du als Kind nicht bekommen hast, was du brauchst, heißt das noch lange nicht, dass deine Wünsche nicht dennoch vollkommen angemessen waren und sind.

Nun entstehen vor deinem inneren Augen Szenen, in denen deine Inneren Kinder genau das bekommen, was sie brauchen. Der innigste, dringendste, geheimste Wunsch jedes Inneren Kindes wird erfüllt, auf die Weise, die jetzt genau richtig ist. Es kann sein, dass ein Inneres Kind auf einem Einhorn reitet oder mit Engeln fliegt. Vielleicht ist der innigste Wunsch eines anderen, Zeit mit liebevollen Eltern zu verbringen, dann sind sie auf einmal da und geben ihm, was es braucht. Vielleicht braucht eines Schutz, eines Spielgefährten, eines eine Bühne, auf der es sich ganz frei und ungehindert zeigen und ausdrücken kann, das nächste vielleicht ein Tier, das es begleitet. Vielleicht will ein Inneres Kind mit den Engeln zurück in das Engelreich fliegen und dort bleiben. Dann bitte es, von dort oben aus gute Kraft in dein Herz zu senden. Vertraue bitte dem Prozess, du bist hier sicher und geschützt.

Was auch immer deine Inneren Kinder brauchen, damit ihre und damit deine geheimsten und dringendsten Sehnsüchte gestillt werden, hier und jetzt bekommen sie ihre Wünsche erfüllt. Sei bitte ganz offen für die Art und Weise, wie sie sich erfüllen, hier kann wahrhaftig alles geschehen, egal, wie unsinnig es dir auch vorkommen mag. Für die Inneren Kinder ist es genau richtig, und du wirst gleich spüren, wie etwas in dir zur Ruhe kommt.

Wenn deine Inneren Kinder bekommen, was sie brauchen, dann musst du nicht länger im Außen nach unzureichenden Ersatzbefriedigungen suchen, verstehst du? Dann kann im Außen kommen, was eben leicht und einfach zu dir kommt, aber es braucht kein dringendes, inneres Bedürfnis mehr zu erfüllen.

Sieh deine Inneren Kinder, wie sie erfüllt und glücklich sind, wie sie endlich bekommen, was sie brauchen, und wisse, dass ihre Wünsche in diesem inneren Zaubergarten immer erfüllt werden. Hier können deine Inneren Kinder heilen, hier können sie sich erholen, hier ist der Ort, an dem sie ganz werden dürfen und ihre Liebe, Zauberkraft und Freude entfalten können. Dieser Ort befindet sich mitten in deinem Herzen, und von hier aus können deine Inneren Kinder nun ihre Liebe und Glückseligkeit in dein Leben hineinstrahlen lassen.

Zusammengefasst:

- ❖ Wir gehen zurück in die verletzende Situation und sehen das Kind in Not.
- ❖ Wir gehen als der Erwachsene, der wir sind, dazu.
- ❖ Wir tun, was immer nötig ist, um das Innere Kind zu retten, sind unverbrüchliche Verbündete.
- ❖ Wir bringen es an einen sicheren Ort, in den Zaubergarten.
- ❖ Das tun wir immer dann, wenn wir spüren, etwas in uns ist in Not.
- ❖ Das Ziel ist die Löschung der Traumen in der Amygdala und die Reifung des Erwachsenen-Ichs.

Den eigenen Platz einnehmen

Wir, die wir systemisch arbeiten, wissen, wie wichtig es ist, den eigenen Platz innerhalb eines Systems zu kennen. Und wir wissen, wie kostbar die Freiheit ist, diesen Platz auch auszufüllen. In komplizierten Familienaufstellungen entlassen wir nach und nach die Mitglieder des Systems aus ihren Rollen, damit sie ihre eigenen Plätze einnehmen können. Ich habe eine eigene Technik entwickelt, die ich anwende, wenn ich eine schnelle Lösung und Erlösung brauche und anstrebe. Diese Technik ersetzt nicht das ausführliche Aufstellen des ganzen Systems, denn vieles nehmen wir mit der schnellen Aufstellung nicht wahr. Manchmal ist das aber auch gar nicht unbedingt nötig.

Ein Klient kam zu mir und sagte, dass er zwar wisse, was er könne, und dass er gut sei in dem, was er tue, aber er fühle sich nie sicher an seinem Platz, gerade so, als würde er jemandem etwas wegnehmen. Er wusste, dass das Unsinn war, denn das, was er konnte, konnte eben auch nur er, sagte er, doch all das nutzte ihm nichts. Er hatte das Gefühl, sich doppelt und dreifach anstrengen zu müssen, um seine Position behaupten zu dürfen. Er musste ganz besonders gut sein und sich seinen Platz verdienen. Ohne es zu wollen, geriet er immer wieder in Konkurrenz mit Kollegen, obwohl alle am gleichen Projekt arbeiteten und jeder seinen eigenen Platz innehatte, der auch nicht infrage stand. Es lag also auf keinen Fall an einer unklaren Struktur des momentanen Systems. All das sei ihm sehr bewusst, sagte er, und er müsse an seinem Selbstwertgefühl arbeiten. Es gab auch ein körperliches Symptom, deshalb überhaupt kam er zu mir: Sein linkes Auge zuckte unvermittelt, und es wurde immer schlimmer.

Ich stellte zuerst auf, worum es überhaupt ging.

Übung: Worum geht es wirklich?

Dazu stelle ich meinen Klienten in den Raum, einfach so, er muss nichts spüren, ich brauche ihn nur als Bezugspunkt. Dann frage ich still: »Worum geht es bei diesem Symptom wirklich, was steckt dahinter?« Ich bitte darum, dass sich das Kraftfeld, das Antwortfeld, zeigt – was es auch immer tut – und stelle mich hinein. Habe ich noch nicht befriedigend verstanden, welche Energien wirken, frage ich weiter und stelle mich immer wieder neu auf den Antwortplatz – Schicht um Schicht schaue ich mir das System an.

Ich spürte in der Aufstellung, dass es um seinen Platz als Kind innerhalb der Familie ging. Als ich in der Aufstellung stand, spürte ich eine immense Spannung in mir, und ich wusste zwar, wer ich war und was von mir erwartet wurde, spürte mich selbst aber nur in Bezug auf die anderen Teile des Systems, obwohl sie gar nicht im Raum standen. Ich spürte eine große Anstrengung, die innerliche Balance zu bewahren. Ich wusste um meine Aufgabe und meine Verantwortung innerhalb des Systems, spürte mich selbst aber überhaupt nicht.

Es wurde also Zeit, sich die Rolle meines Klienten innerhalb seiner Kernfamilie genauer anzuschauen. Das können wir tun, indem wir die Kernfamilie aufstellen. Für ihn, weil er schon viele Aufstellungen der Kernfamilie gemacht hatte, erschien mir diese Übung sinnvoll:

Übung: Deinen idealen Platz finden

(Diese Art der Aufstellung kannst du natürlich auch für jedes andere System nutzen.)

Die Technik:

Diese Aufstellung lasse ich meinen Klienten machen, er steht für sich. Ich bitte ihn also, sich den Platz im Raum zu suchen, der seine Rolle innerhalb der Familie (oder des Systems, das du dir anschauen willst) darstellt. Dabei geht es mir nicht darum, in welcher Beziehung er zu den einzelnen Mitgliedern steht, nicht darum, diese Beziehungen zu benennen, wie man das in einer üblichen Aufstellung tut. Ich möchte nur, dass er spürt, wie sich sein Platz anfühlt.

Mein Klient fühlte sich sehr unwohl, zwar kraftvoll und irgendwie auch gesehen, aber dennoch gab es starke Spannungen innerhalb der Familie. Er spüre sich nur über die Beziehungen zu den anderen, sagte er, er justiere immer wieder nach, überprüfe, ob er auch allen gerecht werde. Ich ließ ihn diese Spannungen einfach fühlen, ohne die Geschichte aufzustellen, weil ich wusste, dass sie sich zeigen würde, falls sie wichtig war, wenn er bereit war, in die Heilung zu gehen.

Wenn mein Klient seinen erlebten Platz mit allen Energien spürt, sage ich ihm: »Rufe nun deinen idealen Platz innerhalb der Familie, den Platz, den du innehättest, wenn das ganze System erlöst und harmonisch wäre.« Ich bitte also darum, dass sich das Potenzial der harmonischen, erlösten Familie zeigt. Ähnlich gehen wir in der Quantenheilung vor, wir rufen das erlöste, harmonische Potenzial und erinnern unser System daran. Wir geben ihm eine neue Blaupause.

Mein Klient stellte sich auf den neuen, harmonischen, erlösten Platz und richtete sich auf. Er atmete tief durch und sagte: »Ich komme zum ersten Mal auf meinem Platz an.« Und auf einmal wurde ihm sein Muster klar: Er stammte aus einer Patchworkfamilie, er war der älteste von drei Kindern.

Seine Mutter hatte wieder geheiratet, als er sechs Jahre alt war, der neue Mann hatte ein Kind mit in die Ehe gebracht, nennen wir es Hans. Hans war innerhalb des nun neu entstandenen Systems jünger als mein Klient, in Bezug auf seine eigenen Eltern aber war Hans der Älteste, noch dazu ein Einzelkind. Er reihte sich vom Alter her zwischen die beiden jüngeren Geschwister meines Klienten ein und war somit auf einmal der »Dritte«. Mein Klient wurde weiterhin als Ältester behandelt und erfüllte seine besondere Rolle zuverlässig, so, wie das älteste Kinder üblicherweise so tun. Hans aber verlor seine Vormachtstellung als Erster und als Einzelkind. Wir wissen, welche Verantwortung auf den ältesten Kindern ruht, wie viel ihnen aber auch zugetraut wird. Weil Hans nun plötzlich der Dritte war, weil sein Platz als ebenfalls Ältester nicht gewahrt und geachtet wurde, geriet mein Klient in Schwierigkeiten. Er nahm einen Platz ein, der ihm zwar zustand, aber eben nicht nur ihm. Weil das System das wusste, fühlte sich mein Klient immer irgendwie falsch, strengte sich weitaus mehr an als nötig, um das Ungleichgewicht wettzumachen. Mein Klient trug unbewusst Hans' Schmerz darüber, nicht auf die richtige Weise gesehen und geachtet zu werden. Selbstverständlich war das niemandem bewusst, und mein Klient konnte am allerwenigsten etwas dafür. Trotzdem blieb das Gefühl, kein Recht auf diese alleinige Vormachtstellung zu haben. Was für das System auch stimmte. Mein Klient hatte die Rolle als Ältester von vier Kindern auf Kosten von Hans inne. Er zahlte einen hohen Preis dafür. Ähnlich wie ein unerwünschtes Kind spürte er immer, dass er jemandem im System etwas schuldig war (dazu später mehr). Dafür konnte er nun wirklich absolut nichts. Dennoch trug er die Last des Unrechtes, das Hans erlitten hatte.

Als ihm das klar wurde, wurde er sehr traurig und spürte auf einmal Scham. »Ich habe geglänzt, ich war stolz darauf, der Älteste zu sein«, gab er zu. »Meine Eltern waren stolz auf mich als erstes Kind, dabei hätte

Hans das gleiche Gefühl erleben müssen«, sagte er, und sein ganzes Energiefeld schrumpfte zusammen. Es war klar, dass er sich entschieden hatte, nie wieder ein solches Ungleichgewicht zu erzeugen, nie wieder einen Platz zu beanspruchen, der ihm gar nicht zustand. Weil das ungewollt und ohne sein Wissen geschehen war, traute er sich nicht mehr, überhaupt einen Platz mit seiner Energie zu besetzen. Er hätte seine Rolle als Ältester problemlos annehmen und erfüllen können, wenn Hans als erstes Kind seines eigenen Vaters innerhalb der Familie weiterhin wahrgenommen worden wäre.

Als mein Klient auf seinem idealen Platz innerhalb der Familie stand, spürte er eine sehr gute Erdung und – sich selbst. Er nahm sich weniger in Bezug auf andere als in Bezug auf sich selbst wahr, und das war für ihn ein ganz neues Gefühl. Er konnte aufhören, seinen Platz zu suchen und immer wieder zu überprüfen, sondern ihn einfach einnehmen und von da aus handeln.

Sich ständig über eine Beziehung zu einem anderen zu definieren, ständig den eigenen Platz innerhalb eines Systems überprüfen und nachjustieren zu müssen, ist ein Symptom für Coabhängigkeit, das wissen wir. Nun, er war coabhängig, beziehungssüchtig, geworden, weil er sich selbst nur die ersten Jahre seiner Kindheit auf seinem wahren Platz gespürt hatte. Es gab noch andere Aspekte: der ständige Streit zwischen seine Eltern, bevor sie sich trennten, und einiges mehr. Dennoch fühlte er sich auf nahezu magische Weise erlöst.

Ich sagte ihm: »Rufe nun bitte Hans in diesen Raum. Verneige dich vor ihm, und sage ihm: ›Ich sehe deinen Schmerz, und du hast mein volles Mitgefühl. Ich achte dich, und ich achte deinen Platz innerhalb unserer Familie als Ältester deiner Eltern.‹«

Das tat er, und es war, als rastete in ihm etwas ein, als hätte er erst jetzt die Erlaubnis, seinen wahren Platz einzunehmen. Innerhalb der Familie und in jedem anderen System, dem er sich zugehörig fühlte. Er konnte aufhören, diesen Platz immer wieder zu behaupten und neu zu justieren, und ihn einfach ausfüllen.

Ich lasse meinen Klienten während dieser Übung noch eine Weile auf diesem idealen Platz stehen und frage ihn: »Wenn du von hier aus auf dein Leben schaust, was ist dann anders?« Ich vertraue voll und ganz darauf, dass die Energie dieses idealen Platzes wie eine Starthilfe zur Harmonisierung seines ganzen emotionalen Erlebens wirkt. Wenn er auf seinem Platz steht, können auch alle anderen ihre Plätze einnehmen, und die Spannungsfelder lösen sich auf. Wann immer mein Klient sich nun unsicher fühlt, kann er sich den idealen Platz innerhalb eines Systems aufrufen und sich selbst mit diesem Platz synchronisieren, indem er sich einfach daraufstellt.

In diesem speziellen Fall rief ich auch den idealen Platz an seiner Arbeitsstelle, seinen Platz im Projekt, damit er ihn spürte und eine innere Ausrichtung bekam. Für ihn war es hilfreich, sich eine Zeit lang bewusst jeden Morgen, bevor er zur Arbeit ging, auf diesen gedachten idealen Platz zu stellen, sodass sich sein energetisches System auf dieses neue Erleben ausrichten konnte.

Ist es wichtig, dass mein Klient, während er auf seinem idealen Platz steht, erkennt, welche Themen zum zentralen Konflikt geführt haben? Nein, nicht bei dieser Art von Aufstellung. Denn hier geht es tatsächlich um das Potenzial. Wir rufen die Blaupause, den unverletzten Schwingungszustand. Hier können wir die Übung beenden, wenn wir spüren, dass die neue Information angekommen ist. Selbst wenn unser Klient (natürlich) noch nicht weiß, wie sich sein Leben nun neu ausrichten wird.

Es kann sehr gut sein und ist auch wahrscheinlich, dass er sich in den nächsten Tagen durcheinander fühlen wird, sicher kommen auch Emotionen hoch. Das ist vollkommen in Ordnung und auch angemessen. Das ganze System richtet sich neu aus, und alle unterdrückten und verdrängten Gefühle werden spürbar, vielleicht zum ersten Mal. Intensiv oder nur wie ein Hauch, das wissen wir vorher nicht. Sei also für ihn da, wenn er dich in den nächsten Tagen braucht. Manchmal wird durch diese Arbeit ein weiteres Thema sichtbar, das bislang im Verborgenen lag. Manchmal braucht es dann doch noch eine große Aufstellung, in der die gesamte Kernfamile angeschaut wird. Kannst du das nicht, so finde heraus, wer in deiner Umgebung umfassende Aufstellungsarbeit anbietet, und schicke deinen Klienten dorthin. Du kannst und darfst getrost die Aufstellung des idealen Platzes durchführen, arbeite einfach mit anderen zusammen, wenn du das Gefühl hast, deinen Klienten nicht umfassend betreuen zu können.

Weil ich spirituell arbeite, gehe ich noch einen Schritt weiter. Während er auf diesem idealen Platz steht, bitte ich ihn, still zu werden und sich so intensiv auf seine Atmung zu konzentrieren, wie das nur möglich ist.

Übung: Körper und Seele in Harmonie vereinen

Ich sage: »Ich bitte darum, dass sich die Körperschwingung und die Seelenschwingung meines Klienten (ich sage den Namen) auf harmonische, ideale Weise miteinander verbinden. Ich bitte darum, dass der harmonischste Gleichklang zwischen Körper und Seele entsteht, der überhaupt nur möglich ist. Ich rufe die Seele auf, sich sanft und zärtlich mit dem Körper zu verbinden, und ich rufe den Körper auf, sich für einen harmonischen Gleichklang mit der Seele zu öffnen. Sanfte, harmonische Übereinstimmung, sanfter, weicher, harmonischer Gleichklang zwischen Körper und Seele.«

Warum sage ich so oft »harmonisch«? Ist das nicht selbstverständlich, dass Seele und Körper harmonisch zueinanderpassen? Nun, die Erfahrung zeigt, dass es eben nicht selbstverständlich ist, und das ist auch klar. Denn immer dann, wenn wir Traumen erleiden, wenn wir anders handeln, als wir fühlen, anders reden, als wir denken, wenn wir vermeiden und uns verschließen, verhärtet sich unser Körper, die Schwingung sinkt, und wir verzerren unser Energiefeld. Es kann tatsächlich sein, dass Körper und Seele einfach nicht (mehr) zueinanderpassen, weil sich die Körperschwingung verändert hat, vielleicht sogar schon im Mutterleib. Dann gibt es eine Art energetische Reibung zwischen Körper und Seele, Dissonanzen statt Gleichklang.

Mit dieser Technik, die du auf ähnliche Weise im Buch »Soul Body Fusion®«[8] von Jonette Crowley findest, gibst du Körper und Seele Raum, um zueinanderzufinden. Du brauchst dabei nichts weiter zu tun, als Seele und Körper daran zu erinnern, dass es um eine harmonische Verbindung geht. Weil die Seele inkarnieren will, weil das ihre Absicht ist, denn sonst gäbe es den dazugehörigen Menschen nicht, braucht sie nur einen Energieimpuls.

Warum arbeite ich im Fall meines oben beschriebenen Klienten nicht ausdrücklich mit dem Inneren Kind? Warum »hole ich es nicht aus der Situation heraus«? Weil sein zentraler Konflikt nicht im Inneren Kind liegt,

---

8   Jonette Crowley: Soul Body Fusion: Heilung und Transformation des ganzen Menschen. Das Praxisprogramm, Ansata 2011

sondern in seinem ganzen Sein. Es geht nicht um einen besonders verletzlichen und empfindsamen Aspekt, der Heilung und Schutz braucht, sondern um den gesamten Menschen und um seinen Platz innerhalb des Systems.

Nach dieser Aufstellung fühlte sich mein Klient sehr gut, doch nach wenigen Stunden überkam ihn erneut tiefe Scham. Er fühlte sich komplett falsch, spürte sich selbst nicht mehr, sondern nahm nur noch wahr, wie falsch der Platz war, den er all die Jahre innegehabt hatte. Dieses innere, wenn auch meistens völlig unbewusste Wissen, auf dem falschen Platz gestanden zu haben, das Wissen, dass wir den Platz eines anderen eingenommen haben, wenn auch vollkommen unabsichtlich, sorgt dafür, dass wir uns in unserer Gesamtheit infrage stellen. Und der innere, emotionale Kompass zeigt daraufhin immer Scham. Wir fühlen uns fehl am Platz, überflüssig, anmaßend. Das macht nichts. Denn diese Scham war die ganze Zeit über sowieso da. Mein Klient konnte sie nur nicht spüren. Dass sie sich jetzt zeigte, war ein Zeichen der Heilung: Sie verließ das System, weil sie nicht mehr aktiviert wurde. Die Scham dauerte einen halben Tag lang an, dann verschwand sie, und eine völlig neue innere Leichtigkeit brach sich Bahn.

Anhand dieses Beispiels wird erneut klar, warum die Arbeit mit dem Inneren Kind so brisant ist: Die Gefühle, die das Innere Kind hat, sind so direkt, so roh und so existenziell, dass der Mensch nicht nur die Bereitschaft, sondern auch die Fähigkeit braucht, sich diesen Gefühlen zu stellen. Ohne den inneren Erwachsenen, der sich an dieser Stelle selbst halten kann, ohne sich zu kontrollieren und seine Emotionen erneut zu unterdrücken, geht das nicht. Sei also da, wenn dein Klient dich braucht, rechne damit, dass diese Arbeit emotionale Neben- und Nachwirkungen hat.

Zusammengefasst:

❖ Ich stelle wie immer zunächst das Symptom (körperlich, emotional oder ein bestimmtes Verhalten) meines Klienten auf, indem ich frage »Worum geht es wirklich?« oder »Was steckt dahinter?« und mich dann auf den entstehenden Antwortplatz stelle. Das ist meine »Diagnose«.

❖ Geht es um die Familie: Mein Klient stellt den erlebten, gefühlten Platz innerhalb der Familie auf, ohne dass wir uns die einzelnen Beziehungen genauer anschauen.

❖ Wir rufen den idealen Platz innerhalb des Systems, das wir uns anschauen, den Platz, der stimmig und richtig wäre. Mein Klient stellt sich auf diesen stimmigen Platz.

❖ So, wie eine Stimmgabel den richtigen Ton angibt, gibt dieser stimmige Platz die emotionale Ausrichtung vor. Die Schwingung dieses idealen Platzes gibt meinem Klienten in seiner Gesamtheit einen Impuls, in Gleichklang mit diesem neuen Schwingungsfeld zu kommen.

❖ Wir halten den Raum, damit sich Körper und Seele auf dieser neuen Position auf harmonischste Weise miteinander verbinden.

Seelenanteile zurückholen

Immer wieder gibt es Klienten, die sich »an nichts erinnern können«, wenn es um ihre Kindheit geht. Wenn du eine Aufstellung machst, fühlt sich der Platz seltsam leer an, die Arbeit mit dem leeren Stuhl bleibt flach. Dein Klient wirkt leblos, wenn er über bestimmte Themen spricht, die Stimme ist unmoduliert. Es ist, als lebe er aus der Kontrolle heraus, in Wahrheit aber ist er gar nicht richtig da, sondern emotional und geistig abwesend. Wenn du mit ihm redest, spürst du, dass er sich dir immer wieder entzieht, dass er in ferne Welten zu entschweben scheint. Etwas in ihm, so scheint es, ist in Ohnmacht gefallen und bis heute nicht wieder erwacht. Er scheint tapfer, vernünftig, wenn er über seine Gefühle spricht, doch du spürst, er hat sich von sich selbst abgespalten. Manche Menschen werten sich selbst ab, sprechen verachtend über sich, so, als sei ihr Inneres Kind ein lästiges, empfindliches Anhängsel, das es zu beseitigen gilt.

Musst du an schamanische Arbeit glauben, um Seelenanteile zurückzuholen? Nein. Denn man kann Seelenanteile durchaus auch als innere Bilder, als Symbole für abgespaltene und verdrängte innere Aspekte betrachten. Es spielt letztlich keine Rolle, welches Weltbild du pflegst. Offenheit für das, was geschehen will, und für die inneren Wahrheiten unseres Klienten genügt völlig, ist aber auch Voraussetzung. In der Cranio-Sacral-Therapie sagt man zum Beispiel, die Epiphyse sei weit ausgelagert, wenn sich ein Klient »leer« anfühlt. Wenn du schamanisch arbeitest, muss ich dir nichts mehr erzählen. Du trommelst und schickst deine Krafttiere auf Reisen, machst deine Rituale.

Was passiert denn, wenn du Seelenanteile »verlierst«? Stelle dir vor, deine Seele ist wie ein zauberhaftes, unermesslich kraftvolles und harmonisches Musikstück, von der Schöpfung selbst komponiert und einzigartig.

Wenn du zur Erde kommst, dann schaffst du dir mit dem Körper ein Instrument, auf dem du diese Musik spielen kannst, zumindest die ein oder andere Stimme. Nicht das Gesamtkunstwerk, aber doch mehr davon, als das die meisten Menschen tun. Warum machen wir Menschen das? Damit wir unser Lied, aber auch die Lieder von anderen hören, damit wir gemeinsam aus all den Seelenmelodien eine neue Musik schöpfen können. Dabei gibt es erhebliche Dissonanzen – mit denen wir nicht gerechnet haben. Warum nicht? Weil es auf Seelenebene keine Dissonanzen gibt. Will ich dich jetzt doch von hinten durch die kalte Küche zu einer spirituellen Sicht der Dinge führen? Nein. Nimm die Seelenmelodie doch einfach als Bild. Entweder es gibt sie, dann ist es ihr egal, wie du sie bezeichnest, oder es gibt sie nicht, dann ist es erst recht egal.

Nun stelle dir vor, deine Melodie gerät auf einmal in eine deutliche Dissonanz mit der Melodie eines anderen. Damit hast du nicht gerechnet, schon gar nicht damit, dass du diese Dissonanzen ganz tief, ganz persönlich fühlst! Was passiert? Schockartig (erinnere dich an die Mandelkerne!) spaltet dein Gehirn das Ereignis mitsamt seinen Emotionen ab, es rutscht ins Unbewusste, wird in Hirnteilen abgespeichert, die dem Bewusstsein nicht so ohne Weiteres zugänglich sind. Warum? Damit du ohne ständigen Energieverlust weiterleben kannst, damit du nicht den Mut verlierst. Das Überleben zu sichern ist die wichtigste Funktion unseres Gehirnes, rufen wir uns das noch einmal in Erinnerung, und dafür ist es bereit, eine Menge aufzugeben und loszulassen. Wenn wir im Vergleich mit dem Musikstück bleiben, dann geraten einige Teile der Musik, die du spielst, in eine so tiefe Tonlage, dass du sie nicht mehr hören kannst. Sie sind aber immer noch da und wirken, erzeugen Dissonanzen.

Noch einmal: Wir verlieren die Seelenteile also nicht, sondern sie schwingen so niedrig, dass wir sie mit unserem Bewusstsein nicht mehr erfassen können. Oder, wenn du es so ausdrücken möchtest: Sie sind in

Hirnbereichen gespeichert, die sich unserem Bewusstsein entziehen. Beides stimmt, je nachdem, auf welcher Ebene du schaust.

Was tust du, wenn du diese Leere bei deinem Klienten spürst? Das Gute ist: Du kannst nichts falsch machen. Seelenanteile zurückzuholen ist immer eine gute Idee – denn wenn es nichts zurückzuholen gibt, dann kommt auch nichts. Natürlich sorgst du für einen energetisch sicheren Raum, aber davon gehe ich sowieso aus.

Hier sind zwei innere Reisen, um die Seelenanteile zurückzuholen, beide vollführt dein Klient, nicht du. Wenn du in der Lage bist, die Energien deines Klienten zu spüren oder zu sehen, dann bist du natürlich bei ihm. Doch das hier ist ein Buch, ich kann und darf dir keine schamanische Arbeit vermitteln. Für dich selbst schon, aber nicht für andere. Schamanische Arbeit mit Krafttieren und Helfern, bei der du die Seelenanteile zurückholst, will ich dich nicht durch ein Buch lehren, weil dein eigener Schutz dabei sehr wichtig ist. Wenn du lernen willst, schamanische Seelenarbeit zu machen, dann besuche bitte Ausbildungen, die in einem sicheren Rahmen stattfinden bei Lehrern, denen du vertraust. Ich zeige dir aber gern weiter unten, wie ich das mache. Setze es für dich um, wenn du das Prinzip kennst und verstehst, ich überlasse es deiner Verantwortung.

Innere Reise: Seelenanteile zurückholen (für deinen Klienten)

Nachdem du dich entspannt hast, erscheint vor deinem inneren Auge ein Tor, das du ganz leicht durchschreitest. Du gelangst in eine wunderschöne Landschaft, in der du dich sicher und wohlfühlst. Du gehst spazieren, entspannst dich mehr und mehr. In einiger Entfernung erblickst du einen Baum, einen Wasserfall oder eine andere markante Stelle in der Landschaft. Du gehst darauf zu und setzt dich, ruhst dich aus. Ganz deutlich fühlst du, dass dir Anteile von dir selbst zu fehlen scheinen, du spürst eine gewisse Leere, als wärst du nicht ganz vollständig. Auf einmal erkennst du, dass aus deinem Bauch heraus Fäden wachsen, lichtvolle Schnüre, mit denen du dich mit Energien verbinden kannst. Die Fäden waren die ganze Zeit schon da, doch sie waren dir nicht bewusst. Jetzt erkennst du sie ganz deutlich. Du kannst diese Lichtfäden mit deiner Aufmerksamkeit steuern, erkennst du, und das probierst du jetzt aus. Du schickst ganz bewusst einen dieser Lichtfäden zu deinem Schutzengel. Lass dir Zeit damit – wie fühlst du die Energien? Auf einmal kommt dir der Gedanke, du könntest dich mit diesen Fäden auch mit deiner eigenen Seele verbinden – vor allem mit den Teilen, die irgendwie verloren zu sein scheinen.

Und so schicke jetzt deine Fäden aus. Du brauchst nicht zu wissen, wo sich die verlorenen Seelenanteile aufhalten, deine Absicht, sie zurückzuholen, genügt vollkommen. Lichtfäden strömen aus dir heraus und finden ihre Richtung. Diese Lichtfäden spüren deine verlorenen Anteile auf und ziehen sie zurück in deinen Körper hinein. Während das geschieht, stelle dir bitte vor, du sitzt in einer Lichtsäule. Deine Lichtfäden ziehen die Seelenanteile in den Körper zurück – und dann steigen ebendiese Seelenanteile in der Lichtsäule auf und kehren zurück ins Reich deiner Seelenflamme. Sie strömen zu dir zurück und verlassen den Körper auch gleich wieder, diesmal aber bewusst und mit einem klaren Ziel. Sie kehren in der Lichtsäule nach oben zu deiner Seele zurück. Gleichzeitig können auch alle anderen Seelenanteile, die wieder zurück nach Hause wollen, den Körper verlassen, sodass jetzt ein echter Austausch stattfindet. Denn während das geschieht, fließen aus deiner Seelenflamme neue Seelenanteile in deinen Körper hinein, Seelenkräfte, die vielleicht noch nie inkarniert waren und für die heute der richtige Zeitpunkt ist, menschlich und auf der

Erde wirksam zu werden. Deine Lichtfäden sind noch immer dabei, verlorene Seelenanteile zurückzuholen und sie in den Körper hineinzuziehen, von wo aus sie durch die Lichtsäule hindurch nach oben aufsteigen. Sie heilen in deiner Seelenflamme, verlieren das Schwere. Die Seele »liest« die Erfahrungen dieser Seelenanteile und erweitert sich daraufhin. Sie erkennt, was sie erschaffen hat, und entwickelt Mitgefühl mit dem Menschen, der du bist.

Irgendwann spürst du, dass sich die Lichtfasern wieder zurückziehen, du hast alle Seelenanteile, die du heute erreichen konntest, zu dir zurückgeholt. Du ruhst dich noch ein wenig in der Lichtsäule aus, vielleicht strömen noch weitere Seelenkräfte aus deiner Selenflamme in deinen Körper – doch dann stehst du auf, gehst noch ein wenig spazieren und kommst dann neu und vollständiger als zuvor durch das Tor zurück in den Raum, in dem du dich befindest.

Innere Reise: Das verlorene Innere Kind (für deinen Klienten)

Mache es dir ganz bequem, und bitte deinen Schutzengel, deine geistigen Führer und Lehrer, die geistigen Wesen deines Vertrauens zu dir. Bekräftige noch einmal ausdrücklich, dass du bereit bist, dich in die Bereiche zu wagen, in denen du dein verlorenes Inneres Kind wiederfindest, und dann sieh eine Lichtsäule vor deinem geistigen Auge. Stelle dich hinein, erlaube, dass alles, was schwer ist, abfällt, wie Rauch nach oben steigt, erlaube, dass du von der Kraft durchströmt wirst, die du nun brauchst.

Und dann mache dich bereit. Bitte den Schutzengel des verlorenen Inneren Kindes, dich zu ihm zu führen, egal, wo das ist. Bitte bleibe im Vertrauen, alles ist in Ordnung, du bist sicher und geschützt in der Lichtsäule und vor allem in der Reinheit deiner Absicht. Rufe das Innere Kind, sage ihm, dass du in der Lage bist, es zu halten, dass all seine Erfahrungen nun vorbei sein dürfen und dass die Zeit gekommen ist, in das Herz Gottes zurückzukehren, wenn es das will. Es kann sein, dass es nun ziemlich dunkel wird, dass du kein Licht mehr erkennen kannst, dass du dich dumpf und traurig zu fühlen beginnst. Lass es zu, lass es geschehen, du wirst geführt. Der Schutzengel deines Inneren Kindes führt dich. Schaue dich um, wo bist du? Vielleicht ist es ein Keller, vielleicht eine dürre Landschaft, vielleicht auch ein Energiefeld, das sich sehr leer und grau anfühlt. Und dann rufe bitte dein Inneres Kind, verneige dich innerlich vor ihm, sage ihm, dass es der wichtigste Teil deiner Seele ist, denn ohne diesen Teil hättest du die Erfahrungen von Abspaltung und Trennung nicht machen können. Aber genau deshalb bist du hier, weil du die Energien erforschen willst, auch die sehr langsamen, dunklen. Ohne dieses Innere Kind, das alles auf sich genommen hat, hättest du nicht überlebt, und du hättest gleichermaßen die Aufgaben, die sich deine Seele gestellt hat, nicht als Ereignisse und äußere Umstände anziehen können.

Rufe dein Kind, bitte es, sich dir zu zeigen, egal, in welchem Zustand es sich befindet. Sage ihm, dass du gekommen bist, um es abzuholen und nach Hause zu führen. Schicke den Schutzengel voran, lass dich bei der Suche leiten. Es kann ein bisschen dauern, bis du es findest. Vielleicht will es auch nicht gefunden werden, weil es so verletzt und traurig ist. Gehe bitte immer weiter, du hast alle Kräfte des Lichtes bei dir. Bitte, wenn du willst, auch Mutter Maria zu dir, bitte immer wieder um Hilfe, und lass dich tiefer und tiefer hineinziehen in das Reich der verlorenen Seelen, wo auch immer es dich hinführt. Du bist sicher und geschützt, keine Sorge. Rufe das Kind mit dem Kosenamen, den du als Kind hattest, vielleicht hört es darauf. Vielleicht führt dich die Reise in einen tiefen, dunklen Wald hinein, vielleicht in eine graue Energie, vielleicht auf einen fremden Planeten – gehe mit, lass dich führen und rufen.

Und dann, in deiner Zeit, findest du auf einmal das Kind, du siehst es in einiger Entfernung, vielleicht taucht es auf einmal vor deinem inneren Auge auf. Es ist sicherlich sehr scheu, verletzt, krank oder wie verbrannt. Vielleicht ist es ganz dunkel, vielleicht ein Baby, ein Embryo gar. Vielleicht wirkt es wie tot, nimm es dennoch in den Arm, und bitte den Schutzengel und die Engel der Heilung, ihm genau das zu geben, was es jetzt braucht. Du brauchst nicht zu wissen, was es ist, lass den Prozess bitte ganz von alleine geschehen. Lass dich bitte nicht beeindrucken, gehe hin, egal, wie es aussieht, nimm es in den Arm, und frage es, was es braucht, sage ihm, du bist gekommen, um es nach Hause zu führen. Es kann sein, dass du den Impuls bekommst, es bei dir zu behalten, aber wahrscheinlich ist dein Körper nicht der richtige Ort für dieses Kind.

Halte es einen Moment lang, schicke ihm all deine Liebe, danke ihm, dass es all die Erfahrungen ausgehalten und für dich getragen hat. Aber dann gib es seinem Schutzengel, damit er es nach Hause führen kann, heim zu Gott. Es gehört in das Herz Gottes, ganz nah ans weiße Licht, denn es ist ein sehr hoch schwingender Teil deiner Seele. Vielleicht hat es sich abgespalten, weil ein sehr wichtiger Mensch gestorben ist, vielleicht auch ein geliebtes Tier.

Erlaube diesem Inneren Kind, dahin zu gehen, wo es hingehen will, wenn es zur verstorbenen Großmutter oder zum geliebten Vater, der Mutter, der Schwester oder wem auch immer gehört, dann gehört es eben dahin. Erlaube diesem Teil, dahin zu gehen, wo er hingehen will, damit er erlöst, frei und voller Lichtkraft sein kann, damit er heilen und aufatmen kann. Du spaltest ihn nicht von dir ab, wenn du ihm erlaubst, ins Licht zu gehen oder bei der Seele eines geliebten Verstorbenen zu bleiben, er gehört nach wie vor zu dir. Das ist alles deine Energie, du bist sehr viel weiter und größer, als du vielleicht denkst. Selbst wenn sich das Innere Kind im Licht auflöst, bist das immer noch du, selbst wenn es die Seele deiner

Großmutter in den Himmel begleitet, bist das immer noch du, das ist alles deine Energie, und von hier aus kann das lichte Innere Kind seine Kraft, Liebe und Zartheit in dein Leben und in dein Herz schicken.

Lass es los, es weiß genau, wo es hingehört, erlaube ihm, genau den richtigen Platz in deinem System einzunehmen, egal, wo das ist – und spüre die Erleichterung, die Freiheit, die Erlösung, wenn dieses Innere Kind endlich nach Hause, ins Reich deiner Seele, zurückkehrt. Bleibe noch ein bisschen in der Lichtsäule stehen, lass dich von dem Licht durchströmen, lass dich reinigen und heilen. Bitte darum, dass besonders viel Lichtkraft in deinen Emotionalkörper hineinfließt. Es kann sein, dass du einige Erinnerungen zurückerhältst, dass du auf einmal weißt, in welcher Situation sich das Innere Kind abgespalten hat. Wenn du willst und es sich richtig anfühlt, dann rufe dir diese Situationen noch einmal in Erinnerung, fühle, was das Kind gefühlt hat, und gehe dann, wie du es nun schon kennst, als Erwachsener in die Situation hinein, rette das Kind, tue, was zu tun ist, schütze und behüte es, und verteidige es so, wie es nötig ist. Dann schicke es in den Zaubergarten, wenn es das möchte, vielleicht löst es sich auch im Licht auf.

Komme dann in deiner Zeit wieder in dem Raum an, in dem du dich befindest, hole dich sanft zurück, atme ein paar Mal tief durch, und ruhe dich aus.

Wenn du dich sicher fühlst, wenn du weißt, dass du die Energie halten kannst, dann lass deine eigenen Fühler aus dir herauswachsen, lass sie auf die Suche gehen nach den Anteilen deines Klienten und gib ihm diese auf deine Weise zurück.

Du kannst auch mit Krafttieren arbeiten. Ich mache das so: In einer schamanischen Reise zeigte sich mir ein Krafttier, das ich immer rufen kann,

wenn ich Seelenanteile zurückholen will: eine Diamantschlange, die in tausend Kristalle zerfallen kann.

Ich rufe also diese Schlange und bitte sie, die verlorenen, abgespaltenen Seelenanteile meines Klienten zu suchen. Sie entzieht sich meinem bewussten Zugang, ist auf einmal weg, ich sehe und spüre nur, dass sie sich in ihre Kristalle aufteilt. Diese Kristalle verteilen sich in alle Bewusstseinsdimensionen und ziehen die verlorenen Seelenanteile meines Klienten (und nur die meines Klienten!) wie magnetisch an. Das bewirkt die besondere Kraft ebendieser Diamantschlange. (Ich weiß nicht, ob sie einmalig ist, rufe DU bitte deine eigenen Krafttiere, um Seelenrückholungen zu machen! Denn jeder hat ein anderes, und jedes arbeitet anders, das ist wirklich wichtig.)

Nach einer Weile setzt sich die Schlange wieder zusammen, und ich erkenne, ob sie etwas in sich trägt oder nicht.

Falls ja, bitte ich sie, diese Energien in meinen Klienten hineinfließen zu lassen, wenn es nicht sowieso schon von allein geschieht. Meistens brauche ich gar nichts zu sagen oder zu tun, die Schlange weiß, wie man Seelenanteile zurückholt, das ist ihre Aufgabe. Meine ist es, sie zu rufen und die Energie zu halten, ein sicheres Feld zu erschaffen, in dem sie wirken kann.

Dann bitte ich meinen Klienten, sich vorzustellen, dass er in einer Lichtsäule steht. Denn nicht alle Seelenanteile, die wir zurückgeholt haben, sollten auch im Körper bleiben! (Dazu mehr im nächsten Kapitel.)

Ich sage: »Erlaube nun, dass alle Seelenanteile, für die es Zeit ist, ins Licht zurückzukehren, mit deiner Seelenflamme verschmelzen, den Körper verlassen, sicher und geschützt in der Lichtsäule aufsteigen und heimkehren ins Reich deiner Seele.«

Spalten wir sie damit nicht schon wieder ab? Nein. Wir holen die Seelenanteile aus den dunklen, unbewussten Bereichen ab, nehmen sie im

Körper auf und geben sie gleich weiter an das lichtvolle Seelenfeld. Unser Körper ist in diesem Fall nur »Durchgangsstation«.

Vielleicht bist du der Meinung, dass das sehr spiritueller Tobak war. Ja, das stimmt. Machen wir es anders.

Übung: Verlorene Seelenanteile zurückholen
Technik: Der leere Stuhl

Weil du diese Technik unterdessen gut kennst, erlaube ich mir, dir die Übung in übersichtlichen Stichworten zu geben.

Erster Stuhl: dein Klient, so, wie er ist
Der leere Stuhl ihm gegenüber: die verlorenen Seelenanteile (Wir erinnern uns: Der besondere Charme der Arbeit mit dieser Technik ist, dass wir alles auf diesen zweiten Stuhl »setzen« können, was wir wollen!)

Dein Klient sitzt wie immer zuerst auf seinem Stuhl, fühlt, was er fühlt, und spricht alles aus, was er wahrnimmt. Dabei dürfen auch Erinnerungen hochkommen, lass ihm Zeit. Es kann gut sein, dass es sich für ihn nicht gut anfühlt, diesen leeren Stuhl der Seelenanteile im Raum zu spüren. Wenn dein Klient Fluchttendenzen bekommt, dann stelle einen dritten Stuhl hinzu: den Stuhl des Schutzengels, einer spirituellen Kraft seines Vertrauens oder wen immer er sich dazuwünscht, um sich sicherer zu fühlen. Es geht um deinen Klienten, was immer du von Schutzengeln hältst, spielt keine Rolle. Auch verstorbene Großmütter können Kraft geben. Was ihm Vertrauen gibt, nutzen wir. Denn wir haben eine sehr aktive und wachsame Amygdala zu befrieden, zwei sogar.

Nach einer Weile setzt sich dein Klient auf den Stuhl der verlorenen Seelenanteile. Nun kann wirklich alles geschehen. Sei einfach da. Es kann sehr hilfreich sein, sich vorzustellen, dass dieser Stuhl in einer Lichtsäule steht. Alles, was zu schmerzhaft ist, darf auf der Stelle nach oben aufsteigen oder in die Erde abfließen. Wichtig ist aber, dass auch das Schmerzhafte durch den Körper deines Klienten hindurchfließt und damit sein Bewusstsein berührt. Warum? Weil er dann darum weiß, die Verdrängung löst sich, und die bewusst fühlenden Hirnteile werden aktiviert. Wenn das geschieht, kann man sich auf die Selbstheilung, die innere Neuorganisation, verlassen. Das Ereignis wird mithilfe der Großhirnrinde neu abgespeichert, der Schock löst sich.

Gerät dein Klient in einen Schock, was passieren kann, denn immerhin stellt er sich tiefsten Schmerzen, dann nutze bitte die Wingwave-Technik (selbstverständlich nur dann, wenn du keine eigene Technik hast, um mit Schock umzugehen!):

Übung: Wingwave (Flügelschlag)

Du sitzt deinem Klienten gegenüber. (Darfst du dich ihm gegenüber auf den freien Stuhl innerhalb deiner Übung setzen? Dies ist eine Notsituation, also ja.) Dein Klient öffnet die Augen, auch wenn er im Schock ist, dazu musst du ihn bitte ausdrücklich und konzentriert ansprechen. Du hältst eine Hand mit zwei gestreckten Fingern im Abstand von 30–50 Zentimetern vor sein Gesicht, die Handfläche ist dem Klienten zugewandt, mache das nach Gefühl. Nun bewegst du den Unterarm scheibenwischerartig vor seinem Gesicht hin und her. Seine Aufgabe ist es, deinen ausgestreckten, sich hin und her bewegenden Fingern mit den Augen zu folgen, nur mit den Augen. Durch die bewusste Augenbewegung bleibt seine Großhirnrinde aktiv, er bleibt mit seinem Bewusstsein aktiv, statt wie sonst üblich ins unbewusste Stammhirn abzugleiten. Im Stammhirn ist die Verarbeitung eines Schocks nicht möglich, im Großhirn schon. Während er also seinen Schock spürt, bleibt er gleichzeitig konzentriert und wach. (Er muss nichts tun, die Augenbewegung reicht!) Damit kann sein Gehirn das Ereignis samt allen Gefühlen neu ordnen, und das tut es auch. Du hältst ihn, du bist da, er folgt deinen Fingern, das sagst du ihm auch, wenn er abdriftet: »Bleibe da, folge mit den Augen meinen Fingern, nur den Augen.« Er soll nicht den ganzen Kopf drehen, denn die Augenbewegungen sind für die Vernetzungen im Gehirn wichtig. Irgendwann kommt ein tiefer Atemzug, du spürst, wie sich der Schock löst, dein Klient verliert seine panikartige Anspannung. Dann lässt du langsam die Hand sinken und beendest die Übung.

Bitte übe das, bevor du es an deinem Klienten anwendest!

Weiter mit dem leeren Stuhl:
Dein Klient sitzt also noch auf dem Stuhl der verlorenen Seelenanteile, und sie fließen nach und nach oder auch schwallartig in ihn hinein. Nach einer Weile, wenn du spürst, dass er alles eingesammelt hat (die meisten Menschen spüren das auch selbst sehr gut), bittest du ihn, sich nun wieder auf den ersten Stuhl zu setzen und wahrzunehmen, ob sich dieser Platz jetzt anders anfühlt als zuvor. Die häufigsten Schlüsselworte sind »angekommen«, »rund«, »vollständig«, »irgendwie ganz.«

Wenn du möchtest, kannst du nun die Übung »Körper und Seele in Harmonie vereinen« folgen lassen.

Zusammengefasst:

❖ Wenn sich ein Klient »an nichts mehr erinnern kann« und sich leer fühlt, fehlen wahrscheinlich Seelenanteile.

❖ Egal, ob wir an so etwas wie eine Seele glauben oder nicht, wir nutzen die Technik der inneren Bilder, um die abgespalteten Anteile zurückzuholen – weil sie funktioniert.

❖ Der Klient unternimmt mit unserer Führung diese innere Reise und holt sich seine in das Unbewusste abgerutschten Anteile ins Bewusstsein und ins Fühlen zurück.

❖ Wenn wir schamanisch arbeiten, holen wir die Seelenanteile zurück.

❖ Ist unser Klient nicht geübt, innere Reisen zu unternehmen, oder erscheint es uns als sinnvoller, dann nutzen wir die Technik des leeren Stuhls.

Heimkehren ins Licht

»Seit mein Hund gestorben ist, will ich auch nicht mehr leben. Am liebsten würde ich mit ihm gehen.«
»Ich schleppe mich so durch mein Leben, es ist eine Last, an manchen Tagen will ich nur nach Hause.«
»Das Leben ist mühsam.«
»Wenn ich ehrlich bin, mag ich nicht mehr.«

Kennst du diese Sätze von Klienten? Nun, wie wäre es, wenn sie sich erlauben könnten zu gehen? Wenn es eine Möglichkeit gäbe, all die inneren Aspekte, die müde sind, die zu verletzt sind, zu schwer, tatsächlich an einen guten, sicheren Ort zu bringen, wo sie heilen können? Wo sie nicht mehr auf der Erde, nicht mehr im Körper sein müssen?

Vor einigen Jahren stand ich in einer experimentellen Aufstellung, ich weiß nicht mehr, in welcher Rolle. Ich spürte aber sehr deutlich, dass es einen Teil von mir wie magisch zu einer brennenden Kerze hinzog, die kein Teil der ursprünglichen Aufstellung, aber auf einmal sehr präsent war. Da wir in einer experimentellen Gruppe zusammengekommen waren, schauten wir uns an, was dieser Teil, den es zur Kerze hinzog, brauchte. Und auf einmal spürte ich, dass ein Seelenaspekt des Menschen, für den ich stand, in seine seelische Heimat, seine Seelenflamme, zurückkehren wollte. Ich ging also zu der brennenden Kerze hin, während ein anderer Teilnehmer für mich den Platz in der Aufstellung hielt. Die Erleichterung, die ich erlebte, als ich zum Licht gehen durfte, ließ sich nicht in Worte fassen. Und auf einmal spürte ich: Das war ein Seelenanteil, der noch etwas zu erledigen hatte, dann aber wieder nach Hause gehen wollte. Auch mit Seelenaspekten, die sehr viel Schmerz und Leid erfahren haben, erlebe ich immer

wieder, wie unendlich hilfreich es ist, diese in das multidimensionale Energiefeld der Seele zurückzuschicken, sie aus dem Körper zu entlassen. Auch der Anteil, der in der Aufstellung stehen geblieben war, fühlte sich auf einmal sehr viel leichter an. Er konnte seinen wahren Platz einnehmen, und alles war gut.

Spalten wir uns damit aber nicht einfach wieder von etwas ab? Nein. Denn wir entlassen diesen Anteil bewusst und in Liebe in eine höher schwingende Dimension. Wir geben ihm bewusst und achtsam einen guten Platz innerhalb des Systems. Wenn sich etwas abgespaltet hat, dann ist es natürlich auch immer noch innerhalb unseres Systems. Aber wir können es nicht mehr erreichen, es ist unbeachtet ins Vergessen geraten. Es versteckt sich in einer dunklen Ecke im Keller, könnte man sagen. Entlassen wir einen Seelenaspekt bewusst ins Licht, dann bringen wir ihn an einen sicheren Ort, der uns, wenn auch mit ein wenig Konzentration, zugänglich bleibt. Wir können die Kraft dieses Anteils immer noch spüren.

Es ist immer eine unermessliche Erleichterung, wenn ein Mensch, der seit Jahren versucht, mit einem Thema klarzukommen, erkennt, dass er den Teil in sich, der immer wieder mit diesem Thema in Resonanz gerät, nach Hause schicken kann. Dazu eine innere Reise, zunächst für dich selbst, damit du spürst, wovon ich rede:

Innere Reise: Die Lichtsäule

Entspanne dich ein wenig, atme ein paar Mal tief durch. Stelle dir eine Lichtsäule vor, schimmernd und strahlend, in genau der Farbe, die dir guttut, die du brauchst. Das kann deine Lieblingsfarbe sein, aber auch eine ganz andere, die jetzt vor deinem inneren Auge entsteht. Lass dich überraschen!

Mache einen Schritt, und tritt mitten in diese Lichtsäule hinein. Augenblicklich durchströmt dich das Licht, entspannt dich und gibt dir neue Kraft.

Erlaube jetzt, dass alles, was nicht mehr zu dir gehört, vielleicht noch nie zu dir gehört hat, von dir abfällt, aus dir herausgelöst wird und wie Rauch in der Lichtsäule aufsteigt, vielleicht auch in die Erde strömt, je nachdem, wo es besser erlöst werden kann. Und jetzt schaue, ob es in dir Anteile gibt, die sagen: »Wenn du gehst, dann gehe ich auch«, Anteile, die nach Hause wollen, denen das Leben auf der Erde zu schwer ist, zu mühsam. Vielleicht gibt es Anteile, die zu sehr verletzt sind, um zu heilen, die einfach nur heimwollen. Lass sie gehen. Sie dürfen einfach nach Hause gehen. Sicher und geschützt steigen sie in der Lichtsäule auf, verlassen deinen Körper und kehren heim in deine Seelenflamme. Vielleicht möchten sie auch in die Erde hinabströmen, je nachdem, wohin sie gehören, das musst du nicht wissen. Diese Anteile wissen es selbst. Sie brauchen nur deine Erlaubnis, jetzt den Körper zu verlassen und nach Hause zu gehen. Schutzengel und Krafttiere kommen, einfach so, auch ohne dass du sie kennst, und geleiten deine Seelenanteile sicher nach Hause, jetzt. Es kann sein, dass vieles gehen will, lass alles los, wir rufen gleich neue Anteile. Auch der Engel in dir, dem das Leben auf der Erde vielleicht zu schwer ist, darf nach Hause in sein Engelreich gehen und von dort aus wirken.

Wenn alle Anteile, die jetzt gehen wollen, deinen Körper verlassen haben, dann rufen wir neue Seelenaspekte. Seelenaspekte, die jetzt und heute zur Erde, in den Körper kommen wollen, gerade so, als würdest du neu geboren werden. Seelenanteile, die vielleicht noch nie auf der Erde waren, die Lust und Kraft haben, hier zu wirken, und dir ganz neue Fähigkeiten und Erfahrungen schenken. Sicher und geschützt strömen sie in der Lichtsäule zu dir herab, finden ihren Platz in deinem Körper und verändern dein gesamtes Erleben.

Nach einer Weile spürst du, dass der Prozess zum Ende kommt. Bleibe noch ein wenig in der Lichtsäule, ruhe dich aus, und komme dann gestärkt und ganz neu in diesen Raum zurück.

Was hat das mit dem Inneren Kind zu tun? Und was ist da eigentlich passiert? Analysieren wir die innere Reise.

Die Lichtsäule

Entspanne dich ein wenig, atme ein paar Mal tief durch. Stelle dir eine Lichtsäule vor, schimmernd und strahlend, in genau der Farbe, die dir guttut, die du brauchst. Das kann deine Lieblingsfarbe sein, aber auch eine ganz andere, die jetzt vor deinem inneren Auge entsteht. Lass dich überraschen!

Durch diesen Satz umgehen wir den inneren Zensor, der sofort zu zweifeln beginnt, wenn die inneren Bilder nicht seinen Erwartungen und dem, was er kennt, entsprechen.

Mache einen Schritt, und tritt mitten in diese Lichtsäule hinein. Augenblicklich durchströmt dich das Licht, entspannt dich und gibt dir neue Kraft. Erlaube jetzt, dass alles, was nicht mehr zu dir gehört, vielleicht noch nie zu dir gehört hat, von dir abfällt, aus dir herausgelöst wird und wie Rauch in der Lichtsäule aufsteigt, vielleicht auch in die Erde strömt, je nachdem, wo es besser erlöst werden kann.

Damit meine ich »Fremdenergien«, die der Klient auf sich genommen hat. Verantwortung, die gar nicht seine ist, Gefühle, die er glaubt, fühlen zu müssen, alles, was er tut, um zu gefallen, um nicht aufzufallen oder um zu bestehen. Warum sage ich das nicht ausdrücklich? Weil wir dem System vertrauen, weil wir wissen, dass es sich auch am Bewusstsein vorbei neu ausrichtet, wenn wir es ihm anbieten. Es darf während dieser Reise schnell gehen, denn ich will meinem Klienten wie immer eine Technik geben, mit der er sich auch selbst helfen kann. Lichtsäule – alles gehen lassen, was nicht mehr zu mir gehört, auch wenn ich gar nicht weiß, was damit gemeint ist – fertig. So, wie ich auch den Schmutz, den ich mit einer Dusche abwasche, nicht benennen muss, funktioniert diese Lichtsäule als Reinigungsinstrument für alles, was sich im Energiefeld meines Klienten angesammelt hat – real oder als Bild.

Und jetzt schaue, ob es in dir Anteile gibt, die sagen: »Wenn du gehst, dann gehe ich auch«, Anteile, die nach Hause wollen, denen das Leben auf der Erde zu schwer ist, zu mühsam. Vielleicht gibt es Anteile, die zu sehr verletzt sind, um zu heilen, die einfach nur heimwollen.

Jetzt geht es um die eigenen Kräfte des Klienten, nicht um die Fremdenergien. Wenn jemand stirbt, den wir lieben, wenn wir zu sehr verletzt sind, dann werden wir lebensmüde.

Erinnern wir uns an die dreißig Samen. Mit dieser inneren Reise geben wir die zurück, die erst gar nicht aufgegangen oder im Laufe des Lebens abgestorben sind, und wir erbitten neue Samen. Manche Seelensamen, um im Bild zu bleiben, sind auf der Erde gar nicht überlebensfähig, das wussten wir vorher nicht. Sie keimen und wachsen besser, wenn wir sie in den feinstofflichen Bereichen lassen, in der Welt der Träume, der Fantasie, wie der Analytiker diese Ebenen bezeichnen würde, in der Welt der Engel, sagen die Lichtarbeiter, in der oberen Welt, meinen die Schamanen.

Ich nutze auch gern dieses Bild: Stelle dir vor, deine Seele besteht aus einer Fülle von verschiedenen Farben. Wenn du auf die Erde kommst, dann hast du ein bestimmtes Bild im Kopf, das du gern malen willst. Du

nimmst also die entsprechenden Farben mit in den Körper hinein. Es kann sein, dass du das Bild eines vergangen Lebens noch zu Ende malen willst, weil es noch nicht ganz fertig ist, oder du möchtest eine kleine Änderung vornehmen. Du bringst auch die Farben mit, mit denen du die unvollendeten Bilder fertig malen kannst, auch wenn sie für dein aktuelles Bild keine Rolle spielen. Du kommst also mit strahlendem Gelb und Grün, mit leuchtendem Rot, mit dem Ocker, das du für das letzte Leben brauchst, weil da noch ein Aspekt fehlt, den du in diesem Leben erledigen willst. Und du bringst Farben mit, die in der Welt der Seele unendlich zauberhaft schimmern, den Engel, das Lichtwesen, das du bist, sehr viel Liebe und das Wissen darum, dass du mit allem eins bist. Diese Farben schimmern in höheren Dimensionen einfach überirdisch schön – und überirdisch sind sie auch. Nicht jede dieser Farben funktioniert auf der Erde, so, wie du auch nicht mit wasserlöslichen Farben unter Wasser malen kannst. Du kommst also mit einer Fülle von Farben – doch eines Tages erkennst du, dass du einige nicht mehr brauchst, weil das Bild, das du zu Ende bringen wolltest, fertig ist. Andere passen einfach nicht hierher, können ihre Schönheit in dieser Erdschwingung gar nicht entfalten. Ein Kugelschreiber funktioniert im Weltall nicht, weil es keine Schwerkraft gibt. Und so funktionieren hier auf der Erde einige Seelenfarben nicht, weil sie zu leicht sind, zu licht, zu fein. Es gibt einfach keine irdische Entsprechung. Dem Kugelschreiber ist es egal, ob er schreibt oder nicht, aber die Seelenfarben, die hier nicht wirken können, bereiten dir ernsthaft Schmerzen. Warum? Sie suchen, um es technisch auszudrücken, ständig ihr Netz. Sie suchen ihre Entsprechung, ihren Ausdruck. Alles, was du mit zur Erde bringst, sucht sich seine Resonanz, gerät in Wechselwirkung mit den Energiefeldern der Erde. Wenn sich keine Resonanzen, keine Wechselwirkungen ergeben, dann spürst du dieses ewige Suchen, diese Leere. Dein emotionales System nimmt das als Schmerz wahr.

Es ist eine unendliche Erleichterung, diese Farben wieder in den multidimensionalen Raum deiner Seele zurückzugeben. Von hier aus können sie ihr Schimmern in dein Leben hineinstrahlen lassen. Aber sie haben nichts auf der Erde zu suchen.

Lass sie gehen. Sie dürfen einfach nach Hause gehen. Sicher und geschützt steigen sie in der Lichtsäule auf, verlassen deinen Körper und kehren heim in deine Seelenflamme. Vielleicht möchten sie auch in die Erde hinabströmen, je nachdem, wohin sie gehören, das musst du nicht wissen.

Es gibt Menschen, die sich der Erde sehr zugehörig fühlen, für diese ist es ein Segen, »nach unten« zu gleiten und ins Herz von Mutter Erde oder in den Ozean zurückzukehren. Schamanisch gesehen sind diese Menschen weniger Engel oder Lichtwesen der Oberen Welt, sondern Naturgeister und Wesenheiten der Unteren Welt. Auch Elfen, Meerjungfrauen und Feen gehören eher in die Untere Welt. Die Seelenaspekte wissen ganz genau, welcher Frequenz sie angehören, so lassen wir sie »nach Hause« gehen. Noch einmal: Das Innere Kind glaubt an all das! Deshalb ist es wirklich hilfreich, mit diesen Bildern zu arbeiten.

Diese Anteile wissen es selbst. Sie brauchen nur deine Erlaubnis, jetzt den Körper zu verlassen und nach Hause zu gehen. Schutzengel und Krafttiere kommen, einfach so, auch ohne dass du sie kennst, und geleiten deine Seelenanteile sicher nach Hause, jetzt.

Woher wissen wir das? Weil wir das sagen, öffnet sich unser Klient für Hilfe, und dann kommt sie auch, bemerkt oder unbemerkt, aus dem Klienten selbst heraus oder vom Himmel herabgeschwebt. Das spielt keine Rolle.

Es kann sein, dass vieles gehen will, lass alles los, wir rufen gleich neue Anteile.

Das sage ich, weil einige Angst haben, dass nichts mehr von ihnen übrig bleibt, wenn sie sich erst einmal selbst loslassen. (Und weil es stimmt, wir rufen gleich neue Anteile.) Ich sage auch: »Du willst nicht sterben. Wenn du wirklich sterben wolltest, würdest du es sowieso tun, deshalb dürfen wir getrost alles heimschicken, was heimwill. Du bleibst dennoch gesund hier.«

Auch der Engel in dir, dem das Leben auf der Erde vielleicht zu schwer ist, darf nach Hause gehen in sein Engelreich und von dort aus wirken.

Die Erfahrung lehrt, dass viele eine Art inneren Engel spüren, einen Anteil, der sehr zart ist, sehr unschuldig und liebevoll. Er will nicht weniger, als die Welt retten, und scheitert natürlich. Nenne ihn, wie du willst und wie du ihn empfindest, meine Klienten kommen sehr gut mit diesem inneren Bild klar.

Wenn alle Anteile, die jetzt gehen wollen, deinen Körper verlassen haben, dann rufen wir neue Seelenaspekte. Seelenaspekte, die jetzt und heute zur Erde, in den Körper kommen wollen, gerade so, als würdest du neu geboren werden. Seelenanteile, die vielleicht noch nie auf der Erde waren, die Lust und Kraft haben, hier zu wirken, und dir ganz neue Fähigkeiten und Erfahrungen schenken.

Neue Samen!

Sicher und geschützt strömen sie in der Lichtsäule zu dir herab, finden ihren Platz in deinem Körper und verändern dein gesamtes Erleben.
Nach einer Weile spürst du, dass der Prozess zum Ende kommt. Bleibe noch ein wenig in der Lichtsäule, ruhe dich aus, und komme dann gestärkt und ganz neu in diesen Raum zurück.

Diese Lichtsäule lässt sich wunderbar in den Zaubergarten, das innere Gewächshaus für die Samen und kleinen Seelenpflänzchen, integrieren. Wenn mein Klient sein Inneres Kind aus einer bedrohlichen Situation herausgeholt, also gerettet und in den Zaubergarten gebracht hat (im Bild der Pflanzen: das kranke, schwache, im Wachstums stehen gebliebene Pflänzchen ausgegraben und in das Gewächshaus gebracht hat, wo es wachsen und gedeihen kann), biete ich immer diese Lichtsäule an.

Ich sage: »Irgendwo in diesem Zaubergarten gibt es eine Lichtsäule. Alle Inneren Kinder, die nach Hause wollen, für die es Zeit ist, die Erde zu verlassen und in das Reich der Engel und des Lichtes heimzukehren, dürfen jetzt die Lichtsäule nutzen, um den Körper zu verlassen. Auch alle Inneren Kinder, die schwere Verluste erlitten haben, die sagen: ›Wenn du gehst, dann gehe ich auch‹, dürfen jetzt in der Lichtsäule aufsteigen oder in die Erde hinabgleiten und ihre geliebten Menschen oder Tiere wiedertreffen. Es kann auch sein, dass dein Inneres Kind in der Lichtsäule nach Hause gehen und dann wiederkommen will, hier im Zaubergarten ist alles möglich.«

Ich mache immer wieder sehr gute Erfahrungen damit, die Inneren Kinder nach Hause gehen zu lassen. Sie werden dadurch nicht abgespalten, im Gegenteil, das ist wichtig zu verstehen. Sie bekommen einfach einen anderen, besseren Platz im Mensch-Seele-System. Müssen wir die Inneren Kinder, die gehen wollen, benennen? Nein. Die Seele weiß selbst ganz genau, welche Aspekte bleiben und welche gehen dürfen. Wir öffnen nur den

Raum, damit sich die Energien neu sortieren. WIE sie sich sortieren, weiß das System selbst am besten. Gleichermaßen wichtig ist es zu erlauben, dass neue Seelenaspekte, auch neue Innere Kinder durch die Lichtsäule in den Zaubergarten und von da aus ins Herz, in den Körper, kommen.

Schwere emotionale Verletzungen, sexueller Missbrauch, die Erfahrung von körperlicher Gewalt und große Verluste bewirken oft, dass ein Anteil des Inneren Kindes apathisch, leblos, wie tot wirkt. Dieses Innere Kind kann nicht in der Lichtsäule aufsteigen, es hat gar nicht mehr die Kraft dazu. Meistens hockt es irgendwo grau und zusammengekauert in einer Ecke, fast nicht mehr atmend und kaum spürbar. Das ist das innere Bild für die völlig resignierten Aspekte der Psyche, für den Teil, der aufgegeben hat und keine Chance mehr auf Glück sieht.

Wenn sich dieses Innere Kind während einer inneren Reise zeigt, dann ist das ein riesiges Geschenk an uns, es vertraut uns. Und es will heilen. Sonst würde es sich erst gar nicht zeigen.

Wenn sich dieses beinah tote Innere Kind zeigt, bitte ich meinen Klienten, zu ihm zu gehen (das mute ich ihm zu, er muss es selbst aus dem Vergessen und aus der Verdrängung holen), doch dann rufe ich auf der Stelle eine Kraft seines Vertrauens. Sei es Mutter Maria, seine eigene Großmutter, Mutter Erde (manche inneren Anteile möchten nach unten gebracht werden), Jesus Christus, seine Schutzengel oder wem auch immer er vertraut. Die meisten Menschen, seien sie religiös oder nicht, vertrauen Mutter Maria. Kommt dein Klient aus einer nicht-christlichen Religion und Kultur, so frage ihn einfach, welchen Kräften er vertraut. Wir rufen also auf der Stelle diese Kraft und legen ihr das halb tote Kind in die Arme, ohne den Umweg über den Zaubergarten zu machen.

»Bitte die Kraft, die dafür zuständig ist, dieses Kind nach Hause zu bringen, damit es im Licht erlöst wird«, sage ich dann, und das funktioniert immer sehr gut. Die Erleichterung, die mein Klient dann erlebt, spricht für sich. Glaube an Seelenheimaten oder nicht – aber probiere es aus. Und wenn es funktioniert, wende es an.

Noch einmal zum Verständnis: Der Klient muss mit unserer Hilfe den Mut aufbringen, sich seinen verletzten Anteilen zu nähern und sie zu halten. Wir holen die verdrängten Anteile ins Bewusstsein, sonst gewinnen wir nichts. Aber er muss sie nicht allein halten und heilen, und darum geht es. Er sorgt für sich selbst, indem er die Anteile bewusst aufsucht, ihre Not wahrnimmt, sie anerkennt, den Mut findet, sie zu fühlen. Doch dann stellen wir ihm hilfreiche Kräfte zur Seite. Nur dann ergibt all das Fühlen und Retten einen Sinn. Unser Klient kann nicht alles allein machen, sonst wäre er den ganzen Tag damit beschäftig, all diese Inneren Kinder zu versorgen, das meine ich ernst. Er holt sie, aber dann bringt er sie an einen sicheren Ort oder bittet hilfreiche Kräfte darum, für die Inneren Kinder da zu sein. Lässt er sich damit nicht schon wieder im Stich, macht er es sich nicht zu einfach? Nein. Im Gegenteil, es ist ein Zeichen für hohe Selbstverantwortung, in der Lage zu sein, um Hilfe zu bitten.

Die Fähigkeit, bewusst um Hilfe zu bitten und das Innere Kind in gute Hände zu geben, liegt in der Großhirnrinde. Das unbewusste Verdrängen und Abspalten dagegen passiert im Stammhirn. Das erste gibt Energie, das zweite kostet Energie. Der Klient ist ja da. Aber er muss nicht mehr alles allein machen.

Wann installiere ich diese Lichtsäule im Zaubergarten? Wenn ich das Gefühl habe, es könnte dem Klienten guttun zu überprüfen, ob es Innere Kinder gibt, die nach Hause gehen wollen. Ich biete diese Lichtsäule immer dann an, wenn ich von einem Verlust weiß, selbst wenn er im Moment nicht Thema ist oder überwunden zu sein scheint. Ich halte es für sinnvoll, diese Lichtsäule einfach Teil des Zaubergartens sein zu lassen. Wenn kein

Seelenanteil gehen will, dann geht auch keiner. Das kann sich immer wieder ändern, so ist es sinnvoll, dieses Werkzeug zu kennen.

Wann lege ich das Innere Kind auf der Stelle (ohne Zaubergarten) Mutter Maria oder einer anderen Kraft in die Arme? Wenn klar ist, dass es gehen will, wenn es grau und leblos ist. Es gibt auch tote Innere Kinder, diese gebe ich auch auf der Stelle »nach oben« oder in die Erde. All das macht nichts, es sind innere Bilder, und es ist ein großes Geschenk, wenn sie sich zeigen. Wir müssen nur wissen, wie wir damit umgehen. Dann können die Leblosigkeit und die Resignation, die untröstliche Traurigkeit das System verlassen.

Zusammengefasst

- ❖ Seelenanteile nach Hause, zurück in die Seelenheimat, zu schicken, wirkt sehr befreiend.
- ❖ Dazu nutzen wir eine Lichtsäule wie eine Art Aufzug.
- ❖ Für die Arbeit mit dem Inneren Kind installieren wir diese Lichtsäule im Zaubergarten.
- ❖ Für sehr traumatisierte Anteile rufen wir eine Kraft des Vertrauens hinzu und bitten diese, das halb tote Innere Kind ohne Umweg nach Hause zu bringen.
- ❖ Bewusstes Nach-Hause-Bringen ist das Gegenteil vom unbewussten Abspalten!

Fülle und Anerkennung: Das ideale Geschenk

»Ich bin es nicht wert, geliebt zu werden.«
»Ich habe es nicht verdient, dass es mir gut geht.«
»Ich bin nie gut genug.«
»Ich bekomme nie, was ich brauche.«

Mangel, Kontrolle, Unzufriedenheit – was hat das mit dem Inneren Kind zu tun? Und wie äußert sich das im Leben? Wenn wir ein enttäuschtes Inneres Kind in uns beherbergen, dann sind wir weniger mutig, weniger kühn, wir haben weniger Hoffnung und trauen uns weniger zu, als möglich wäre. Unser Klient wirkt grau und trist, wenn wir auf seine Hoffnungen und Pläne zu sprechen kommen. Vielleicht macht er einen überaus vernünftigen und bodenständigen Eindruck, aber wir spüren, dass er nicht an seinen Erfolg glaubt, ihn nicht einmal für möglich hält. Das Scheitern und die Enttäuschung sind nicht als eventuelle Möglichkeit einkalkuliert, sondern als zwingende Erfahrung abgespeichert. Zu hoffen, tatsächlich Erfolg zu haben, scheint ihm abwegig und unvernünftig. »Spinnereien« nennt er seine Hoffnungen und Ideale, dabei strahlt sein ganzes Wesen Trauer aus.

Was ist passiert? Oft gab es eine große Enttäuschung. Eine, die nicht hätte sein müssen. Das macht sie so schlimm. Denn auch als Kinder sind wir durchaus in der Lage anzuerkennen, dass etwas nicht geht. Wir wissen, dass uns das Leben immer wieder neue Grenzen setzt. Als Kinder gehen wir permanent konstruktiv mit Grenzen um und versuchen, uns auszudehnen, uns Räume zu erschließen. Wir fallen hin und stehen wieder auf, wir scheitern und machen doch weiter – bis wir Erfolg haben. Wir können laufen, oder? Dann haben wir alles in uns, was wir brauchen: den Antrieb, die Kraft, die Zielstrebigkeit und die Fähigkeit, mit Rückschlägen umzugehen. Rückschläge und Enttäuschungen aber, die wir nicht ver-

stehen, weil sie uns niemand erklärt, lassen uns hoffnungslos werden. Denn das Kind fühlt sich einfach nicht wahrgenommen.

Ein Beispiel:

Du hast einen echten Herzenswunsch, sagen wir, du möchtest einen Hund haben. Doch deine Mutter hat eine Tierhaarallergie, außerdem dürft ihr in eurer Wohnung keinen Hund halten. Das weißt du, du bekommst es erklärt. Das sind echte Gründe, mit denen dir das Leben eine Grenze setzt. Weil du spürst, dass die Gründe wahrhaftig sind, kannst du damit umgehen, auch wenn du enttäuscht bist. Wenn du nun allerdings nicht in ein Tierheim gehen und mit den Hunden dort (natürlich unter Wahrung der Aufsichtspflicht) spielen darfst, wenn du nicht mit Nachbars Hund Gassi gehen darfst, obwohl es möglich wäre, dann wird aus einer echten Grenze ein willkürliches Verbot. Und das kannst du auf die Dauer nur als »Das Leben ist gemein, und ich bekomme nicht, was ich will« interpretieren, denn es stimmt! Wenn dir das Leben die Erfüllung eines Herzenswunsches versagt, weil es einfach nicht geht, dann ist das bitter. Aber wir sind widerstandsfähig und durchaus in der Lage, mit dem, was ist, umzugehen. Wenn du aber aus reiner Willkür, aus Gründen, die eher mit Unachtsamkeit oder übertriebener Angst der Eltern zu tun haben, Enttäuschung erlebst, dann weiß das System nicht, was es damit machen soll. Du wirst, um es ganz krass zu sagen, an deiner Entfaltung gehindert, ohne dass du es verarbeiten kannst. Also beziehst du die Nichterfüllung letztlich auf dich, anders geht es gar nicht – deine Hirnreifung lässt noch nichts anderes zu. Außerdem tut es einfach zu weh, aus nichtigen Gründen ein Nein zu hören – und es macht wütend! Käme zu der Enttäuschung noch die Unterdrückung dieser Wut oder gar Verachtung hinzu, gefolgt vom Gefühl der Ohnmacht, würde das System noch mehr Energie verlieren. Also setzt die Verdrängung ein.

Lassen wir die Gründe außen vor, hier geht es nicht um Schuldzuweisung. Es ist einfach wichtig zu wissen, dass die unbegründete, unbegründbare und wiederholte Nichterfüllung von Herzenswünschen sehr viel Schaden anrichten kann.

Noch klarer wird das, wenn wir uns anschauen, wie unendlich wertvoll die Erfüllung eines Herzenswunsches für das ganze System ist. Ich habe das ganz deutlich erlebt, als ich acht Jahre alt war. Meine Schwester und ich gingen mit unserer Großmutter kurz vor Weihnachten in die Stadt, wir durften uns in der Spielzeugabteilung umschauen und einen Wunschzettel schreiben. Auf einmal sah ich sie: die schönste Puppe der Welt. Ich verliebte mich auf der Stelle in diese Puppe, nahm sie in den Arm und sagte ihr, dass sie bald bei mir sein würde, und dann würde ich für sie sorgen und mit ihr spielen. Meine Großmutter blickte heimlich auf das Preisschild. Zum Glück kannte ich den Blick meiner Großmutter, und die Puppe lag in der Preisklasse, die sie sich leisten konnte. Ich freute mich wie verrückt auf diese Puppe und konnte sie kaum im Laden lassen, es tat mir richtig weh. Trotzdem wusste ich bis Weihnachten nicht, ob ich sie wirklich bekommen würde oder nicht. Als ich die Schachtel öffnete und meine Annemarie (ich las damals sehr viel »Nesthäkchen«) darin lag, war ich so glücklich wie selten in meinem Leben. Nicht nur, weil ich die Puppe bekommen hatte. Sondern weil auf meine Großmutter Verlass gewesen war, weil sie mich ernst genommen und erkannt hatte, wie unglaublich viel mir an dieser Puppe lag. Ich bin heute noch zutiefst dankbar, dass sie erkannt hat, wie wichtig dieses Geschenk für mich war. Und dass sie mich genug liebte, um mir diesen echten Herzenswunsch zu erfüllen. Hätte ich sie damals nicht bekommen, würde ich sie mir unbedingt heute kaufen. Es wäre ein echter Verlust gewesen, wirklich.

Einige Wünsche müssen einfach erfüllt werden, damit das Kind spürt, dass es wichtig ist. Nicht die kurz aufflackernden, von denen sich ein Kind

auch wieder leicht ablenken lässt. Aber wenn sich ein Kind immer wieder das Gleiche wünscht, dann richtet es tatsächlich Schaden an, ihm diesen Wunsch nicht zu erfüllen, auch wenn es irgendwie möglich wäre. Denn es gibt laut Gary Chapman fünf Sprachen der Liebe, fünf Arten, wie man Liebe zum Ausdruck bringen kann. Das sind:

Lob und Anerkennung
Hilfsbereitschaft
Zärtlichkeit
Zweisamkeit
Herzensgeschenke

Sicherlich gibt es noch einige andere. Aber ganz bestimmt gehören Geschenke dazu. Ein Kind spricht all diese Liebessprachen mehr oder weniger ausgeprägt.

Die vorherigen Werkzeuge dienen in erster Linie dazu, das Innere Kind zu retten und ihm einen guten Platz zu geben, damit es sicher und geschützt ist. Es geht darum, es zu hören, es zu ermutigen, bei ihm zu sein, ihm zu helfen. Wir haben also einige der Liebessprachen bereits genutzt.

Wenn sich ein Klient nichts gönnen kann, dazu gehört durchaus, auch einfach einmal eine Auszeit zu nehmen, sich zu entspannen, nichts zu tun, wenn jemand gar kein Gefühl für das hat, was ihm Freude bereiten würde, dann ist es hilfreich, nach der Sprache der Geschenke zu schauen. Denn oft genug ist ihm als Kind ein großer Herzenswunsch nicht erfüllt worden. Nun lassen sich nicht alle Herzenswünsche erfüllen, es gibt echte, gute Gründe. Erklärt man einem Kind, warum sich ein Wunsch nicht erfüllen lässt, obwohl man es dem Kind so sehr gönnt, dann kann es mit der Enttäuschung umgehen. Es erkennt, dass die Nichterfüllung nicht an ihm liegt, und fühlt sich gehört und gesehen. Wenn sich aber wichtige Wünsche ohne Kommentar nicht erfüllen, und das mehrfach, dann bekommt ein Kind das Gefühl, dass es nicht gehört wird, dass es nicht wichtig ist. Vor allem aber verliert es den Mut. Es hat gehofft und sich gefreut, war vielleicht brav, um den Weihnachtsmann nicht zu verärgern. Es hat also bereits etwas getan, es hat sich vorbereitet. Es hat gesagt, was es wollte. Wenn der Wunsch dann nicht erfüllt wird, fühlt sich das Kind enttäuscht, und es verliert die Hoffnung, dass das Leben auf seiner Seite ist. Es wird nicht gehört, und es lernt, dass seine Wünsche entweder zu kompliziert und zu schwer zu erfüllen sind oder dass sie nicht wichtig sind, meistens beides. Das lässt sich nicht ändern, Eltern tun in der Regel ihr Bestes.

Doch heute können wir dem Kind geben, was es damals so dringlich haben wollte, heute können wir dem Kind vermitteln: Du bist wichtig, ich sehe dich, und ich nehme deine Wünsche ernst.

Wenn ein Klient nicht in der Lage ist, gut für sich zu sorgen, sich ausnutzen lässt, coabhängig ist, sich selbst immer wieder ausbeutet, dann arbeite ich also auch mit dem Herzenswunsch des Inneren Kindes.

Wir haben verschiedene Möglichkeiten, für das Innere Kind zu sorgen.

Übung: Die Herzenswünsche des Inneren Kindes
Technik: Der leere Stuhl

Wir fragen es auf dem leeren Stuhl, was es sich schon so lange wünscht, entweder vor Jahren als Kind oder auch heute. Und dann bitten wir unseren Klienten, dem Kind genau das zu schenken, wenn es irgendwie in seiner Macht steht. Es lohnt sich, sich für das Innere Kind ein wenig Mühe zu machen. Dadurch verschwindet nach und nach das Gefühl, wertlos zu sein und nichts verdient zu haben.

Ich halte nicht viel von den Aussagen »Das habe ich verdient« oder auch »Das habe ich nicht verdient«, denn wer entscheidet das? Und welche Kriterien liegen dieser Aussage zugrunde? »Verdienen« wir es tatsächlich, dass es uns gut geht, wenn wir uns anschauen, wie achtlos wir mit vielem umgehen? Du verstehst, was ich meine. Das Konzept »etwas zu Verdienen« funktioniert nicht, weil es auf tönernen Füßen steht. Aber wir können entscheiden, gut für uns zu sorgen, einfach so.

Ich gebe meinem Klienten den Auftrag mit nach Hause, für sein Inneres Kind einkaufen zu gehen: das Spielzeug, das es schon immer haben wollte, für den Teenager die Jeans oder auch das Ballkleid, den schwarzen Nagellack, was auch immer. »Gehe in ein Tierheim, und suche dir einen Patenhund«, sage ich, wenn es um ein Tier geht und irgendwie machbar ist – wie machbar etwas ist, hängt durchaus sehr davon ab, wie ernst mein Klient sein Inneres Kind heute nimmt. Ich bin da sehr nachdrücklich, denn es hilft nicht, es schon wieder nicht wahrzunehmen. Jede Mühe, die wir uns für das Innere Kind machen, lohnt sich, und Erwachsenen-Ausreden sind eben auch nur das: Ausreden.

»Bekommt das Innere Kind nicht das, was es sich tief und aus ganzem Herzen wünscht, dann beschwichtigen wir uns meistens mit Ersatzhandlungen. Und das ist wirklich Energieverschwendung. Geben wir ihm doch lieber gleich, was es braucht«, erkläre ich meinem Klienten.

Übung: Der Wunschzettel

Ich gebe meinem Klienten einen Zettel, einen Stift und Zeit.

»Bitte dein Inneres Kind, dir zu zeigen, wo es sich im Moment im Körper aufhält«, sage ich, »und wenn du es fühlst, lege bitte deine Hände auf die Körperstelle.« (So sehe ich, ob mein Klient sein Inneres Kind tatsächlich wahrnimmt oder nicht. Fühlt er es nicht, kann er auch nicht die Hände auf eine Körperstelle legen und tut das in der Regel auch nicht.)

»Nun schenke deinem Inneren Kind ein Lächeln und ein Ja«, sage ich. »Und dann vollende bitte laut den Satz: Wenn ich Ja sage zu meinem inneren Kind ... Was passiert, was fällt dir dazu ein? Wenn ich Ja sage zu meinem inneren Kind, dann ...«

»... fühle ich mich frei.«
»... muss ich lächeln.«
»... spüre ich, wie traurig ich bin.«

Und so weiter. Dieser Satzbeginn ist wie ein Spaten, mit dem wir tiefer in unser Unbewusstes hineingraben können. Ich lasse meinen Klienten diesen Satz ein paar Mal wiederholen, damit er stabilen Kontakt zu seinem Inneren Kind bekommt. Diese Technik kannst du natürlich immer anwenden, nicht nur in Bezug auf Fülle. Wenn mein Klient in gutem Kontakt zu seinem Inneren Kind ist, dann bitte ich ihn, es nun einen Wunschzettel schreiben zu lassen, einen Wunschzettel mit all den unerfüllten Herzenswünschen. Egal, wie albern ihm, dem Erwachsenen, diese Wünsche auch erscheinen mögen, für sein Inneres Kind sind sie real und wichtig. Der reife Erwachsene nimmt die Wünsche seines Inneren Kindes sowieso ernst und beschämt es nicht schon wieder. Wenn der Wunschzettel fertig geschrieben ist, dann gehen wir diese Wünsche Punkt für Punkt durch, und ich frage, ob sich einiges davon in die Tat umsetzen lässt. Diese Wünsche zu erfüllen ist die Hausaufgabe.

Was geschieht dadurch? Mein Klient lernt, für sich zu sorgen, sich Mühe für sich selbst zu machen und sich über seine Scham, die sich oft durch eine Art Gleichgültigkeit und Taubheit sich selbst gegenüber ausdrückt,

zu überwinden. Er zeigt sich selbst durch diese Geschenke, dass er sein Inneres Kind ernst nimmt, anerkennt und liebt, dass es ihm wichtig ist. Und damit füllt er sein Selbstwertkonto in hohem Maße. Noch einmal: Es geht dabei um die Herzenswünsche des Inneren Kindes, nicht darum, sich noch ein Statussymbol zur scheinbaren Erhöhung des eigenen Selbstwertes zu kaufen.

Übung: Märchenstunde

Ich lese ein Märchen vor. Ich sage meinem Klienten: »Es gibt ein in meinen Augen sehr gründlich missverstandenes Märchen, das wir uns anschauen sollten, um das Prinzip von Fülle zu verstehen: Sterntaler.«

Die Sterntaler von den Brüdern Grimm

Es war einmal ein kleines Mädchen, dem waren Vater und Mutter gestorben, und es war so arm, dass es kein Kämmerchen mehr hatte, darin zu wohnen, und kein Bettchen mehr hatte, darin zu schlafen, und endlich gar nichts mehr als die Kleider auf dem Leib und ein Stückchen Brot in der Hand, das ihm ein mitleidiges Herz geschenkt hatte. Es war aber gut und fromm. Und weil es so von aller Welt verlassen war, ging es im Vertrauen auf den lieben Gott hinaus ins Feld. Da begegnete ihm ein armer Mann, der sprach: »Ach, gib mir etwas zu essen, ich bin so hungrig.« Es reichte ihm das ganze Stückchen Brot und sagte: »Gott segne dir's«, und ging weiter. Da kam ein Kind, das jammerte und sprach: »Es friert mich so an meinem Kopfe, schenk mir etwas, womit ich ihn bedecken kann.« Da tat es seine Mütze ab und gab sie ihm. Und als es noch eine Weile gegangen war, kam wieder ein Kind und hatte kein Leibchen an und fror: Da gab es ihm seins; und noch weiter, da bat eins um ein Röcklein, das gab es auch von sich hin. Endlich gelangte es in einen Wald, und es war schon dunkel geworden, da kam noch eins und bat um ein Hemdlein, und das fromme Mädchen dachte: »Es ist dunkle Nacht, da sieht dich niemand, du kannst wohl dein Hemd weggeben«, und zog das Hemd ab und gab es auch noch hin. Und wie es so stand und gar nichts mehr hatte, fielen auf einmal die Sterne vom Himmel und waren lauter blanke Taler; und ob es gleich sein Hemdlein weggegeben, so hatte es ein neues an, und das war vom allerfeinsten Linnen. Da sammelte es sich die Taler hinein und war reich für sein Lebtag.

»Stelle dir nun bitte vor, du seiest dieses Kind im Märchen und die Sterne fielen vom Himmel herab. Würdest du denn die Sterntaler aufsammeln? Und zwar alle? Würdest du dir erlauben, sie dir einfach zu nehmen?«

Die meisten Klienten zögern hier.

»Sammle bitte alle Sterntaler in Gedanken auf, einfach so, weil sie da sind. Es sind deine Sterntaler, einem anderen nutzen sie nichts. Während du sie aufsammelst, erkennst du, welche Sterntaler es in deinem Leben bereits gibt, welche Gelegenheiten du ergreifen darfst. Es sind deine Gelegenheiten, deine Chancen. Das Mädchen gibt ganz leicht alles her, aber es nimmt sich genauso selbstverständlich und ohne zu fragen alles, was auf seinem Weg liegt. Das Märchen scheint auszusagen, dass man erst ›gut‹ sein muss, um beschenkt zu werden, aber darum geht es hier nicht. Sondern um Hoffnung, darum, dass du dann, wenn du glaubst, alles verloren zu haben, genauso plötzlich wieder alles bekommen kannst. Aber nicht weil du alles verloren hast, sondern weil das der Lauf der Dinge ist. Du musst dir Fülle nicht verdienen, du darfst sie nehmen, wenn sie kommt.«

Oft hilft es unseren Klienten bereits sehr, mental zu verstehen, dass wir uns die Hilfe, die Fülle nicht erst verdienen müssen, indem wir unser

letztes Hemd hergeben, sondern dass wir dem natürlichen Fluss vertrauen dürfen. Das kann das Innere Kind nur dann, wenn wir genauso bereitwillig nehmen, wie wir geben. Bei den meisten hapert es am Nehmen. Deshalb ist es so wichtig, die Wünsche des Inneren Kindes, auch die materiellen, zu erfüllen.

Innere Reise: Dein ideales Geschenk

»Mache es dir bitte bequem, schließe deine Augen, und bitte darum, dass vor deinem inneren Auge eine Lichtsäule entsteht. Sie ist flirrend hell, leuchtend weiß, vielleicht auch strahlend warm und golden, so, wie es jetzt für dich richtig ist. Wenn du magst, dann stelle dich in die Lichtsäule hinein. Genieße das wundervolle, heilende und reinigende Licht, und erlaube ihm, dich zu durchströmen, so, dass alles Alte, Schwere nun von dir abfallen oder wie Rauch in der Lichtsäule aufsteigen kann. Du entspannst dich mehr und mehr, du erlaubst, dass die Bereiche, in denen du dich im Mangel fühlst, noch einmal fühlbar werden, egal, um was es sich handelt. Überall da, wo du das Gefühl hast, dass du viel zu viel geben, viel zu viel tun musst, um einen kleinen Lohn zu erhalten, sei es Dank, Liebe, Geld oder etwas anderes, spüre bitte noch einmal hinein, lass deine Gefühle zu, und erkenne, wie schwer es in Wahrheit ist, immer nur zu geben. Spüre deine Müdigkeit, und erlaube auch ihr, wie Rauch in der Lichtsäule aufzusteigen.

Rufe das Innere Kind zu dir, das glaubt, immer geben zu müssen, damit es geliebt wird, und nimm es in den Arm. Sage ihm, dass von nun an alles anders wird, dass es nun endlich bekommt, was es braucht.

Bitte nun dein Inneres Kind, dir eine Szene zu zeigen, in der es bitterlich enttäuscht wurde. Erlaube, dass du in deine Kindheit geführt wirst und dass dir dein Inneres Kind zeigt, was passiert ist, egal, ob du dich bewusst daran erinnerst oder nicht. Es kann sein, dass du nun ein Weihnachtsfest oder einen Geburtstag wahrnimmst, den du völlig vergessen hast, weil dir dein Wunsch nicht wirklich wichtig vorkam oder weil du ihn längst innerlich beiseitegeschoben hast. Vielleicht aber erscheint auch eine Szene, an die du dich sehr gut erinnerst und die dir immer wieder wehtut, wenn du daran denkst. So gehe hinein in diesen Geburtstag, in das Weihnachten, und spüre noch einmal die Enttäuschung. Was hast du dir gewünscht, was hast du nicht bekommen? Weißt du es noch? Es kann etwas Materielles sein, ein Spielzeug, vielleicht auch ein Tier. Es kann aber auch ein Gefühl sein, eine Art von Geborgenheit, die dir gefehlt hat, vielleicht gar deine Mutter oder dein Vater. Spüre noch einmal deine Gefühle – und nun gehe als Erwachsener in diese Situation hinein, nimm das Kind in den Arm, oder gehe zu ihm, und sage ihm, dass es einen Ort gibt, an dem all seine Wünsche und Sehnsüchte erfüllt werden, ganz leicht.

Nun stelle dir nun bitte eine traumhaft schöne Landschaft vor, und bitte das Kind, mit dir zu kommen. Es gibt einen Weg in dieser Landschaft, und ihr geht ihn entlang. Vielleicht trägst du das Innere Kind, vielleicht nimmt es deine Hand, vielleicht aber springt es auch vergnügt vor dir her. Die Natur wird immer geheimnisvoller, magischer, immer schöner. Du fühlst dich wie in einem besonders geheimen Teil deiner inneren Landschaft, und so ist es auch. Auf einmal kommt ihr an ein Tor. Ein Wächter steht davor, er ist groß und machtvoll.

›Was ist dein Begehr?‹, fragt er dich mit ernster Stimme, und du antwortest wie immer: ›Ich bringe mein Kind nach Hause‹.

Augenblicklich öffnet sich das Tor, und du betrittst den Zaubergarten des Inneren Kindes.

Diesmal sieht er anders aus – es ist Weihnachten!«

Oder: »Diesmal sieht er anders aus – da steht dein Geburtstagstisch (selbst wenn du gar nicht Geburtstag hast)!«

Wir reden ja während der Reise mit unserem Klienten und wissen, bei welcher Gelegenheit sein Inneres Kind so enttäuscht wurde.

Weihnachten:

»Ein wunderschöner, reich geschmückter Baum steht hier, Elfen und Engel wuseln geschäftig herum und verteilen die letzten Geschenke unter dem Baum. Er ist genau so geschmückt, wie du es entweder kennst und liebst oder wie du es dir als Kind immer gewünscht hast – der perfekte, ideale Baum, und dein Inneres Kind lacht glücklich auf.«

War es der Geburtstag oder eine andere Gelegenheit, dann lassen wir den Baum natürlich weg.

»Nun erscheint der Hüter des Zaubergartens, der große, helle Engel, den du vielleicht schon kennst, und überreicht dem Kind ein Geschenk in einer zauberhaften Verpackung. Dein Inneres Kind nimmt es an und öffnet es gespannt – es ist genau das, was du dir als Kind so sehnlich gewünscht und nie bekommen hast, egal, ob du dich noch daran erinnerst oder nicht. Es ist das Geschenk, welches einen Unterschied ergeben hätte, hättest du es bekommen, das Geschenk, welches dir das Vertrauen zurückgibt, das Vertrauen, dass alles, was dein Herz wirklich begehrt und braucht, auch für dich da ist. Es ist das Geschenk, das die Wunde des inneren Mangels heilt, das dir die Fähigkeit zurückgibt, zu nehmen und zu vertrauen. Es ist genau das Geschenk, das du gebraucht hast, um zu wissen: Das Leben liebt dich. Jenes Geschenk, welches die alten Wunden ein für alle Mal heilt und dein ganzes Leben verändert, weil du spürst, dass das Leben auf deiner Seite ist und dass du das, was du brauchst, auch ganz leicht bekommst, weil das Leben einfach weiß, was dich erfüllt und ausmacht.

Dieses Geschenk macht alles wieder gut, es kann etwas Materielles sein, vielleicht aber ist es auch eine Situation, eine Energie, vielleicht gar ein verloren geglaubter Seelenanteil oder etwas anderes. Es ist genau die Kraft, die du brauchst, um von nun an im Vertrauen auf die Geschenke des Lebens weitergehen zu können.

Lass nun die Kraft dieses Geschenkes in dich hineinströmen, es füllt all die Lücken, die durch die Nichterfüllung entstanden sind. Du spürst, wie etwas in dir ankommt, heilt, zur Ruhe kommt, und du wirst bereit, die Geschenke des Lebens nun anzunehmen.

Du entspannst dich mehr und mehr, und du erkennst, dass es viel mehr Reichtum und Fülle in deinem Leben gibt, als du bisher angenommen oder erkannt hast. Das Innere Kind darf, wenn es das will, im Zaubergarten bleiben, und es schickt von hier aus seine liebevolle Kraft in dein Herz und in dein Leben.

Du selbst kehrst mit deiner Aufmerksamkeit in deiner eigenen Zeit zurück in den Raum, in dem du dich befindest. Was immer du brauchst und dir wünschst: Nimm die Wünsche bitte ernst, und halte nach jenen Gelegenheiten Ausschau, um sie dir zu erfüllen. Das Leben ist auf deiner Seite, du brauchst nur die Augen offen zu halten.«

Damit das Innere Kind Nachhaltigkeit erfährt, bitten wir unseren Klienten, dem Kind dieses Geschenk, wenn es irgendwie möglich ist, tatsächlich zu kaufen, nicht nur in Gedanken, sondern real. Das Innere Kind ist kein psychisches Konstrukt, sondern ein echter, körperlicher und emotionaler Anteil unserer Wirklichkeit und braucht deshalb auch konkrete, reale Handlungen und Erfahrungen. Was passiert in der Amygdala? Das, was wir immer anstreben. Wir geben dem Kind eine neue, positive emoti-

onale Erfahrung an die Stelle, an der Enttäuschung und die daraus resultierende Mutlosigkeit standen. Und weil die Amygdala mit dem Wurzelchakra in Verbindung steht, kommt unser Klient, wenn sein Inneres Kind erfüllt ist, ein Stück mehr auf der Erde und in seinem eigenen, selbst bestimmten Leben an.

Zusammengefasst

- ❖ Herzensgeschenke zu machen ist laut Gary Chapman eine Sprache der Liebe.
- ❖ Bleiben wichtige Geschenke aus, verliert das Innere Kind aus Enttäuschung den Mut, Neues zu wagen (Das wird ja doch nichts … Seien wir realistisch …).
- ❖ Das Innere Kind braucht Ermutigung und das Gefühl, wertvoll zu sein und geliebt zu werden. Wir ermutigen unseren Klienten (in einem für ihn vernünftigen Rahmen), sich selbst das Geschenk zu kaufen, das er sich als Kind gewünscht hat. Denn es ist nie zu spät für die Erfüllung eines Herzenswunsches!
- ❖ Dadurch erfährt die Amygdala, die wir ja erreichen wollen, Befriedung und löscht die Enttäuschung und die dazugehörigen Schmerzvermeidungsmuster. Der Klient wird mutiger, weil hoffnungsvoller, etwas Neues zu wagen und auf Erfolg zu setzen, das Wurzelchakra wird stabiler.
- ❖ Dadurch reift der innere Erwachsene und lernt, Verantwortung für das Innere Kind und damit Selbstverantwortung zu übernehmen.

Die Ahnen erlösen

Es gibt viele Klienten, bei denen wir spüren: Die Lasten, die sie tragen, sind riesig. Diese Schwere kann nicht nur durch eigene Erfahrungen entstanden sein. Woher wissen wir, dass wir mit den Ahnen arbeiten müssen? Wenn wir uns dem Klienten mit der Frage »Worum geht es wirklich?« gegenüberstellen, also die »diagnostische« Aufstellung machen, über die wir zu Beginn gesprochen haben, dann spüren wir, wie uns etwas massiv nach hinten oder zur Seite zieht. Oft wird es kalt im Raum, wenn die Ahnen da sind.

Ich arbeite immer mit den Ahnen, wenn ein Klient einige Male kommt, denn die Wahrscheinlichkeit, dass er das Schicksal der Ahnen mitträgt, ist sehr groß, zumal bei unserer deutschen und auch österreichischen Vergangenheit. Deutlich wird es, wenn eine Familie, eine ganze Sippe oder gar ein Volk aus ihrer ursprünglichen Heimat vertrieben wurde. Die nachfolgenden Generationen bekommen oft im wahrsten Sinne des Wortes keinen Fuß mehr auf den Boden, zumindest nicht, ohne sich über Gebühr anzustrengen. Sie sind schlichtweg nicht mehr geerdet, nachdem ihnen die Wurzeln gewaltsam weggerissen wurden, und so fühlen sie sich auch. Es gibt eine Menge Bücher und Studien über »Die Kinder der Kriegskinder«, und die Wissenschaft hat unterdessen herausgefunden, dass und auch wie Traumata vererbt werden. (Interessiert dich das, dann informiere dich unter dem Stichwort »Mikro RNS«.) Ahnenarbeit ist also nicht nur wichtig für Schamanen, sondern auch für die klassischen therapeutischen Herangehensweisen.

Wir wissen, dass Kinder versuchen, das Familiensystem auszugleichen, dass sie sich an den Platz stellen, der leer ist, an dem etwas fehlt. Kinder übernehmen immer die Rolle, die nötig ist, um das Familiensystem zu harmonisieren, mehr oder weniger erfolgreich. Sie erfüllen Erwartungen,

die entweder ausdrücklich ausgesprochen werden oder unterschwellig, oft sogar unbewusst im Raum stehen. Warum tun Kinder das? Um zum einen sicherzustellen, dass das System, das sie versorgen soll, so stabil wie nur möglich ist. Zum anderen aber gibt es die spirituelle Sicht der Dinge.

Im Schamanismus sagt man: Die Kinder sind die Speerspitzen der Ahnen. In der Psychologie weiß man, dass der Segen der Eltern, aber auch der Großeltern für das Gelingen eines Lebens wesentlich ist. Die Körpertherapeuten wissen, dass die Ahnen den Nieren zugeordnet sind und somit dem Wurzelchakra. Eine Ahnenreihe, die ein schweres Schicksal, womöglich gar eine Schuld teilt, schwächt uns ganz konkret an unserer eigenen Wurzel.

»Warum bin ich denn dafür zuständig, dieses Schicksal zu erlösen?«, fragen Klienten manchmal ziemlich verzweifelt und grübeln, was sie denn verbrochen haben. Ich sage dann immer: »Weil du es kannst. Weil du ausgebildet bist, die Dinge verstehst, keinen Krieg führst oder überleben musst, weil du es warm hast und genug zu essen. Deshalb. Einfach, weil du es kannst. Mehr Argumente braucht das Leben nicht.« Und mehr Argumente braucht auch die Seele nicht.

Wir sind bewusst oder unbewusst beladen mit all den Schicksalen, die unsere gesamte Ahnenreihe durchlebt und getragen hat. Wenn wir uns mit Reinkarnation befassen, erkennen wir oft, dass wir selbst maßgeblich an der Bildung dieses Schicksals beteiligt waren. Wir tragen das Schicksal der ausgestoßenen Ahnen, derer, die eben nicht gesehen wurden. Wir sind gekommen, um das ganze Ahnengefüge zu erlösen und zu harmonisieren. Dieses geht oft sehr weit zurück. Ich habe Klienten, die sich schuldig fühlen, Jesus ans Kreuz genagelt zu haben. Klingt das absurd? Nun, einer hat es getan, oder? Und egal, was man glaubt, es gibt ein kollektives Schuldempfinden, wir Deutschen wissen das sehr genau.

Wir kommen an dieser Stelle kognitiv nicht weiter. Warum nicht? Weil wir nicht wissen können, was wir unserem Klienten zu sagen haben. Wissen wir, ob er in einer früheren Inkarnation genau das getan hat, wofür er sich schuldig fühlt? Wissen wir, ob er sich nicht selbst verflucht hat, damals, 1654? »Ich verfluche deine Kinder und Kindeskinder …« Das kann auf einen selbst zurückfallen. Wissen wir, ob das Schicksal, das er trägt, nicht genau jenes ist, welches er zu erlösen versprochen hat? Nein. Nicht sicher genug, um kognitiv zu arbeiten. Wir haben unser Glaubenssystem, er hat seins, und wer sind wir, zu bewerten, welches das Vernünftigere ist? Erlösen wir es einfach, egal, was wir glauben.

Muss mein Klient wissen, welches Schicksal er trägt, damit wir es erlösen können? Nein. Meistens weiß er es auch nicht. Ich habe eine innere Reise entwickelt, mit der wir das Ahnenschicksal sehr effektiv erlösen können, sie gehört zu den Basiswerkzeugen meiner Arbeit. Diese Reise bezieht sich nicht ausdrücklich auf das Innere Kind, ich würde es auch nicht auf dieser Reise rufen. Es kann sein, dass die Lasten für es einfach zu schwer wären. Ahnenarbeit ist immer angezeigt, wenn es um das Innere Kind geht. Wir können die nachfolgende innere Reise auch sehr gut als Ritual anwenden, in der Gruppe oder einzeln. Nach der Reise sage ich, wie.

Innere Reise: Die Erlösung der Ahnenreihe

Lies dir die Reise bitte durch, und streiche einfach alles, was nicht zu deiner Arbeit und deinem Glaubenssystem passt! Ich wende diese Reise auch immer dann an, wenn Eltern wegen ihrer Kinder kommen. Denn so gut wie immer tragen Kinder das Schicksal weiter und zeigen durch auffälliges Verhalten, dass es Zeit wird, dieses Schicksal zu erlösen.

Erlaube dir, dich zu entspannen, es gibt nichts mehr für dich zu tun, lass alles in dir sein, wie es gerade ist, folge deinen inneren Bildern und Gefühlen. Vertraue dem, was du in dir wahrnimmst. Stelle dir bitte ein Tor vor, das kann ein Steintor sein, vielleicht ein goldener Lichtbogen, ein natürlich gewachsenes Tor aus Bäumen – oder etwas ganz anderes. Du gehst hindurch und befindest dich auf einmal in einer anderen Welt, einer Welt, in der die Dinge eine tiefere Bedeutung haben. Du befindest dich in einer Landschaft. Vor dir liegt ein Weg, und du entscheidest dich, ihn zu gehen. Du gehst den Weg weiter und bemerkst auf einmal ein großes Feuer. Um dieses Feuer herum sitzen sehr viele Wesen, vielleicht kennst du einige von ihnen. Schaue einfach hin, und lass es sein, wie es ist. Ein Platz ist noch frei.

Eine sehr große, lichtvolle Wesenheit erscheint aus dem Feuer heraus und sagt dir: »Dies ist deine Ahnenreihe, und ich bin der Hüter eures Schicksals. Hier findest du auch Inkarnationen deiner selbst, wenn du noch etwas für sie trägst.«

Das große, machtvolle Wesen führt dich an den freien Platz, und du setzt dich ans Feuer. Alle, die um das Feuer herumsitzen, verneigen sich vor dir. Die Stimmung ist sehr feierlich, sehr kraftvoll. Das große Wesen, das dich willkommen geheißen hat, sagt dir: »Seit Anbeginn der Zeit trägt deine Linie eine besondere Aufgabe, eine schwere Last. Deine Eltern, deine Großeltern, all deine Ahnen, vielleicht auch deine Geschwister, ganz bestimmt aber deine Kinder tragen bereits diese schwere Last. Sie ist euch so vertraut, dass ihr sie vielleicht gar nicht bewusst wahrnehmt, und doch spürt ihr immer wieder, dass das Leben manchmal leichter sein dürfte, freier und erfüllter. Ihr habt eure Aufgabe erfüllt, ihr habt all die Erfahrungen gemacht, zu denen ihr euch bereit erklärt habt, und es wird Zeit, sie loszulassen. Wir danken dir von Herzen, denn du bist der Teil deiner Ahnen, der dieses Schicksal ein für alle Mal beendet.«

Du spürst in dich hinein, lässt dir Zeit, um zu erkennen, wo in deinem Körper sich diese ganz besondere Last aufhält, und auf einmal erkennst du, es stimmt. Du trägst eine Last, auch wenn sie dir sehr vertraut ist, du spürst, wo sie sich befindet und welche Auswirkungen sie auf dein Leben hat. Vielleicht war dir bislang nicht bewusst, was du trägst, oder die Energie ist dir so vertraut, dass du dachtest, das Leben sei einfach so. Vielleicht weißt du nicht einmal genau, worin diese Last besteht, aber du spürst, du bist bereit, sie loszulassen.

Nun öffne bitte deine Hände, und stelle dir deine Kinder vor, vielleicht sogar deine Enkelkinder. Wenn du keine hast, so gibt es vielleicht Nichten und Neffen, die zur Ahnenreihe gehören, die du miterlösen möchtest. Halte deine Hände geöffnet, und bitte die Kinder und auch deine Tiere, dir jetzt alles zurückzugeben, was sie bereits für diese Ahnenreihe tragen. In Form von Energie, von Symbolen, vielleicht einfach von Schwere – nimm es an, lass dir alles zurückgeben, was du, ohne es jemals zu wollen, bereits weitergegeben hast. Du kannst das nicht vermeiden, du darfst es aber jetzt beenden.

Irgendwann spürst du, dass deine Kinder oder Enkel, deine Nichten und Neffen dir alles zurückgegeben haben, was heute erlöst werden darf.

Jetzt lass bitte alles, was du selbst trägst, in deine Hände fließen, vielleicht als Symbol, vielleicht wie ein Schatten oder wie ein Energieball, vielleicht wie ein Stein. Das kann eine Weile dauern. Du trägst jetzt die Last deiner Kinder und deine eigene in den Händen – die Last, die auch deine gesamte Ahnenreihe trägt.

Und dann wende dich deiner Mutter oder deinem Vater zu, je nachdem, wer da ist, und gib ihm oder ihr die Last zurück. Sage ihm oder ihr: »Ich habe das für die ganze Ahnenreihe getragen, und auch du trägst das für uns alle. Ich gebe es dir zurück, aber nur, damit du deine Schwere, deine

Energie, das, was du trägst, mit hineinfließen lassen kannst. Füge deine Last hinzu, und gib sie dann im Ahnenkreis weiter.«

Deine Mutter oder dein Vater nimmt die schwere Kugel und lässt jetzt alles in die Kugel hineinfließen, was sie oder er trägt, bewusst und unbewusst. Wenn alles aus ihr oder ihm herausgeflossen ist, gibt auch sie oder er die Kugel weiter an ihre oder seine Ahnen. Und so wird die Last im Kreis ums Feuer herum weitergegeben, und jeder Ahn fügt das hinzu, was er trägt.

Wirf nun deine Verträge ins Feuer, die Heiratsversprechen, den Pakt mit dem Teufel, die Keuschheits- und Armutsgelübde, die Bindung an Kirchen, die Verträge mit Königen, die Sklaven- und Versklavungsverträge, magische Bindungen, seien sie weiß oder schwarz, und vor allem die seelischen Verträge. Jede Verabredung, die du auf seelischer Ebene getroffen hast, um anderen ein Spiegel zu sein, darfst du nun auch ins Feuer werfen, wenn sie nicht mehr stimmig ist, all die magischen Verstrickungen, durch wen auch immer sie erschaffen wurden, darfst du wie Fesseln und schwarze Bänder aus dir herausziehen und ins Feuer werfen. Besonders die Urteile, die über dich gesprochen wurden, die du selbst über dich gesprochen hast und die du über andere gefällt hast, strömen aus dir heraus. Du wirfst sie bündelweise ins Feuer.

Deine Ahnen tun das Gleiche, und du spürst, wie die Energie sich ändert, wie Licht bereits jetzt seinen Weg zurückfindet. Weiter und weiter geben deine Ahnen die Last zurück, bis sie irgendwann am Ursprung, beim ältesten Ahn, angekommen ist. Und das geschieht jetzt.

Der Hüter eurer Ahnenreihe, das Feuerwesen, nimmt diese nun sehr schwere Last, verneigt sich vor euch allen und wirft sie ins Feuer. Das Feuer lodert hoch auf, und augenblicklich verbrennt die Last. Im gleichen Moment wird die gebundene Energie wieder frei, alles, was es euch gekostet hat, dieses Schicksal zu tragen. All die Liebe, das Leben, das Glück, die Erfüllung, die es euch gekostet hat, dieses Schicksal zu tragen, fließt nun in die ganze Reihe zurück. Besonders die verlorenen Ahnen, die dunklen, vergessenen, verheimlichten Ahnen, kommen in die Reihe zurück, finden ihren Platz, reihen sich ein, nehmen am Leben teil. Das Glück und das Leben strömen überall dahin, wo sie fehlen, fließen zu den Ahnen, zu denen sie gehören. Auch du selbst wirst erfüllt, deine Kinder, deine Enkel, Geschwister, Nichten und Neffen. All das gebundene Leben wird frei. Deine eigenen Inkarnationen werden frei und lichtvoll, und Karma löst sich. Immer lichter und heller wird der Kreis, einige der Ahnen beginnen, sich aufzulösen, ins Licht zu gehen.

Alle Seelen, für die es jetzt Zeit ist zu gehen, verlassen das Feuer, gehen nach Hause, Seelenaspekte, die wegen des schweren Schicksals verloren gingen und abgespalten worden sind, können jetzt zurückkehren, einfließen – in deine Ahnen, aber auch in dich selbst, in deine vergangenen Inkarnationen und in dich, wie du heute am Feuer sitzt.

Du spürst auf einmal Frieden, Frieden mit dem, was ist. Immer freier werden deine Ahnen, immer lichtvoller. »Du bist jetzt frei, ein neues Leben zu führen, du bist jetzt frei, in Erfüllung, in Glück, in Freude zu leben«, scheinen sie dir zuzuwispern. »Wir danken dir aus tiefster Seele, dass du dich selbst und uns alle erlöst hast.«

Du bist tief bewegt und dankbar, dass du dir selbst und deinen Ahnen diesen Dienst erweisen durftest. Es kann sein, dass du noch ein paar Mal ans Feuer zurückkehren darfst, vielleicht gibt es verschiedene Aspekte, die nach und nach erlöst werden wollen.

Irgendwann stehst du auf, verlässt das Feuer. Du bemerkst ein zweites, goldenes Tor. Du weißt, wenn du durch dieses Tor hindurchgehst, betrittst du ein anderes Leben, ein Leben, in dem Liebe, Erfüllung, Freude und Glück auf eine ganz andere Weise möglich sind, als du das bisher er-

lebtest und kanntest. Dein Leben voller Freiheit und Schöpferkraft wartet auf dich. Und so verneige dich noch einmal vor dem Hüter eures Schicksals, und dann gehe hindurch durch das goldene Tor in dein neues Leben. Wenn deine Kinder mitkommen, ist es gut, wenn nicht, haben sie ein eigenes Tor. Es ist dein Tor, es geht nur um dich. Von nun an können sehr viel mehr Liebe, Freude und Glück auf Erden verwirklicht werden, in der Gegenwart, in der Zukunft und rückwirkend.

Das ist eine sehr machtvolle innere Reise. Willst du diese Reise als Ritual durchführen, dann brauchst du ein sicheres Lagerfeuer und Holz. Du sprichst die Reise genau so wie eben, gibst deinem Klienten aber ein schweres Stück Holz in die Hand. In dieses Holz kann er alles hineinfließen lassen, was er für die Ahnenreihe trägt. Wenn du sagst: »Du gibst diese schwere Last jetzt weiter, damit auch der neben dir sitzende Ahn alles hineinfließen lassen kann, was er trägt«, nimmst du ihm diese Last bitte ab. Dieses Gefühl, die Last tatsächlich aus den Händen genommen zu bekommen, ist sehr wertvoll. An der Stelle: »Der Hüter eurer Ahnenreihe nimmt diese nun sehr schwere Last, verneigt sich vor euch allen und wirft sie ins Feuer. Das Feuer lodert hoch auf, und augenblicklich verbrennt die Last«, wirfst du das Stück Holz ins Feuer.

Gibst du eine Gruppe, dann lass ein Stück Holz tatsächlich im Kreis herumgehen, jeder gibt es weiter. Warum ist das Weitergeben so wichtig, kann nicht einfach jeder sein Holz selbst ins Feuer werfen? Natürlich kann er das. Aber die Ahnenreihe bildet ein System. Durch das Weitergeben spürt der Klient, dass er wie alle anderen Ahnen auch Teil dieses Systems ist. Das Zurückgeben der Lasten verbindet die Ahnenreihe, jeder nimmt die anderen wahr und erlebt sich als Teil eines größeren Ganzen. Weil jeder diese Lasten in die Hände bekommt, spürt jeder: Wir tragen alle das Gleiche, und ich trage einen Teil davon. Ich bin nicht allein und trage tapfer mein Einzelschicksal, sondern ich teile es und kann maßgeblich dazu beitragen, dass alle anderen miterlöst werden. Es ist schlichtweg viel kraftvoller, wenn wir die Lasten im Kreis herum zurückgeben.

Habe ich eine Gruppe und will die innere Reise als Ritual im Raum durchführen, dann gebe ich ein schweres Kissen herum, meistens ein Meditationssitzkissen. Jeder gibt es weiter, und an Ende nehme ich es, ich werfe es mit Schwung in die Mitte und räume es dann weg, während ich weiterspreche. Ich stelle eine Kerze in die Mitte und gestalte sie mit einem Tuch und Blumen. (Oder mit dem, was eben da ist, eine Kerze genügt auch. Die Hauptsache ist, dass am Ende nicht mehr das schwere Sitzkissen da liegt, die Last ist ja verbrannt.) Wenn die Teilnehmer am Ende des Rituals die Augen öffnen, liegt da nicht mehr die Last in Form des Sitzkissens, sondern sie sehen ein schön dekoriertes Zentrum.

Reinige ich das Sitzkissen, nachdem alle ihre Lasten hineingegeben haben? Nein. Denn ich habe es mit Schwung in ein gedachtes Feuer geworfen, und damit sind alle Lasten symbolisch verbrannt. Das genügt. Hast du ein anderes Gefühl, dann folge ihm!

Diese geführte innere Reise kannst du auch sehr gut anwenden, wenn es um die Lasten eines Volkes geht, sogar die der ganzen Menschheit. Wir können die Lasten der Tiere zum Ursprung zurückgeben, die Lasten des Engels, der wir sind, und so weiter – jedes System lässt sich mit dieser inneren Reise befrieden!

Wichtig ist, dass du das System kennst, welches du befrieden willst, damit du die richtigen Impulse geben kannst. Was meine ich damit? Egal, welche Staatsangehörigkeit jemand hat, frage immer nach, woher seine Eltern und Großeltern kommen.

Ein Beispiel: Nicht jeder Deutsche trägt das deutsche Schicksal. Wenn dein Klient ursprünglich aus China stammt, dann kann er hier in dritter Generation geboren worden sein, die Ahnenreihe hat ihre Wurzeln in Chi-

na. Und das Schicksal, das er trägt, ist zumindest zum Teil ein chinesisches. Ist das Volk, aus dem dein Klient stammt, aus seiner Heimat vertrieben worden? Es gibt Völker, die abergläubischer sind als andere, Völker, in denen Menschenopfer an der Tagesordnung waren, und so weiter. Es gibt Völker, die eher zu den Opfern, und welche, die eher zu den Tätern gehören. Dahintersteckt nicht die geringste Wertigkeit, es ist nur wichtig, die Themen zu kennen. Werden heute noch Frauen geschlagen, Männer gehängt, Kinder getötet? Gibt es die Todesstrafe noch? Erleidet das ursprüngliche Volk deines Klienten noch immer das Schicksal, das dein Klient trägt und zurückgibt? Verstehst du? Je besser du dich mit den Themen des Volkes deines Klienten auskennst, desto besser kannst du ihn während dieser Reise führen. Letztlich genügt es, wenn du ein Augenmerk darauf hast, dass sein Schicksal ein vollkommen anderes sein kann, als du es kennst. Sei einfach offen dafür, dass jedes Volk völlig unterschiedliche Themen hat und dass wir die Themen unserer Ursprungsfamilie tragen, auch wenn wir schon länger in einem anderen Land leben. Das kannst du dir ganz leicht vorstellen: Auch wenn du nach Chile ziehen und die chilenische Staatsbürgerschaft annehmen würdest, dein dort geborenes Kind trüge das Schicksal der Deutschen. Denn du trägst es, wenn deine Großeltern hier im Krieg waren.

Besonders deutlich wurde mir das bei einer Frau, deren Wurzeln in Rumänien lagen. Dort gibt es sehr viel Heimatvertriebenheit und den Glauben an eine weibliche Gottheit. Am Ende des Ahnenrituals mussten wir diese weibliche Gottheit rufen, damit sie das Schicksal all der Heimatvertriebenen und derer, die für ihren Glauben an ebendiese Göttin getötet wurden, zurücknehmen und verbrennen konnte. Der letzte Ahn hatte sich während dieser Reise schlicht geweigert, die große Kugel aus der Hand zu geben, wenn er sie nicht der Göttin selbst anvertrauen konnte. Wusste ich das vorher? Nein. Ich rede während der inneren Reise mit meinen Klienten, lasse sie mir immer sagen, wo sie innerhalb der Reise stehen, damit ich sie führen kann. Während der Reise gab der letzte Ahn diese Kugel nicht an die Wesenheit zurück, die das Schicksal hütete. Ich fragte also meine Klientin: »Wem will der Ahn denn die schwere Last geben, frage ihn das bitte.« Und dann kam die Göttin, und alles wurde licht und hell.

Für die Lichtarbeiter unter euch stellt sich vielleicht diese Frage: Sehe ich immer alles, was mein Klient in der Reise erlebt? Nein. Ich habe eine andere Aufgabe, nämlich die, immer die richtigen Fragen zu stellen, damit es weitergeht. Deshalb sehe ich nicht unbedingt, was er sieht, ich spüre aber, ob die Energie fließt oder nicht. Und wenn sie das nicht tut, spüre ich, was fehlt. Weil ich all diese inneren Reisen und Übungen für mich entwickelt habe, weiß ich natürlich auch, wie es sich anfühlt, wenn sie funktionieren. Du weißt das wahrscheinlich nicht, denn es ist ja nicht deine ursprüngliche Energie. Wenn ich etwas von anderen lerne, dann habe ich auch noch nicht gleich ein echtes Gespür für das Energiefeld, das ich aufrufe. Übe also bitte. Je öfter du diese Arbeit machst, desto feiner justiert sich dein Sinn dafür, ob die inneren Bilder greifen oder nicht – und wenn nicht, was das System stattdessen braucht.

Zusammengefasst:

- ❖ Fast jeder trägt Lasten für die Ahnen.
- ❖ Die Ahnen spiegeln sich in den Nieren und im Wurzelchakra.
- ❖ Es ist äußerst befreiend, diese Lasten zurückzugeben.
- ❖ Dafür nutzen wir ein Kreisritual, damit die Verbundenheit und die gemeinsame Heilung fühlbar werden.
- ❖ Das Kreisritual lässt sich auch in einer Gruppe oder im Freien anwenden.

Den inneren Kampf beenden

»Ich muss mich anstrengen, um geliebt zu werden.«

»Ich muss Leistung bringen und es den anderen recht machen, damit ich gesehen werde.«

»Ich kämpfe noch immer um die Anerkennung meiner Eltern.«

»Ich ziehe immer die falschen Partner an.«

»Ich versuche immer, perfekt zu sein und alles hundertfünfzigprozentig zu machen.«

»Irgendwann muss sie mich doch bemerken ...«

»Ich versuche, so dünn und schön wie möglich zu sein, aber er sieht mich einfach nicht.«

»Ich bin einfach zu gut für diese Welt, zu nett.«

All das sind Sätze des Inneren Kindes.

Wir als Therapeuten wissen, dass der Kampf um Liebe nur verloren werden kann. Unser Klient weiß das auch. Aber das Innere Kind unseres Klienten weiß es nicht. Und die Amygdala schon gar nicht, denn der Kampf bietet immerhin die Auseinandersetzung mit dem anderen, er stellt einen Bezug her. Eine Adrenalinausschüttung ist immer noch besser als gar nichts. Das emotionale Drama, in dem das Innere Kind in seinem Kampf um Liebe, Anerkennung und Aufmerksamkeit gefangen ist, schafft die Illusion von Lebendigkeit. Es resigniert nicht, sondern ist immer noch lebendig und steht für das ein, was es braucht und will. Der Kampf um Anerkennung kann so zur Gewohnheit werde, dass sich jemand ausschließlich über die Aufmerksamkeit definiert, die er durch seine Leistung oder seinen Perfektionismus erzielt. Und sich nur dann am Leben fühlt, wenn er unter Strom steht. Unser Körper aber ist nicht dafür geschaffen, permanenten Stress auszuhalten.

Warum kämpfen wir dennoch, warum hält die Amygdala diesen andauernden Stress für sinnvoll? Welchen Energiegewinn haben wir? Dieser Kampf dient der Schmerzvermeidung. Es scheint weniger schmerzhaft zu sein, sich dem Dauerstress des Kampfes auszusetzen, als den Schmerz darüber zu spüren, dass wir das, was wir uns so sehnlich wünschen, nicht bekommen. Zumindest nicht von unserer Zielperson.

Der Kampf um Liebe dient dazu, den Schmerz darüber nicht spüren zu müssen, dass wir diese Liebe nicht bekommen, egal, was wir tun. Reifen aber können wir nur, wenn wir den Kampf aufgeben, denn er bindet einen beträchtlichen Teil unserer Energie. Solange unser Klient noch im Kampf um Anerkennung gefangen ist, fehlt ihm ein großes Stück seiner Freiheit und Selbstbestimmung. Es ist eine große Herausforderung, diesen Kampf zu beenden, denn wir geben damit ein Stück Schmerzvermeidung auf. Wir lassen die Kontrolle über den anderen los und werden bereit, uns der Wahrheit zu stellen – dass wir nie bekommen haben, was wir brauchten, zumindest nicht auf die für uns richtige Weise. Wenn wir den Kampf beenden, stellen wir uns dem Trauma, statt zu versuchen, es doch noch zu einem guten Ende zu bringen. Das tut richtig weh.

Die Kampfstrategien verstecken sich oft hinter scheinbarer Vernunft und Effektivität. Natürlich tun sie das. Die Kämpfer um Liebe lassen sich nicht gern erwischen. Zu bedürftig kommen sie daher, zu beschämt sind sie darüber, dass all ihre Anstrengungen nicht fruchten. Neben dem Schmerz ist es genau diese Scham, die unseren Klienten bei diesem Thema in deutlichen Widerstand gehen lassen, offen oder versteckt. Die aggressive Variante des Widerstandes finden wir im sich wiederholenden »Ja, aber …«. Oder auch:

»Ich muss doch …«

»Ich kann doch nicht einfach …«

»Wie stellen Sie sich das denn vor?«

Die entmutigte, passiv-aggressive Variante lautet »Ja«, aber wir spüren, dass der Klient nicht mehr zuhört, dass er abdriftet, wir ihn nicht mehr erreichen. Er beehrt uns mit seiner Anwesenheit, aber nicht mehr mit seiner Aufmerksamkeit. Was nun? Ich stelle meinem Klienten in solchen einem Fall erst einmal den Kampf auf, damit er erkennt, wie anstrengend dieser Kampf tatsächlich ist. Denn die Schmerzvermeidung sorgt natürlich auch dafür, dass wir gar nicht spüren, wie sehr wir uns für den anderen aufreiben. Und so kommen die meisten Menschen eher aufgrund gescheiterter Beziehungen, Geldnöte oder körperlicher Beschwerden in die Praxis. Erst wenn wir die Themen, um die es in Wahrheit geht, aufstellen, erkennen sie sich selbst, gefangen im Hamsterrad des Kampfes um Anerkennung und Liebe.

Arbeitest du nicht mit Aufstellungen, dann nutze den leeren Stuhl. Setze deinem Klienten den kämpfenden Anteil gegenüber. Und dann bitte deinen Klienten, sich auf den Stuhl des Kämpfenden zu setzen. So spürt er sehr schnell, wie angespannt er ist. Oftmals erkennt ein Klient, dass er genau dieses Gefühl andauernd hat, aber nie zuvor einordnen konnte. Es kann auch sehr hilfreich sein, den leeren Stuhl zu nutzen, um zu überprüfen, ob ein Teil noch kämpft oder nicht. Ich sage dann einfach: »Wenn es einen Anteil gibt, der sinnlos um Liebe und Anerkennung kämpft, dann spüren wir ihn hier auf diesem Stuhl. Gibt es keinen, dann spüren wir auch keinen.«

Zur Unterscheidung: Etwas gut machen zu wollen und sich Anerkennung für den Einsatz zu wünschen, ist sehr natürlich. Bleibt die Anerkennung aus, dann sind wir zu Recht enttäuscht. Aber, und darum geht es: Als Erwachsene gehen wir, wenn wir nicht wahrgenommen und anerkannt werden. Das Innere Kind dagegen strengt sich noch ein bisschen mehr an. Es ist verführbar, es lässt sich mit der Aussicht auf Lob ködern.

Hier die innere Reise, die ich nutze, wenn das Innere Kind im Kampf um Liebe gefangen ist:

Übung: Den inneren Kampf aufgeben

Gehe in deiner Vorstellung durch ein Tor hindurch. Hinter dem Tor findest du eine zauberhafte Landschaft, und du gehst ein wenig spazieren. Nun bitte darum, dorthin geführt zu werden, wo das Innere Kind seinen Kampf kämpft.

Du stehst auf einmal inmitten einer Kampfarena und siehst dein Inneres Kind. Selbst wenn du in diesem Bild einen erwachsenen Körper hast, so kämpft dein Inneres Kind.

Nun schaue bitte genauer hin: Wie kämpft es denn? Welches sind seine Waffen? Lass dir bitte Zeit, deine Waffen zu erkennen, sie können sehr subtil sein und so vertraut, dass du sie noch nie als Waffe wahrgenommen hast. Lass dich ganz deutlich erkennen, welche Waffen du nutzt. Das kann eine Tarnkappe sein, vielleicht nutzt du verbale Spitzfindigkeiten, vielleicht machst du dich Liebkind oder nutzt sexuelle Verführung – die Waffen selbst können erwachsen wirken, doch der Kämpfende ist das Innere Kind.

Und nun lass dich erkennen, gegen wen oder was du kämpfst. Lass dir auch damit Zeit, nimm einfach wahr, was ist, ohne es infrage zu stellen. Gegen wen kämpfst du? Und um was? Was ist die Trophäe, was willst du um jeden Preis gewinnen? Das kann eine Energie sein, Liebe, Anerkennung, sogar Freiheit oder das Gefühl, endlich dazuzugehören, es kann sich aber auch als Pokal zeigen. Es ist nicht so wichtig, dass du in jeder Einzelheit wahrnimmst, was du gewinnen willst, denn sonst stellst du es womöglich infrage. Nimm aber wahr, dass es einen Preis gibt, den du haben

willst. Womöglich ist es nicht einmal dein Kampf, sondern du kämpfst für jemanden aus deiner Familie oder Ahnenreihe um eine Trophäe, womöglich ist dieser Kampf schon uralt und begann vor vielen Inkarnationen.

Schaue dir beim Kampf zu, und nimm deine Gefühle wahr – erkenne an, wie unendlich müde du bist. Es gibt nur einen Weg, den Kampf zu beenden – indem du kapitulierst und die Waffen streckst. Es kann sein, dass dir das ganz leichtfällt, doch möglicherweise tust du dich damit schwerer, als erwartet. Und doch, lass es gut sein. Verneige dich vor dem anderen, wer immer es ist, und sprich Folgendes aus: »Ich erkenne deinen Sieg an, und ich gebe mich geschlagen. DU hast gewonnen.«

Lass deinen Klienten hier nicht ausweichen. Erst wenn er den Schmerz darüber gespürt hat, die Liebe, die Aufmerksamkeit, die Freiheit oder was auch immer wirklich nicht gewinnen zu können, erst wenn die Kapitulation echt ist, hilft diese Reise. Sonst bleibt ein Quäntchen übrig, das doch weiterkämpft. Der Klient sagt zum Beispiel: »Nein, das mache ich nicht, ich gebe nicht klein bei« oder »Ich will aber nicht aufgeben«. Ich frage dann: »Kannst du diesen Kampf gewinnen?« Sagt er: »Wenn ich mich noch ein bisschen mehr anstrenge, dann schon«, dann frage ich nur: »Stimmt das?«

Wenn mein Klient gar nicht bereit ist loszulassen (Prüfe in diesem Fall bitte, ob du selbst einen aussichtslosen Kampf führst. Wie können nur vermitteln, was wir selbst leben!), sage ich: »Weißt du was? Wir machen ein Experiment. Tue doch einfach einmal so, als würdest du kapitulieren, einfach, weil es zu anstrengend ist, diesen Kampf weiterzukämpfen. Lege die Waffen nieder, verneige dich, überlasse dem anderen den Sieg, und spüre, wie sich das anfühlt!« Meistens kommt dann tiefe Erleichterung, und der Klient ist bereit, die Kapitulation anzuerkennen. Wenn das alles gar nicht geht, dann muss er eben noch ein wenig weiterkämpfen. Auch das ist eine Lösung, dann aber bewusst und mit dem Wissen, dass es an ihm ist, die Waffen irgendwann zu strecken.

Weiter im Text: Und dann überlasse deinem Gegner die Trophäe. Lege die Waffen nieder, ziehe die Rüstung aus, und noch während du das tust, erscheint auf einmal ein goldenes Tor. Du verlässt die Kampfarena durch das Tor und befindest dich auf einmal in einem lichterfüllten Raum, einem Raum voller Frieden und Leichtigkeit. Alles, was du nun noch trägst, fällt von dir ab oder steigt wie Rauch auf und verlässt deinen Körper. Die Seelenanteile, die im Kampf verstrickt waren, die zur Erde gekommen sind, um diesen Kampf zu kämpfen, verlassen deinen Körper und steigen ganz leicht und frei auf ins Reich deiner Seele. Ein Lichtwesen steht auf einmal vor dir und überreicht dir eine Energiekugel. Du nimmst sie an, und sie strömt in dich hinein, überall dahin, wo genau diese Energie gebraucht wird. All das, worum du gekämpft hast, strömt nun ganz leicht in dich hinein, einfach so.

Hier kannst du die Reise beenden. Vielleicht aber stimmst du dieser Sicht der Dinge zu und willst sie an deinen Klienten weitergeben. Dann geht die Reise so weiter:

Das Lichtwesen verneigt sich vor dir und sagt: »Ich bitte dich um Vergebung dafür, dass ich dich so lange habe kämpfen lassen. Es war mein Kampf, um Bewusstsein zu erlangen, ich weiß nun, wie es ist, im Kampf verstrickt zu sein. Ich bitte dich um Vergebung, denn du, der Mensch, musstest all das erleben und spüren. Ich danke dir von ganzem Herzen, dass du zu mir gekommen bist, denn auch das Aufgeben war Teil der Erfahrung, die ich durch dich machen wollte.«

Und auf einmal erkennst du, dass es deine Seele war, die Erfahrungen machen wollte, die sich diesen Kampf erschaffen hat, um ihn zu erleben,

um von der vermeintlichen Trennung auf der Erde zu erfahren, um sich ihrer selbst bewusst zu werden und um Mitgefühl zu erlernen. Sie sagt dir: »Ich liebe dich, und ich erschaffe dir von nun an friedvolle, glückliche Erfahrungen, denn die Zeit des Kampfes ist vorbei. Danke, dass ich durch dich erleben durfte, wie es sich anfühlt, wenn wir uns von Energien trennen und abspalten. Deshalb haben wir uns als Menschen auf der Erde inkarniert. Du bist ich, und ich bin du, und dennoch erleben wir sehr unterschiedliche Aspekte der Schöpfung, und beide sind real und spürbar.«

Und dann strömt das Lichtwesen mit all seiner Wärme in dich hinein, heilt dich, tröstet dich, gibt dir Kraft und neuen Mut. Du erkennst, dass dieser Kampf nicht automatisch zum Leben gehört, sondern dass du ihn dir auf einer höheren Ebene selbst erschaffen hast, um dich selbst auf diese besondere Weise zu erleben. Egal, wie merkwürdig sich das anhören mag, auf einer Ebene spürst du, dass es stimmt. Frieden strömt in dich hinein, und du kannst dir selbst vergeben, dass du dir diesen Kampf zugemutet hast.

Auf einmal kommt dir der Gedanke, dass es eine weitere Kraft gibt, die du gut gebrauchen könntest: Treue. Dir selbst treu sein. Lass dir Zeit, dich an diesen Gedanken zu gewöhnen, und mache dir klar, dass das Gegenteil von Treue Verrat ist. Du verrätst dich selbst, wenn du dein Leben anders lebst, als es deinem eigenen inneren Fluss entspricht. Und so bitte darum, dass nun die Energie »Treue« wie ein Farbstrahl oder Lichtfunken in dich hineinströmt. Vielleicht kommt sie aus der Erde heraus und stabilisiert dich, vielleicht spürst du diese Treue auch eher im Herzen – lass es sein, wie es ist, und nimm sie an. Ruhe dich noch ein bisschen aus, und komme dann mit all dieser Energie zurück in den Raum, in dem du dich befindest.

Warum ist Kapitulation in diesem Fall eine gute Idee? Warum geben wir ganz offen zu, dass wir verloren haben? Weil es stimmt. Und weil das System das weiß. Liebe bekommt man nicht durch Kampf. Das ist keine spirituelle Weisheit, das ist einfach so. Wir verschwenden unsere Kraft, wenn wir mit allen Mitteln etwas zu erlangen versuchen, was wir auf diesem Wege nie bekommen werden. Es fällt Klienten manchmal ungeheuer schwer zu kapitulieren, denn der Kampf dient ja der Schmerzvermeidung. Und genau deshalb ist die Kapitulation so wichtig. Damit wir näher an den Schmerz und die Sehnsucht des Inneren Kindes herankommen, um die es wirklich geht.

Mute deinen Klienten bitte die Kapitulation und den Satz »Du hast gewonnen« zu. Je schwerer er auszusprechen ist, desto wichtiger ist er. Damit das Innere Kind wirklich den Kampf sein lässt und sich kein Hintertürchen offenhält.

Wann wende ich diese Reise an? Wenn ich spüre, dass mein Klient nicht loslassen und weitergehen will, dass er verbissen um Anerkennung oder darum, gesehen zu werden, ringt. Meistens verlagert sich der Kampf um Anerkennung von der Ursprungsfamilie in die Firma oder in die Beziehung. Wenn ich also erkenne, dass ein Kampf um Liebe, Anerkennung, Erfolg oder Wertschätzung stattfindet, dann frage ich das System des Klienten: »Worum geht es wirklich, welchen Kampf will er denn in Wahrheit gewinnen?«

Lässt mein Klient den Kampf los, und bekommt er das, was er in Wahrheit braucht, einfach so im Raum des Friedens hinter dem Tor, dann kann er sehr oft auch auf den aktuellen Schauplätzen gelassener handeln. Wie alle anderen Reisen auch kannst du diese hier öfter anwenden, denn wir haben oft mehrere Kampfarenen, in denen wir um Anerkennung ringen. Gib sie als Werkzeug an deinen Klienten weiter.

»Wann immer du diese Verbissenheit, diese innere Enge und Anspannung spürt, ist es sinnvoll, das Innere Kind zu bitten: ›Zeige mir deinen wahren Kampf‹«, sage ich meinem Klienten. »Und dann lass ihn los, indem du kapitulierst, das Innere Kind in den Zaubergarten bringst und ihm dort gibst, was es wirklich braucht.«

Zusammengefasst:

❖ Wenn ein Klient verbissen wirkt, allzu beharrlich darauf besteht, sich anzustrengen, immer wieder um das gleiche Thema kreist, dann ist sein Inneres Kind womöglich in einem Kampf um Liebe und Anerkennung gefangen.

❖ Dieser Kampf kann nur dann beendet werden, wenn das Innere Kind kapituliert.

❖ Nach der Kapitulation geleiten wir es in den inneren Raum des Friedens, hier bekommt es alles, worum es gekämpft hat, geschenkt.

❖ Kapitulation ist ein großer Schritt, denn der Kampf diente der Schmerzvermeidung. Gerade deshalb ist die bewusste Kapitulation so wichtig für den inneren Frieden.

Das vom Klienten abgelehnte Innere Kind

Wenn wir beginnen, uns mit dem Inneren Kind zu befassen, hat es bereits eine lange Verdrängungskarriere hinter sich. Das heißt, es gibt Anteile, die fest und sicher weggesperrt, abgespalten, verdrängt wurden. Einige lassen sich, wie weiter oben beschrieben, relativ einfach durch eine innere Reise finden, andere dagegen sitzen, bildlich gesprochen, in einem Kerker und warten darauf, dass sie jemand abholt. Es ist sinnvoll, die nun folgende innere Reise auf jeden Fall zu machen, damit wir keines der Inneren Kinder vergessen. Voraussetzung ist natürlich, dass dein Klient bereit ist, sich seinen Schatten zu stellen. Ist er bereit, dann probiere diese Reise, damit kein Inneres Kind vergessen wird.

Wie erkennst du, ob es wichtig ist, mit dem abgelehnten Inneren Kind zu arbeiten? Wenn dein Klient den Eindruck macht, immer wieder abzudriften, wenn du spürst, dass er mit bestimmten Gefühlen nichts zu tun haben will, wenn er oberflächlich wird oder lapidar und kopfgesteuert über eine Verletzung hinweggeht, dann liegt die Vermutung nahe, dass er an dieser Stelle ausweicht. Das ist verständlich, die Schmerzvermeidung greift und wirkt. Hilfreich ist es nicht. Du erkennst es daran, dass dir dein Klient eine haarsträubende Geschichte aus seiner Kindheit erzählt, aber völlig emotionslos, so, als ginge ihn das alles gar nicht an. Ist etwas komplett abgespalten, verliert der Klient auch die Erinnerung daran. Das abgelehnte Innere Kind hat sich »nur« von seinen Emotionen getrennt, die Erinnerungen sind noch da.

Woher weißt du, ob die Zeit reif ist, dieses Innere Kind nun anzuschauen? Du fragst deinen Klienten. Er weiß selbst am besten, ob er in der Lage ist, sich seinen Schatten zu stellen. Diese Arbeit setzt voraus, dass ihr euch bereits mit dem Inneren Kind beschäftigt habt. Dein Klient sollte

den Zaubergarten kennen und sein bislang sichtbares Inneres Kind bereits aus einigen Situationen befreit haben.

Stellen wir also diese Flapsigkeit oder die Oberflächlichkeit auf oder nutzen die Technik des leeren Stuhls.

Du fragst das System: »Gibt es abgelehnte innere Aspekte, die sich heute zeigen wollen?« Dann setzt oder stellst du dich darauf. Wenn dein Blick starr wird, dein Atem stockt, du dich zusammenkauern willst, wenn du am liebsten unsichtbar wärst oder dich in Luft auflösen möchtest, dann gehe davon aus, dass ein Anteil versteckt, verdrängt, in den inneren Keller gesperrt wurde.

Um diese Anteile aufzuspüren, biete ich meinem Klienten diese innere Reise an. Bitte lies sie, und schaue, ob du dich in der Lage fühlst, sie durchzuführen, ich kann dir ihren Ausgang nicht vorgeben.

Innere Reise: Das verlorene Innere Kind abholen

Vor deinem inneren Auge entsteht ein Tor, eine Tür oder ein Übergang in deine innere Welt. Es gibt nichts mehr für dich zu tun, du darfst dich entspannen. Du brauchst niemandem zu gefallen, für niemanden zu sorgen und es niemandem recht zu machen. Du darfst hier ganz und gar sein, wer du bist, und dir und deinen inneren Bildern folgen.

Hinter dem Tor oder dem Übergang findest du eine wundervolle Landschaft, in der du spazieren gehst. Du spürst, dass es wichtig ist, dein verlorenes Inneres Kind abzuholen und zu retten. In einiger Entfernung entdeckst du eine trutzige Burg. Du gehst auf die Burg zu, ein Wächter steht vor der hochgezogenen Zugbrücke. Er sieht gefährlich aus, und das ist auch seine Aufgabe. »Was ist dein Begehr?«, fragt dich der Wächter, und du sagst: »Ich bin gekommen, um mein Inneres Kind zu erlösen.«

Der Wächter schaut dich scharf an, dann erkennt er dich und macht mit der Hand ein Zeichen. Augenblicklich senkt sich die Zugbrücke. Du spürst, wie es dich in die Burg zieht, selbst wenn du ein wenig Herzklopfen hast. Du überquerst die Zugbrücke, gehst durch das Burgtor hindurch und stehst auf einmal inmitten der Burg. Sie ist dunkel und düster, eine echte Festung. Du gehst weiter, vor dir siehst du ein zweites Tor. Es ist verschlossen, eine dicke Eichentür versperrt dir den Weg. Auf einmal, du weißt nicht, wie es geschehen konnte, hältst du einen goldenen Schlüssel in der Hand. Der Schlüssel passt genau, du drehst ihn, und das Eichentor schwingt auf.

Dahinter liegt ein dunkler, felsiger Gang, du musst dich ein wenig ducken, um ihn entlangzugehen. Doch all das macht dir nichts aus, du weißt, dass dich dein Inneres Kind im Kerker braucht. Dunkler und enger wird der Gang, doch unbeirrt gehst du weiter. Du lässt dich ganz und gar von deinem Herzen leiten. Und das zieht dich mit Macht ins Innere der Burg. Auf einmal stehst du vor einer Gittertür. Dahinter im Kerker findest du ein Kind, es liegt auf dem Boden oder sitzt an der Wand. »Ich bin gekommen, um dich zu retten und um dich ans Licht zu führen«, sagst du dem Kind. Nun nimmst du wahr, wie es dem Kind geht.

Was braucht es, wie kannst du es aus diesem Kerker holen?

Das ist eine echte Frage an deinen Klienten. Führe ihn an dieser Stelle bitte individuell, er darf und sollte während der Reise mit dir reden. Es gibt viele Möglichkeiten, das Innere Kind zu retten, die aber nicht beliebig sind. Je nach Verletzung und je nach Bereitschaft deines Klienten, sich seine Schatten wirklich anzuschauen, lässt sich das Kind retten oder eben nicht. Vielleicht ist es so schwach, dass es gleich von hier aus ins Licht

will, vielleicht kann es aufstehen, vielleicht will der Klient in den Kerker hineingehen und das Innere Kind tragen. Es ist wichtig, dass du hier sehr persönlich arbeitest, denn je nach Zustand braucht das Innere Kind unterschiedliche Hilfsangebote.

Es kann sein, dass die Tür sowieso offen steht, vielleicht aber löst sich dieses Innere Kind auch in Licht auf oder wird zu Staub – sei völlig offen für die Lösung, die dir das System deines Klienten andient!

Biete deinem Klienten eine Lichtsäule an, rufe Schutzengel und Krafttiere, oder hilf ihm dabei, dieses Innere Kind aus der Burg heraus in den Zaubergarten zu bringen, den er kennt. Es ist wirklich wichtig, dass du deine Werkzeuge beherrschst, wenn du dich dem verlorenen, abgelehnten Inneren Kind widmest.

Warum ist es wichtig, dass du deinen Klienten selbst auf seine Lösung kommen lässt? Weil sein System meistens bereits eine Lösung hat. Wenn du ihm eine überstülpen willst, dann verlierst du den kooperativen Anteil in ihm und entmündigst deinen Klienten.

So geht die Reise weiter, wenn dein Klient keine eigene Antwort hat:

Du probierst den Schlüssel aus, mit dem du bereits die Eichentür geöffnet hast. Passt er nicht, dann erscheint jetzt ein zweiter Schlüssel, einfach so. Du hast ihn schon lange unbemerkt im Herzen getragen. Du schließt die Kerkertür auf und nimmst dein Inneres Kind in den Arm, egal, wie es aussieht. Sage ihm: »Ich sehe dich, ich höre dich, und ich nehme dich wahr. Ich bin gekommen, um dich ins Licht zu bringen, ins Freie. Du darfst leben.«

Trage das Innere Kind aus dem Kerker heraus, wenn es nicht selbst laufen kann, führe es durch den Gang aus der Burg heraus. Niemand wird dich aufhalten, denn du selbst hast das Innere Kind eingesperrt. So kannst auch nur du es erlösen.

Ihr verlasst die Burg und geht einen Weg entlang, der mit jedem Schritt zauberhafter wird. Irgendwann steht ihr vor dem großen, weißen Tor des Zaubergartens. Der Wächter kennt dich und öffnet das Tor. Ihr tretet ein, und der Hüter des Zaubergartens, der große Engel, nimmt dir das Kind ab. Er gibt ihm genau das, was es braucht. Emotionale Nahrung, Liebe, Trost, Mitgefühl, Geborgenheit. Vielleicht löst sich das Kind auch einfach auf, verschmilzt mit dem Engel oder will in der Lichtsäule nach oben aufsteigen. Erlaube, dass genau das im Zaubergarten geschieht, was für das Kind das Richtige ist. Voller Vertrauen darfst du dabei zuschauen, wie das Innere Kind im Zaubergarten heilt, selbst wenn das bedeutet, dass es sich auflöst.

Lass geschehen, was immer geschehen will, und komme dann langsam in den Raum zurück, in dem du dich befindest.«

Ist mein Klient wieder »zurück«, dann stelle ich ihm das Innere Kind noch einmal auf, um für mich zu überprüfen, ob wir es erreicht haben und ob sich das Gefühl verändert hat.

Was tun wir, wenn wir erkennen, dass unser Klient noch nichts mit diesem Inneren Kind zu tun haben will? Lassen wir es einfach stehen? Das liegt bei dir, ich arbeite so: Ich frage meinen Klienten, ob er mir erlaubt, für das abgelehnte Innere Kind zu arbeiten.

Sagt er Ja, dann schließe ich die Augen, nachdem mein Klient gegangen ist. Ich rufe die Schutzengel dieses abgelehnten Inneren Kindes und bitte sie, es so lange zu hüten und zu beschützen, bis mein Klient in der Lage ist, das selbst zu tun. Ich bitte darum, die richtigen Werkzeuge zu finden, damit das Innere Kind baldigst erlöst wird. Ich gehe selbst zu ihm und sage ihm: »Ich sehe dich, ich höre dich, und ich nehme dich wahr. Ich bin auf deiner Seite.« Ich rufe das Krafttier dieses Inneren Kindes und bitte es, ihm das zu geben, was es jetzt braucht. Dann lasse ich wieder los.

Sagt mein Klient Nein, dann schicke ich dennoch die Schutzengel zu diesem Inneren Kind. Ich forciere nichts, ich bitte sie einfach nur, da zu sein. Ich sage dem Inneren Kind, dass ich es im Auge behalte. Das dürfen wir immer tun.

Warum tue ich das, ist das nicht übergriffig? Halte ich es nicht aus, dass es ungehütete Innere Kinder gibt? Doch, natürlich. Indem ich mit seiner Erlaubnis das für meinen Klienten tue, was er im Moment nicht selbst für sich tun kann, befriedet sich das abgespaltene innere Drama ein wenig. Es erleichtert den Zugang zum abgelehnten Inneren Kind sehr, wenn es nicht mehr ganz so einsam ist. Ich trage bei, was ich beitragen kann, damit es mein Klient ein wenig leichter hat, sich schließlich selbst seinem Inneren Kind zuzuwenden. Schon seine Erlaubnis zeigt, dass er sehr wohl bereit ist, diesen inneren Aspekt anzuerkennen, und hilft deshalb.

Warum »gehorche« ich seinem Nein nicht? Weil ich ein Mensch bin. Weil ich das Recht habe, Leid zu mildern, wenn ich welches sehe. Einen Schutzengel zu schicken und dem Inneren Kind zu sagen »Ich behalte dich im Auge« darfst du immer, das ist deine Entscheidung. Ich beabsichtige damit nicht, es meinem Klienten leichter zu machen, sondern seinem Inneren Kind aus Mitgefühl meine menschliche Verbundenheit zu zeigen. Und das geht meinen Klienten nichts an, das ist eine Sache zwischen seinem Inneren Kind (das sich ja gezeigt hat) und mir. Es ist kein therapeutischer Akt, sondern ein Akt des ganz normalen Mitgefühls, und das kommt im System auch so an. Du übernimmst damit keine Verantwortung für das Innere Kind deines Klienten, sondern gibst dem Kind einfach nur eine Botschaft.

Zusammengefasst:

- ❖ Es ist wahrscheinlich, dass der Klient mit einem Teil seines Inneren Kindes nichts zu tun haben will – die Schmerzvermeidung greift.

- ❖ Wir erkennen das an einer gewissen Flapsigkeit und Oberflächlichkeit, die er diesem Inneren Kind gegenüber an den Tag legt.

- ❖ Ist die Zeit reif, was wir durch eine Aufstellung erkennen, machen wir mit dem Klienten eine innere Reise, während der er sein Inneres Kind zu sich nimmt.

- ❖ Ist sie nicht reif, behalten wir das abgelehnte Innere Kind im Auge, wir sagen ihm »Ich sehe dich« und schicken ihm seine Schutzengel.

Das von den Eltern nicht gewollte Kind

»Meine Eltern wollten mich nicht, aber ich habe ihnen verziehen«, sagte meine Klientin, und ich hatte ein unangenehmes Gefühl. Das klang sehr schön. Aber stimmte es auch? Sie sah nicht besonders friedlich aus, während sie das sagte, eher so, als hätte sie sich damit abgefunden.

Ist Vergebung wirklich das richtige Werkzeug, wenn ein Kind unerwünscht ist? Wem will das Kind denn vergeben? Hat ein Kind überhaupt ein Recht darauf, erwünscht zu sein? Wir müssen uns sehr kritisch mit diesem Thema befassen, wenn wir das Innere Kind wirklich da abholen wollen, wo es steht. Außerdem kommen wir in Bezug auf das Unerwünschtsein nicht um einen spirituellen Ansatz herum.

Was passiert, wenn wir als Kind unerwünscht waren? Wir zahlen einen sehr hohen Preis. Wir versuchen unser Leben lang, uns als liebenswert zu erweisen, wir machen es den Eltern recht, geben unser eigenes Leben auf, um doch noch geliebt zu werden. Letztlich kann man sagen: Wenn ein Kind unerwünscht ist, dann wird es sich sein Leben lang bemühen, die Eltern von seiner Liebenswürdigkeit und Nützlichkeit zu überzeugen. Man kann noch einen Schritt weitergehen: Wenn eine Seele kommt, obwohl die Eltern nicht bereit sind, wird das Kind sein Leben damit verbringen, das wiedergutzumachen. Es ist wichtig, diesen Ansatz mitzubedenken, ob er einem gefällt oder nicht. Denn hier finden wir einen wesentlichen Schlüssel zur Heilung. Warum? Weil es stimmt. Wenn wir von einer selbstbestimmten Seele ausgehen, die sich entscheidet, wann sie bei wem inkarniert, dann gibt es auch den Täteraspekt. Ich erlebe in der Praxis immense Erleichterung, wenn wir an dieser Stelle radikal ehrlich sind und auch diesen Anteil in unsere Sitzung einbeziehen. Denn die Seele und das Innere Kind spüren jedes Ungleichgewicht und versuchen, es auszugleichen. Auch das nicht gehörte Nein der Frau zum Muttersein bringt Ungleichgewicht. Das Nein des Mannes zum Vatersein hatte kein Gewicht, wenn die Seele dennoch entschied zu kommen. Klingt das zu hart? Es ist ein Aspekt. Und wenn wir an eine selbstbestimmte Seele glauben, wenn wir diese Sicht zur Therapiegrundlage machen, dann muss auch dieser Aspekt angeschaut werden. Glauben wir nicht an eine selbstbestimmte Seele, dann sind wir an dieser Stelle nur Opfer und müssen das Beste daraus machen. Es lohnt sich also, diesen Ansatz zumindest zu bedenken.

Immer, wenn ich einen coabhängigen Klienten habe, einen, der seinen Weg nicht geht und sich über Gebühr und gegen seinen Willen um andere kümmert, frage ich ihn, ob er eigentlich als Kind erwünscht war. Meistens höre ich dann ein tapferes Nein – dabei liegt in der Erlösung dieses Themas ein wesentlicher Schlüssel für echte Selbstbestimmung.

Was das Innere Kind unbedingt verstehen muss: Das Unerwünschtsein bezieht sich nicht auf das Kind selbst. Eltern sagen fast nie: »Ich will dieses Kind nicht, über ein anderes würde ich mich aber sehr freuen.« Eltern sagen in Wahrheit sowieso nicht, dass sie das Kind nicht wollten. Eltern sagen: »Ich wollte noch nicht Mutter werden. Ich fühlte mich nicht bereit, Vater zu sein. Ich hatte Angst, ich wusste nicht, wie ich meinem Kind gerecht werden kann, die Umstände passten nicht.« Es ist so wichtig zu verstehen, dass es so gut wie nie um das Kind selbst ging, sondern immer nur um die Rolle und die Lebensumstände, in die eine Schwangerschaft seine Eltern hineinzwang. Insofern ist die Aussage »Meine Eltern wollten mich nicht« schon nicht sonderlich sinnvoll, weil sie mehr Schmerz verursacht, als nötig ist. Vor allem aber, weil sie meistens nicht stimmt. Weitaus treffender wäre die Aussage: »Meine Eltern wollten zu dem Zeitpunkt, als ich kam, keine Eltern sein, weder meine noch die von einem anderen Kind.« Mir ist bewusst, dass dieses kognitive Herangehen den Schmerz nicht einmal in Ansatz würdigt. Dennoch ist es ein sehr wichtiger Aspekt. Denn es ist ein immenser Unterschied, ob ich glaube, ich per-

sönlich wäre abgelehnt worden, oder ob ich erkenne, dass meine Mutter schlichtweg keine Mutter sein wollte.

Ist es tatsächlich nötig und möglich, jemandem zu verzeihen, dass er nicht Mutter oder Vater werden will bzw. wollte? Ist Vergebung der richtige Ansatz? Das Thema ist äußerst vielschichtig, denn selbstverständlich sind die Eltern dafür verantwortlich, dass sie ein Kind zeugen, und stehen somit in der Pflicht, ob es ihnen gefällt oder nicht. Genau das bekommt ein Kind oft zu spüren. Es wird offen oder unterschwellig dafür bestraft, dass es gekommen ist, dass die Frau und der Mann dadurch genötigt wurden, Eltern zu sein, und das auch noch gemeinsam. Dennoch gibt es auch andere Ebenen, auf denen Mitgefühl mit der Frau, die gegen ihren Willen Mutter geworden ist, mit dem Mann, der sich trotz Sorge und Angst dem Vatersein gestellt hat, angezeigt ist. Denn immerhin haben sie sich ja auf das Kind eingelassen, sie haben ihm das Leben geschenkt. Dieses Mitgefühl mit den Eltern aufzubringen heilt oft tiefer, als ein Klient es je für möglich gehalten hatte.

Zu Beginn haben wir über die unterschiedlichen Ebenen der Heilung gesprochen. Selbstverständlich braucht das unerwünschte Innere Kind ganz besonders viel Liebe, Trost und Mitgefühl. Aber nicht nur.

Hier sind zunächst zwei innere Reisen, mit denen das unerwünschte Innere Kind abgeholt und in die Heilung gebracht wird:

Innere Reise: Segne deine Zeugung

Mache es dir bequem, setze oder lege dich bequem hin, es gibt nichts mehr zu tun. Erlaube dir, zur Ruhe zu kommen. Dein Atem darf kommen und gehen, so, wie es ihm gefällt. Schaue ihm einfach nur zu, wie er kommt und geht, sanft fließend kommt und geht, fast wie von selbst –

ganz ruhig und gleichmäßig. Du darfst ihn begleiten auf seinem Weg in deinen Körper herein und wieder hinaus. Nutze deinen Atem, um deine Aufmerksamkeit auf dein Inneres zu lenken, du darfst ganz bei dir sein. Es gibt nun nichts mehr zu tun, du darfst fließen lassen, alles geschehen lassen, wie von selbst. Vielleicht magst du mit jeder Ausatmung das loslassen, was dich schwer macht und beschäftigt. Jede Ausatmung reinigt deinen Körper und deine Seele, wenn du einfach alles nach außen abgibst. Mit jeder Ausatmung wirfst du Ballast ab, das schafft Raum für das, was dir wirklich wichtig ist. Mit jeder Einatmung dagegen nimmst du die Energien und Kräfte auf, die du brauchst, die dich erfüllen und glücklich machen. Du brauchst nicht zu wissen, welche Kräfte das sind, deine Seele weiß es ganz genau. Vielleicht tut es dir gut, dir diese Energien als Farben, als Licht oder als angenehme Düfte vorzustellen. Atme sie ein, nimm sie in dich auf, und erlaube, dass sie genau dahinfließen, wo du sie brauchst und wo sie dir guttun. Es gibt nichts mehr zu tun, du brauchst niemandem zu gefallen und es niemandem recht zu machen, ruhe dich einfach aus.

Nun erlaube, dass vor deinem inneren Auge ein Tor entsteht, vielleicht eine Tür, ein Portal oder eine Spalte in einem Felsen – ein Tor, das dich in die Anderswelt hineinführt, in jene Welt, in der die Dinge viele Bedeutungen haben. Wenn du kein Tor erkennen kannst, dann stelle dir einfach eines vor. Du gehst hindurch und befindest dich tatsächlich in einer anderen Welt, selbst wenn sie dir sehr vertraut erscheint. Hier herrschen andere Gesetze, und die Dinge haben eine andere, tiefere Bedeutung.

Der innere Raum öffnet sich, und du nimmst ein Lichtfeld wahr, ein gesegnetes Energiefeld voller Schöpferkraft und Liebe. Nun bitte die Eizelle deiner Mutter, dir zu erscheinen, oder stelle sie dir einfach vor, die Eizelle, aus der heraus du entstanden bist. Sieh sie dir an, vielleicht ist sie lichtvoll und energiereich, vielleicht aber gibt es dunkle Flecken. Das

sind jene Energien, die deine Mutter mit sich herumträgt und die du von ihr übernommen hast. Bitte das Licht der Liebe, diese Eizelle zu reinigen, mit Licht und Segen zu erfüllen und sie zu einem vollkommenen Ausdruck des Lebens werden zu lassen. Nimm die Eizelle in deine Hände, und lass all deine Liebe hineinfließen, schicke einen Lichtstrahl aus deinem Herzen in die Eizelle hinein. Bitte darum, dass die Eizelle voll und ganz dem Leben zur Verfügung steht, und erlaube, dass sie von allem gereinigt und geheilt wird, was nicht der Liebe dient. Bitte die weiblichen Aspekte deiner Seele, die in diesem Leben zur Erde kommen wollen, in die Eizelle hineinzufließen, und danke deiner Mutter für diese Zelle. Wie auch immer dein Verhältnis zu deiner Mutter ist, danke ihr für diese eine Eizelle, und nimm das Leben an, das sie dir dadurch zur Verfügung stellt. Vielleicht erkennst du auch, dass die Eizelle so dunkel, so mit Schwere behaftet ist, dass du sie nicht reinigen kannst, oder dass das Verhältnis zu deiner Mutter so schwierig ist, dass du eine ganz neue Energie zur Verfügung gestellt haben willst. Dann halte die Hände auf, und bitte den Kosmos um eine neue Eizelle.

Nimm sie an, sende all deine Liebe und deinen eigenen Segen in diese Eizelle, und heiße den weiblichen Aspekt deines Selbst liebevoll willkommen. Bitte darum, dass all die seelischen Anteile, die sich durch diese Eizelle auf der Erde manifestieren wollen, nun einströmen, und sieh, wie sich die Zelle mit deiner Seelenkraft füllt. Nimm die Eizelle in deine linke Hand.

Nun wende dich der Samenzelle deines Vaters zu, und segne auch diese. Danke deinem Vater für diese eine Samenzelle, egal, wie dein Verhältnis zu ihm sonst auch sein mag. Reinige die Samenzelle von allem, was nicht Licht und Leben ist, und bitte um Segen. Erfülle sie mit Licht und deiner Seelenkraft, bitte alle männlichen Aspekte, die durch diese Samenzelle zur Erde kommen wollen, sich in ihr zu verankern. Wenn du erkennst, dass die Samenzelle zu dunkel, zu belastet, zu schwer ist, dann lasse sie los, und bitte den Kosmos, dir eine neue Samenzelle zur Verfügung zu stellen. Nimm sie voller Dankbarkeit an, und erfülle sie mit deiner Fürsorge, deinem Licht. Nimm die Samenzelle in deine rechte Hand.

Nun führe die Hände zusammen, und sieh, wie sich die gesunde Eizelle mit der ebenso gesunden Samenzelle vereinigt. Führe die Hände zu deinem Herzen oder deinem Bauch, und lass dich mit dir selbst schwanger werden. (Es ist sehr hilfreich, wenn dein Klient diese Handbewegung tatsächlich ausführt.)

Die Zellen verschmelzen, und die Eizelle nimmt all das, was sie braucht, damit neues Leben entstehen kann, in sich auf, den Rest lässt sie los. Und jetzt geschieht das Wunder des Lebens – deine mit Licht und Liebe erfüllte Zelle beginnt sich unter deinem Schutz zu teilen, und dein Körper entsteht ganz neu. Immer weiter teilen sich die Zellen, und jede einzelne ist mit Liebe, mit Licht und deiner Seelenkraft erfüllt. Mehr und mehr Kraft fließt in dich hinein, mit jeder neu entstehenden Zelle wächst deine Liebe zu dir selbst. Gib dir selbst den Schutz, den die Zellen brauchen, damit sie sich in einem geschützten Raum teilen können, und schicke in jede neu entstehende Zelle all deine Liebe. Du selbst bist nun der Hüter deiner Zellen, du sorgst dafür, dass jede Zelle mit Gesundheit und Lebenskraft erfüllt wird. Du entstehst neu in deinem eigenen Herzen oder in deinem Bauch, in deiner Mitte, so, wie es sich für dich am besten anfühlt. Erinnere dich, deine Zellen teilen sich dauernd, bilden sich immer wieder neu. Von nun an werden sie es voller Licht und Lebendigkeit tun.

Bleibe in diesem Gefühl, bis dein ganzer Körper von dir selbst erfüllt ist, und bringe dich dann mit dieser neuen Energie zurück in den Raum, in dem du dich befindest. Sei herzlich willkommen.

Selbstverständlich kann man diese innere Reise auch ohne die Erwähnung der Seele durchführen, dann sage einfach »deine Lebenskraft«.

Eine häufig gestellte Frage: »Wenn ich die Eizelle meiner Mutter oder die Samenzelle meines Vaters nicht annehmen kann, weil sie zu schwer oder zu dunkel ist, lehne ich damit nicht meine Eltern ab?«

Ich sage dann: »Nein. Die Seelen deiner Eltern wissen genau, dass die Last, die du übernehmen würdest, zu schwer ist, und dass es niemandem dient, wenn du sie weiter mit dir herumschleppst und damit auf Erden wirksam werden lässt. Mehr als alles andere wollen Eltern wahrscheinlich, dass wir glücklich und frei sind, auch wenn sie es vielleicht nicht ausdrücken können oder nicht bewusst in die Tat umsetzen. Du lehnst ja nicht deine Eltern ab, sondern die Angst und die Schwere, das alte Erbe. In Wahrheit lehnst du gar nichts ab, sondern triffst eine neue Wahl. Du bist bereit, mehr Leben und mehr Liebe zu verwirklichen, und nichts anderes wünschen sich deine Eltern für dich. Sie haben dir das Leben gegeben, und je mehr du es annehmen kannst, desto glücklicher werden sie sein.«

Die zweite Reise holt das Neugeborene gleich bei der Geburt ab. Ich halte diese Reise bewusst kurz, damit mein Klient sie auch allein gut nachvollziehen kann, sie ist ganz einfach, aber sehr wirkungsvoll.

Innere Reise: Sich selbst in Empfang nehmen

Erlaube dir, dich zu entspannen, es gibt jetzt nichts mehr zu tun. Du brauchst in diesem Raum niemandem zu gefallen und es niemandem recht zu machen. Du darfst ganz und gar so sein, wie du bist. Erlaube dir, ein wenig tiefer als sonst zu atmen.

Nun stelle dir bitte deine eigene Geburt vor. Du siehst dich aus dem Bauch deiner Mutter kommen oder wie du per Kaiserschnitt geholt wirst.

Nimm es wahr, wie es sich dir heute zeigt. Selbst wenn diese Geburt anders aussehen mag, als dir erzählt wurde, so ist diese Geburt für heute genau richtig. Sieh also das kleine Baby auf die Welt kommen. Und dann gehe sofort zu dem Baby hin, als der Erwachsene, der du bist. Nimm es in Empfang, halte es ganz bewusst. Sage diesem kleinen Baby, das gerade geboren wurde: »Ich bin für dich da. Du brauchst niemals allein zu sein und keine Angst zu haben, bei mir bist du sicher. Ich halte dich, und ich liebe dich. Ich freue mich über dich, und ich liebe dich für das, was du bist, egal, was du tust.«

Nun lege das Baby, wenn du willst, an deine Brust, und nähre es.

Ist mein Klient ein Mann, dann sage ich: »Wenn es sich für dich gut anfühlt, dann lege das Kind an deine Brust, auch wenn du ein Mann bist. Probiere es einfach aus. Kannst du es nicht selbst nähren, dann rufe bitte eine weibliche Kraft deines Vertrauens, Mutter Erde oder die Große Göttin. Gib ihr das Kind, damit sie es für dich nährt, und nimm es wieder in Empfang, wenn es satt ist.«

Mehr gibt es nicht zu tun, halte einfach das Baby, und sage ihm: »Ich bin für dich da, ich halte dich, und ich freue mich über dich.« Wie geht es dem Baby, wenn es so von dir gehalten wird? Und wie fühlst du dich, wenn du dein Inneres Kind hältst?

Bleibe nun noch ein wenig mit dem Baby auf dem Arm liegen, atme, und spüre die Geborgenheit.

Natürlich kann mein Klient nun nicht für den Rest seines Lebens dieses Baby halten. Aber er kennt ja jetzt den Zaubergarten. Es ist sehr hilfreich, wenn du deinem Klienten Folgendes anbietest: »Besorge dir eine Puppe oder ein Stofftier, das dich als Baby verkörpert. Nimm dir Zeit, egal, wie

komisch du dir dabei vorkommst, dieses innere Baby tatsächlich ein bisschen herumzutragen, wenn du zu Hause bist. Tue das ein paar Tage lang bewusst und dann immer wieder, wenn du diese tiefe Ungeborgenheit spürst. Diese Ungeborgenheit ist echt. Du wurdest als Kind nicht so gehalten, wie du es gebraucht hättest, warum auch immer. Deshalb schenke dir selbst diese Erfahrung, nicht nur geistig, sondern auch körperlich. Das Innere Kind ist nun einmal auch ein Teil deines Körpers.«

Reicht es nicht, wenn mein Klient diese innere Reise einmal macht? »Wie oft sollte man sich selbst in Empfang nehmen, und warum muss man das überhaupt wiederholen? Heißt das, es hat nicht gewirkt?«, fragen mich Klienten manchmal.

Meine Antwort darauf lautet: »So oft wie nötig. Weil es um die bewusste emotionale Erfahrung geht. Die Amygdala, die wir erreichen wollen, braucht ein paar positive Wiederholungen, bis die Löschneuronen aktiv werden. Auf der Bewusstseinsebene wirkt die Reise sofort, aber die emotionale braucht ein bisschen länger. Und auch die körperliche Ebene, auf der sich die Muskelverspannungen und der flache Atem angesiedelt haben, benötigt die bewusst erlebte, wiederholte Erfahrung des Gehaltenseins. Der Körper braucht einfach Zeit und Wiederholungen, bis er sich entspannt und der neuen Situation vertraut.«

Ich empfehle an dieser Stelle zusätzlich sehr gern Therapien, bei denen der Klient im warmen Wasser gehalten wird. Ich mache das nicht selbst, aber es gibt hervorragende Anwendungen, zum Beispiel Watsu, eine Kombination aus Wasserarbeit und Shiatsu, oder das Wassertanzen.

Eine weitere Art, das Innere Kind heilend zu berühren und ihm in jeder Lebensphase zu geben, was es braucht, ist eine Massagetechnik, die Dietrich von Oppeln-Bronikowski entwickelt hat: die Aluah-Trance-Massage aus Lemuria. Man kann von Lemurien halten, was man will, die

Massage ist wundervoll und berührt den Menschen je nach Anwendung in seinen bestimmten Alters- und Entwicklungsstufen. Das Buch[9] dazu ist sehr ausführlich, und es gibt Ausbildungen für diese Massage.

Die nachfolgende innere Reise kann eine immense Herausforderung sein, auch für dich als Therapeut. Bitte schaue erst für dich, ob du die folgende Sichtweise nachvollziehen oder teilen kannst. Wenn nicht, dann lass sie einfach weg. Ich erlebe sie als äußerst hilfreich. Sie bezieht sich auf die Seelenebene, nicht auf das geborene, verletzliche Innere Kind, das ist ganz wichtig.

Auf Seelenebene schauen die Dinge ein wenig anders aus. Hier sind wir nicht verletzlich, zumindest nicht emotional, und hier sind wir Schöpfer. Wenn also ein Kind unerwünscht geboren wurde, dann schauen wir auf der Seelenebene nach, wozu das diente, welche Erfahrungen die Seele machen wollte. Auch wenn du nicht auf der Seelenebene arbeitest, so kannst du doch mit dem Begriff »Sekundärgewinn« etwas anfangen. Wir schauen nach dem Sekundärgewinn all dieser Schmerzen und des Leides, aber eine Bewusstseinsetage höher. Und wir gehen noch einen Schritt weiter. Wir übernehmen spirituelle Verantwortung. Tue das bitte nur mit Klienten, die sich gut mit höheren Ebenen auskennen und die sich selbst gut halten können.

Hat eine Frau nicht das Recht, eben nicht Mutter werden zu wollen? Hat ein Mann nicht die Wahl, ob er sich als Vater zur Verfügung stellt oder nicht? Nicht mehr, wenn das Kind geboren wurde. Aber vorher schon. Und an dieser Stelle braucht es Heilung. Denn wenn eine Seele un-

---

9 Dietrich von Oppeln-Bronikowski: Lemuria-Ashamah. Die Aluah-Trance-Massage aus Lemuria, ch-falk Verlag 2002, Internet: www.lemuria.de (Lasst euch nicht beirren, ihr müsst nicht an Lemurien glauben! Die Massage ist zu gut, um sie deshalb zu ignorieren.)

erwünscht zur Erde kam, dann hat sie sich, so hart es klingt, über das Nein der Eltern hinweggesetzt. Ich werde in diesem Kapitel keine spirituelle Abhandlung darüber schreiben, dass die Dinge auf höherer Ebene verabredet sind und so weiter. Ja, das sind sie. Und natürlich gibt es ein Ja von Mutter und Vater, besonders von Mutter Erde, sonst wird das Kind gar nicht geboren. Wir aber begeben uns auf diese feine Linie, diesen schmalen Grat, an dem das Nein der Mutter, das Nein des Vaters gegen das Ja der Seele steht. Die Ebene, auf der die Seele, wenn man das Wort nutzen will, Täter statt Opfer ist. Warum? Damit umfassende Heilung geschieht. Denn wenn ein Mensch unerwünscht zur Erde kommt, dann weiß die Seele das. Und sie wird alles tun, um das wiedergutzumachen. Nicht nur das Kind kämpft vergeblich um die Liebe der Eltern. Auch die Seele möchte das Ungleichgewicht beheben. Ich gebe dir die Reise und überlasse dir vollständig, ob du sie anwendest oder nicht, doch ich möchte sie dir nicht vorenthalten.

Tiefe Erleichterung und echtes Loslassen geschehen in dem Moment, in dem die Seele die Verantwortung dafür übernimmt, dass sie das Nein der Mutter, des Vater ignoriert hat. Das widerspricht nicht der großartigen Lehre von Bert Hellinger, der Vater und Mutter achtet und ehrt und für das Leben dankt. Es ist einfach eine andere Ebene. Auch hier werden Vater und Mutter tief geachtet. Diesmal aber ihr Nein. Und das ist meinem Gefühl nach eine noch tiefere Achtung.

Diese Meditation bezieht sich auf die Seelenebene und ist deshalb sehr spirituell. Ich mache damit immer wieder äußerst gute Erfahrungen.

Innere Reise: Das Nein anerkennen

Mache es dir ganz bequem, erlaube dir, die Augen zu schließen. Es gibt nichts mehr zu tun, du brauchst niemandem zu gefallen, nicht einmal dir selbst. Dein Körper liegt sicher und geborgen auf seiner Unterlage, und du darfst dir bewusst machen, dass du in diesem Moment so sicher bist, wie das als Mensch auf der Erde überhaupt nur möglich ist.

Erlaube dir nun, innere Bilder wahrzunehmen, und stelle dir vor, du bist wieder im Bauch deiner Mutter. Wie fühlt sich das an?

(Oft verziehen Klienten dann das Gesicht und wollen loyal sein, aber wir brauchen die Wahrheit. Wenn sich ein Kind unerwünscht fühlt, dann fühlt sich der Mutterbauch meistens nicht gut an, das darf durchaus völlig subjektiv sein. Weil die Klienten nicht wissen, wohin die Reise geht, richten sie sich irgendwie ein und sagen: »Nicht so gut, aber ich kann es aushalten«, oder auch »Ich will da gar nicht hin«.)

Es darf sich anfühlen, wie es will, auch wenn das kein guter Ort für dich ist, wir brauchen deine Erfahrung im Bauch deiner Mutter als Ausgangssituation. So – wie fühlt es sich an? Ganz ehrlich?

(Manchmal fühlt es sich für den Klienten sehr gut an, im Bauch seiner Mutter zu sein, wir lassen es, wie es ist, gehen aber von hier aus immer auf die gleiche Weise weiter.)

Stelle dir nun bitte vor, aus deinem Bauchnabel kommt eine silberne Nabelschnur heraus, die dich mit deiner Seele verbindet. Und nun ziehe dich an dieser Nabelschnur zurück in das Reich deiner Seele, zurück in den Bereich, in dem du warst, bevor du geboren wurdest. Atme dich aus dem Bauch dei-

ner Mutter zurück in deine Seele, und nimm alles mit, was zu dir gehört. Lass alles im Bauch deiner Mutter zurück, was nicht zu dir gehört. Atme – ziehe dich nach oben, aus dem Körper heraus. Wie fühlt sich das an?

(Du spürst, wenn dein Klient in einem höheren Bewusstseinszustand angekommen ist.)

Wenn du nun von hier aus, aus einem höheren Bewusstsein heraus, nach unten auf den Menschen schaust, der du bist und der all diese Erfahrungen gemacht hat: Wie geht es dir damit? Und worum ging es wirklich? Welche Erfahrungen wolltest du auf einer höheren Ebene machen, wozu diente dein Unerwünschtsein? Was hast du dadurch gelernt?

(Wir brauchen echte Antworten auf dieser Ebene, so bleibe da, bis du welche bekommst, oder lass die Fragen wieder los, wenn gar nichts kommt.)

Und nun rufe bitte die Seele deiner Mutter. Schaue sie dir an, verneige dich vor ihr, und sage ihr: »Ich entlasse dich aus der Rolle, meine Mutter sein zu müssen, und ich bitte dich um Vergebung, dass du durch mich Mutter werden musstest, obwohl du das nicht wolltest. Ich respektiere jetzt dein Nein«. Schaue, wie deine Mutter reagiert und wie es dir damit geht.

(Wenn sich jetzt keine echte, tiefe Erleichterung einstellt, dann sind wir nicht auf dem richtigen Weg. Dann (aber nur dann!) sage ich: »Danke deiner Mutter dafür, dass sie dir das Leben gegeben hat.«)

Jetzt seid ihr frei und könnt das, was euch in Wahrheit verbindet, viel besser spüren. Du hast sie aus ihrer Rolle entlassen, ihr Nein anerkannt, und damit kannst du aufhören, um ihre Liebe zu kämpfen. Du hast sie aus ihrer Rolle entlassen, und damit kannst du deine eigene aufgeben.

Nun rufen wir die Seele deines Vaters. Sage auch ihm: »Ich entlasse dich aus der Rolle, mein Vater sein zu müssen, und ich bitte dich um Vergebung, dass du durch mich Vater werden musstest, obwohl du das nicht wolltest. Ich respektiere jetzt dein Nein«. Und nimm auch hier die tiefe Erleichterung bei euch beiden wahr.

Nun durchtrenne alle dunklen Fäden, die sich zwischen deiner Mutter und dir sowie deinem Vater und dir gebildet haben, und verneige dich noch einmal. Die Liebe kann nun frei fließen, so, wie sie will, und ihr könnt euch aus den Schuldzuweisungen und versuchten Wiedergutmachungen entlassen.

Es wird Zeit, eine neue Erfahrung zu wählen. Wenn du dir anschaust, wie sich deine Seelenwahl des Unerwünschtseins auf der Erde anfühlt, was lernst du dann daraus? Kannst du in Liebe leben, wenn du nicht in Liebe gekommen bist? Schaue bitte von hier oben aus auf den Menschen herab, der sein ganzes Leben um Liebe kämpfte, vor allem auf das Kind, und sende ihm dein ganzes Mitgefühl. Es wird Zeit, diesem Kind eine neue Erfahrung zu ermöglichen.

So erlaube nun, dass alle Seelenanteile, welche die Erfahrung, unerwünscht zu sein, angezogen haben, den Inkarnationsstrahl[10] verlassen. Sende alle Seelenaspekte, für die es jetzt Zeit wird, nach Hause zurückzukehren, weil ihre Erfahrungen abgeschlossen sind, in deine höchste Seelenflamme zurück.

Keine Sorge, das hat nichts mit Abspaltung zu tun. Du erlaubst einfach, dass alle Energien, die mit Ablehnung, Anstrengung und dem Kampf

---

10 Das, was durch die Silberschnur, die den Menschen mit der Seele verbindet, tatsächlich in den Körper hineinfließt. Es ist laut vieler Lehren und auch meiner Erfahrung nach nie die ganze Seele inkarniert.

um Liebe in Resonanz gehen, transformiert werden und in ihre ursprüngliche Seelenschwingung zurückkehren. Lass es einfach geschehen, das passiert von ganz allein, du brauchst es nur zu erlauben.

Und dann bitte darum, dass sich ein neuer Inkarnationsstrahl bildet. Bitte darum, dass sich jetzt all die Seelenkräfte, die Liebe, Erfüllung, Leichtigkeit und Glück anziehen, zu einem neuen Seelenstrahl zusammenfügen. Wenn du diesen neuen Seelenstrahl wahrnimmst, sende ihn bitte ins Herz von Mutter Erde, und bitte sie darum, dir einen Kraftplatz auf der Erde zu erschaffen. Bitte sie, zu antworten und aus ihrem Herzen heraus einen Energiestrahl zu senden, der deine Seele auf die Erde einlädt. Und das geschieht – jetzt.

Der Herzensstrahl von Mutter Erde strömt nach oben, berührt deine Seele, verbindet sich mit ihr, und jetzt entsteht aus dem Herzensstrahl von Mutter Erde und deinem neuen Inkarnationsstrahl eine stabile Lichtsäule. Du nimmst wahr, wie sich auf der Erdoberfläche ein Energiefeld bildet – dein Platz auf der Erde entsteht ganz neu.

Erlaube dir nun, dich selbst als der Mensch, der du heute bist, auf diesen Platz zu stellen. Stelle dir nun vor, wie der neue Inkarnationsstrahl in dich hineinfließt, einfach so. Oder aber, wenn sich das für dich gut anfühlt, erlaube dir selbst, mit dir schwanger zu werden. Lass diesen Inkarnationsstrahl in deinen Bauch hineinfließen, egal, ob du Mann oder Frau bist, und stelle dir vor, wie du selbst als Embryo neu in dir entstehst. Schicke nun all deine Liebe zu diesem neu entstehenden Wesen, und versprich ihm, es zu halten, gut für es zu sorgen und für es da zu sein.

Wie fühlt sich das an, ein geliebtes Inneres Kind in dir zu haben? Und wie fühlt es sich an, dieses geliebte Kind zu sein, das hier neu entsteht? Bleibe in diesem Gefühl, lass es in alle Zellen hineinfließen.

Komme dann in deiner Zeit mit all dieser neuen Energie in den Raum zurück, in dem du dich befindest. Deine Eltern dürfen jetzt sein, was und wie sie sind, und du kannst dich selbst halten und nähren.

Lässt sich dein Klient nicht auf die oben beschriebene innere Reise ein, ist sie dir selbst zu spirituell, oder spürst du Widerstand in dir, dann probiere Folgendes:

Übung: Der ideale Platz auf der Erde

Richte in deinem Therapieraum einen runden Platz, am besten in der Mitte, wunderschön her. Lege einen runden Teppich oder ein Tuch auf den Boden, und schmücke den Platz außen herum mit Kerzen, Blumen, Steinen und allem, was du eben magst. Lass eine Lücke im Schmuck, einen Eingang. Kennst du dich mit dem Medizinrad aus, dann kannst du gern die Himmelsrichtungen entsprechend dekorieren. (Nutze gegebenenfalls einen Kompass.) Der Eingang sollte, wenn du ausdrücklich ein Medizinrad legst, im Süden (Geburt und Inneres Kind) sein. Passt ein südlicher Eingang vom Platz her so gar nicht, dann wirst du deine Lösung finden, und dann hat auch das seinen Sinn.

Wenn du willst und sich das gut für dich anfühlt, dann rufe die guten Kräfte deines Klienten, die Selbstliebe, das Selbstwertgefühl und die Erlaubnis, am Leben zu sein, auf diesen Platz. Entweder tust du das bereits vor Beginn der Stunde, wenn du deinen Klienten kennst und weißt, dass du heute mit dem unerwünschten Inneren Kind arbeiten willst, oder du tust es während der Sitzung, wenn du spürst, dass dein Klient seinen Platz auf der Erde nicht findet. Es ist also sinnvoll, in deinem Raum ein rundes Tuch, einen langen Schal oder einen runden Teppich parat zu haben.

Nun bitte deinen Klienten, sich neben diesen geschmückten Platz zu stellen. Frage ihn: »Was wäre, wenn du einen Platz auf der Erde hättest, der dich willkommen heißt und an dem du in deiner vollen Strahlkraft leuchten könntest?«

Höre ihm zu, und frage ihn dann: »Bist du denn bereit, deinen Platz auf der Erde einzunehmen, auch wenn das bedeutet, dass du dich nicht mehr verstecken kannst? Denn so ist es. Bewusst den eigenen Platz einzunehmen bedeutet, bewusst Verantwortung für sich selbst zu übernehmen. Der Sekundärgewinn des Opferseins fällt weg, und du wirst sichtbar.«

Nun erlebe ich unterschiedliche Reaktionen, Begeisterung, aber auch Zögern. Ich nehme meinen Klienten an die Hand und führe ihn durch das »Tor« in die Mitte des Teppichs.

»Das ist dein Platz auf der Erde«, sage ich dann feierlich. »Er gehört nur dir. Wenn du ihn nicht einnimmst, dann bleibt er leer. Er kann nur durch dich belebt werden. Wie fühlt es sich denn an, auf diesem Platz zu stehen?«

Nun dürfen die Prozesse geschehen, die heute geschehen wollen. Den eigenen Platz einzunehmen ist, als bekäme das System des Klienten eine Erinnerung an sich selbst. Die Fähigkeit, sich selbst auf eine gute, gesunde Weise neu zu organisieren, wird aktiviert und bekommt Raum.

Sage deinem Klienten, dass er sich auch zu Hause einen sichtbaren »Platz auf der Erde« erschaffen darf. Dort kann er sich immer dann aufhalten, wenn er sich selbst nicht mehr spürt oder das Gefühl für seine Daseinsberechtigung verliert.

»Verlasse nun diesen Platz, aber nimm deine Energie mit, das ist dein Platz«, sage ich dann, und damit ist die Übung beendet.

Es ist wichtig, dass der Klient das Unerwünschtsein aus verschiedenen Perspektiven wahrnimmt und Mitgefühl für sich selbst, aber genauso für seine Eltern in sich entdeckt. Denn es ist nun einmal eine große Herausforderung, ungewollt schwanger zu werden. Immerhin haben die Eltern das Kind bekommen, das darf und muss zur Stabilisierung des Gleichgewichts innerhalb des Familiensystems gewürdigt werden.

Das Entlassen der Eltern aus der Rolle, zu der sie auf einer Ebene Nein sagten, befreit zutiefst. Die meisten Klienten stellen danach fest, wie viel ungezeigte Liebe in Wahrheit die ganze Zeit vorhanden war.

Wenn unser Klient anerkennt, dass er selbst seinen Teil zum Ungleichgewicht beigetragen hat, wenn auch auf völlig anderen Ebenen, kann er aufhören, seine Eltern zu verurteilen, sich selbst als nicht gut genug wahrzunehmen und ständig um Liebe zu kämpfen.

Zusammengefasst:

❖ Das Unerwünschtsein muss von verschiedenen Ebenen aus betrachtet werden, der Opfer-, aber auch der Täterebene, damit echter Frieden entsteht.

❖ Der Klient übernimmt bewusst Verantwortung für beide Aspekte, respektiert das Nein der Eltern auf Seelenebene und beschützt das verletzte, geborene Innere Kind.

❖ Der Klient nimmt sein Inneres Kind in seine Obhut und ist nun sich selbst Vater und Mutter.

❖ Er findet seinen Platz auf der Erde, nimmt ihn ein und steht nun sichtbar in seiner Kraft und Selbstverantwortung.

Halten und gute Botschaften

Dein Klient betritt die Praxis, und du weißt plötzlich, dass du heute mit Bewusstseinsarbeit nicht weiterkommst, dass sein System etwas anderes braucht. Stellst du für ihn auf, was er heute braucht, spürst du auf einmal den Wunsch nach Geborgenheit und Wärme. Gib sie ihm. Das Nachnähren ist ein wesentlicher Bestandteil einer Therapie für das Innere Kind, und einen Teil davon darf dein Klient passiv erleben, ohne etwas dafür tun zu müssen. Warum? Weil auch das Annehmenkönnen wesentlich für seine Genesung ist. Lass uns das heute üben.

Bislang haben wir geistig gearbeitet, das Bewusstsein des Klienten angeregt. Er musste etwas tun, nämlich sich selbst spüren, sich selbst glauben, sich mit deiner Hilfe selbst auf die Schliche kommen. In diesem Kapitel geht es darum, wie du deinen Klienten nährst. Das Innere Kind braucht positive Bestätigung, und es braucht körperliche Zuwendung. Ich weiß nicht, auf welche Weise du für deine Klienten da bist, ob du Körperkontakt mit ihnen hast oder nicht. Wenn du Körperarbeit machst oder bereit bist, dich darauf einzulassen (nach sorgfältiger Überprüfung, ob das auch für dich angenehm ist), dann biete ich dir folgende Übung an:

Übung: Halten und gute Botschaften

Setze dich selbst bequem hin, so, dass du mit dem Rücken gut abgestützt bist. Erlaube nun deinem Klienten, sich so in deine Arme zu legen, wie es für euch beide passend ist. Mache das nur, wenn du dich wirklich damit wohlfühlst. Ich lasse meinen Klienten immer bequem auf der Matte liegen, decke ihn zu, er kann sich auf die Seite rollen, wenn er mag, und ich gebe ihm ein Kuscheltier zum Halten. Ich lege meine Hände auf Schulter und Rücken oder so, wie es sich stimmig anfühlt. Wenn sich dein Klient nicht gern halten lässt, dann ist das eine gute Möglichkeit, ihn zu berühren und dennoch gebührenden Abstand zu wahren.

Energetisch gehst du nun bewusst in die Mutter- oder Vaterrolle. Sage deinem Klienten: »Erlaube dir, dich ganz und gar wie ein Kind zu fühlen, ich halte dich gern, und du kannst mir vertrauen. Schließe deine Augen, und komme in meinen Armen (oder in dieser Situation) an. Ich bin für dich da, du brauchst nichts für mich zu tun. Ich gebe dir nun gute Botschaften für dein Inneres Kind, und ich bitte dich, nimm sie ganz tief in dich auf.«

Wenn ihr beide entspannt seid, wenn du die liebende, nährende Mutterenergie oder die schützende Vaterkraft gut spürst und das Gefühl hast, dein Klient atmet ein wenig tiefer (ein gutes Zeichen ist immer, wenn der Bauch zu gluckern anfängt, dann wissen wir, dass sein Nervensystem vom Sympathikus in den Parasympathikus schaltet und er sich entspannt), dann sage mit sanfter Stimme folgende Sätze:

»Ich liebe dich für das, was du bist, nicht für das, was du tust.
Ich liebe dich bedingungslos.
Bei mir bist du sicher.
Ich halte dich.
Ich sorge von nun an für dich.
Ich achte darauf, dass es dir gut geht.
Ich höre dich, ich sehe dich, und ich nehme dich wahr.
Du bist mir wichtig, und ich sorge gern für dich.
Ich bin stark und kann auf dich aufpassen.
Ich bin für dich da, aber du musst nicht für mich da sein.
Du darfst Fehler machen. Wenn du hinfällst, dann helfe ich dir wieder auf.

Du bist wertvoll, und ich beschütze dich gern.

Du bist ein sexuelles Wesen, und du bist schön.

Ich kann auf mich selbst und zugleich auf dich aufpassen, du darfst dich einfach entspannen.

Ich freue mich über deine Lebendigkeit und Wildheit.

Du darfst so stark und auch so schwach sein, wie du nun einmal bist. Ich bin für dich da.

Meine Liebe hält dich gesund.

Du darfst dem, was du fühlst, vertrauen.

Du darfst mir jederzeit zeigen, wie es dir geht.

Du darfst sein, wie du bist, du brauchst niemandem zu gefallen, auch mir nicht.

Ich sorge für dich, wenn du Angst hast.

Du musst meine Erwachsenenangelegenheiten nicht meistern, das mache ich selbst.

Du bist das Kind, du darfst spielen, und du darfst verletzlich sein.

Wenn du dich verletzt fühlst, dann darfst du mir das sagen, und ich tröste dich.

Du darfst empfindlich und empfindsam sein.

Du darfst mir immer sagen, was du brauchst, und ich sorge, soweit es in meiner Macht steht, dafür, dass du es bekommst.«

Das sind womöglich zu viele Botschaften, vielleicht wählst du vorher aus, welche du passend findest. Erlaube dir gern auch, das zu sagen, was du für eine gute Botschaft hältst, du kennst deinen Klienten und weißt je nach Thema, was er braucht.

Mache diese Übung so lange, wie es sich für euch beide gut anfühlt. Bitte deinen Klienten, dir zu sagen, welche Botschaften ihn am meisten berührt haben, welche er gern noch einmal hören möchte. Und dann sage sie ihm so lange, bis du spürst, dass die Energie, die Liebe, wirklich im Herzen ankommt.

Löse die Verbindung sehr achtsam, und ziehe unbedingt deine Fäden zu dir zurück, nachdem du deinen Klienten sanft losgelassen hast.

Deine Fäden zurückziehen:

Stelle dir vor, dass aus deinem Bauch heraus Lichtfäden kommen, mit denen du in Beziehung mit allem gehst, was um dich herum ist, privat, aber auch beruflich. Besonders mit dem Inneren Kind deines Klienten gehst du eine sehr innige Beziehung ein, und das soll auch so sein. Gerade deshalb aber ist es so wichtig, diese Verbindung auch wieder zu lösen, wenn die Sitzung vorbei ist. Sieh also diese Fäden, die aus dir herauswachsen, und nimm wahr, wie sie deinen Klienten berühren und nähren. Ziehe diese Fäden nun mit ein paar Atemzügen bewusst in deinen Bauch zurück, damit du nicht »kleben bleibst«. Bitte auch deinen Klienten, das zu tun, ganz ausdrücklich und bewusst, damit er seine Selbstverantwortung zu sich zurücknimmt und sich nun wieder selbst hält. Sonst bleibt er mit einem Teil im Inneren Kind hängen und wird abhängig von dir, was fatal wäre, wenn er deine Praxis verlässt.

Sage ihm nun bitte ausdrücklich, dass du die Rolle seines Vaters oder seiner Mutter nun wieder verlässt und in die Therapeutenrolle zurückkehrst. Das ist wirklich wichtig. Denn die Gefahr ist groß, dass das bedürftige Innere Kind deines Klienten zu übertragen beginnt. Das geschieht sowieso, aber es ist, anders als in der Psychoanalyse, nicht unser Ziel.

Sei bitte sehr achtsam, wenn du deinen Klienten in den Arm nimmst, so leicht dir das vielleicht auch fallen mag. Er ist vielleicht schon seit Jahren nicht mehr gehalten worden, und du kannst dadurch große Emotionen in ihm auslösen. Das soll auch so sein. Seien wir einfach nur achtsam und

uns dessen bewusst. Nimm ihn nur in den Arm, wenn du die Energie auch halten kannst, im Bewusstsein, dass du einen großen therapeutischen Schritt gehst. Denn du bist weder Partnerin noch Freund, auch nicht flüchtiger Bekannter. Du bist für deinen Klienten Heilsbringer, Übertragungsobjekt, Vater und Mutter zugleich, und es geschieht sehr rasch, dass dein Klient von dir abhängig wird, wenn ihr mit dem Inneren Kind arbeitet. Damit musst du umgehen können, ohne ihn zurückzuweisen. Ich tue mich schwer damit, meine Klienten in den Arm zu nehmen (außer zur Begrüßung und zum Abschied), weil das Halten nicht zu meinen üblichen Therapiemethoden gehört. Bist du vertraut mit Körperarbeit, dann gehört das Halten sowieso zu deinen Techniken, und du verstehst vielleicht gar nicht, wie man sich so viele Gedanken machen kann. Bist du es nicht, sei achtsam, vor allem mit dir selbst. So heilsam es ist, den Klienten zu halten, so verletzend ist es auch, wenn er sich nicht wirklich gehalten fühlt. Schaue also, ob du das tatsächlich kannst.

Auch für deinen Klienten kann es eine große, vielleicht zu große Hürde sein, so viel Nähe zuzulassen. Wenn du spürst, dass er sich verkrampft, dann wiege ihn ein wenig, bis der Atem tiefer geht. Passiert das nicht, dann biete ihm eine andere Möglichkeit des Haltens an. Gib aber nicht zu schnell auf, denn genau diese Hürde wollt ihr ja überwinden und das Loslassen der Kontrolle üben.

Was dieses In-den-Arm-Nehmen in uns selbst auslösen kann, möchte ich dir hier erzählen:

2001 arbeitete ich in einer wunderbaren Praxis für Physiotherapie, ganzheitlich, aber auch auf Rezept. Einmal kam ein Patient mit sechs Anwendungen, er hatte Rückenschmerzen, soweit ich mich erinnere. Und eine klinische Depression. Er wirkte sehr grau und leblos, wirklich krank. Ich massierte ihn und gab ihm eine Fußchakramassage mit Aura-Soma-

Öl, Rot über Rot für das Wurzelchakra. Er redete über seine Depressionen und darüber, dass sein Leben keinen Sinn mehr hatte. Am Ende der Behandlung setzte er sich auf, schaute mich an und sagte mit sehr tonloser Stimme: »Können Sie mich einfach mal in den Arm nehmen?«

Da stand ich nun. Meine Funktion war die einer Physiotherapeutin. Was sollte ich tun? Vielleicht hast du rasch eine Antwort darauf, nun, ich hatte sie nicht. Denn es kann immer wieder vorkommen, dass Patienten die übliche Grenze zwischen sich und dem Physiotherapeuten, dessen Arbeit nun einmal körperlich ist, überschreiten. Diese Grenze zu wahren, ganz bewusst und ausdrücklich, gibt beiden, Patient und Therapeut, die Sicherheit, die man braucht, um eine ordentliche Behandlung abzuliefern und anzunehmen.

Ich nahm ihn nicht in den Arm, ich bat ihn, sich noch einmal hinzulegen, und gab ihm durch Handauflegen Energie, wie ich es in den energetischen Behandlungen tat. Ich blieb in der professionellen Rolle. Er hatte mich gebeten, ihn in den Arm zu nehmen, und damit gemeint: »Könnten Sie aus der Rolle der Therapeutin aussteigen und mir ganz normale, menschliche Wärme geben?« Ich tat es nicht, und ich frage mich bis heute, ob ich nicht einen großen Fehler gemacht habe. Denn er kam nicht mehr zur Behandlung. Ich erfuhr, dass er zum wiederholten Male in eine Psychiatrie eingeliefert worden war und sich einige Tage später das Leben genommen hatte. Natürlich weiß ich, dass meine Umarmung ihn nicht gerettet hätte. Aber weiß ich das wirklich? Hätte ich ihm vielleicht einen Impuls geben können, der sein System wieder ins Leben geholt hätte? Ich kenne weder seine Geschichte noch seine Krankenakte, und es fühlt sich auch beim Schreiben nicht so an. Wissen kann ich es dennoch nicht.

Warum erzähle ich dir das? Damit du dir klar machst, dass du eine sehr wichtige Funktion hast, die du halten können musst, wenn du deinen Klienten in den Arm nimmst. Ich hätte es nicht gekonnt, mich hätte seine

Depression überwältigt, weil ich nicht in der Psychotherapeutenrolle war, sondern als Physiotherapeutin agierte. Ich hatte einen anderen Auftrag. Achte einfach auf dich, und gib alles, was dir möglich ist. Weder mehr noch weniger.

Diese Halteübung kann unser Klient natürlich auch mit seinem eigenen Inneren Kind durchführen, das sollte er auch. Hier eine innere Reise, mit der sich dein Klient selbst liebevoll zu berühren lernt.

Innere Reise: Streichelmassage für das Innere Kind

Lege dich bitte bequem hin, und schließe deine Augen. Stelle dir die gemütlichste, bequemste Liegefläche vor, die es überhaupt gibt. Sie darf an einem ganz außergewöhnlichen Ort sein, in den Wolken, in einem Baumhaus oder wo es dein Inneres Kind eben mag. Bitte nun dein Inneres Kind zu dir, und sage ihm, dass du es sehr liebst und ihm das gern zeigen möchtest. Nimm es in den Arm, nimm Kontakt mit ihm auf. Sage dann deinem Inneren Kind, dass es sich, wenn es das will, hinlegen darf. Frage es bitte, ob du dich danebenlegen darfst, wenn du das möchtest, sonst setze dich in Gedanken neben das Kind.

Reibe nun deine Handflächen fest aneinander, damit sie sich energetisch aufladen. Und dann lege deine sehr warmen Hände achtsam auf den Körper deines Inneren Kindes. Am besten auf den Rücken. Falls es aber so liegt, dass du nicht an den Rücken herankommst, dann fühle, wo dein Inneres Kind am liebsten berührt werden will. Spürst du das nicht, dann frage es einfach! Du spürst, ob dein Inneres Kind offen ist und sich an dich kuschelt, ob es sich streckt und sich über die Berührung freut oder ob es sich verkrampft und zusammenzuckt. Dann halte es einfach ein wenig, lass die Hände auf ihm liegen, und sage ihm: »Ich halte dich.« Mehr solltest du in diesem Fall heute nicht tun, berühre es für ein paar Minuten. »Ich halte dich.«

Genießt dein Inneres Kind die Berührung, dann beginne, es sanft zu streicheln. Streiche im Uhrzeigersinn (weil die Darmperistaltik so herum arbeitet) über den Bauch, massiere die Füßchen, streichle sein Gesicht. Sage deinem Inneren Kind nach einer Weile, dass es sich auf den Bauch drehen darf, wenn es das möchte. Zwischen den Schulterblättern sitzt das sogenannte Tor des Vertrauens, es ist der hintere Bereich des Herzchakras. Lege deine Hände darauf, und halte das Kind einfach. Streichle besonders den Nacken und die Schultern. Wenn das Kind es will, darf es sich natürlich auch ausziehen. Geschieht das, dann erscheint vor deinem inneren Auge ein Fläschchen mit warmem, wunderbar duftendem Heilöl, das genau die Energie enthält, die dein Inneres Kind heute braucht. Reibe dir die Hände damit ein, und streiche sanft über den kleinen Körper des Inneren Kindes. Habe keine Angst, auch den Po des Inneren Kindes zu streicheln, das kann sehr angenehm sein und ist ganz und gar asexuell. Denn gerade hier verkrampfen wir uns häufig, wenn wir Stress haben und funktionieren müssen, was dann zu Kreuzschmerzen und sogar Bandscheibenvorfällen führen kann.

Wenn du willst, dann kannst du noch einen Schritt weitergehen. Stelle dir nun vor, aus deinen Händen wachsen leuchtend goldene Lichtstrahlen. Frage dein Inneres Kind, ob du es auch innen berühren darfst. Wenn es das erlaubt, dann lass deine Lichtfinger in das Innere des Inneren Kindes hineingreifen, und streichle auch die Organe.

Verbringe so viel Zeit damit, dein Inneres Kind zu streicheln, wie es sich für euch beide gut anfühlt. Lege dich am Ende zu deinem Inneren Kind, und halte es einfach, wenn es das will. Wenn es nun dich streicheln will, dann erlaube ihm das, das Innere Kind braucht genauso Gelegenheit, um seine Liebe zu zeigen, wie du.

Selbstverständlich kannst du diese Massage mit deinem Inneren Kind auch in einer gedachten oder echten, warmen Badewanne durchführen oder an jedem anderen Platz der Welt! Wenn ihr fertig seid, dann bringe dein Inneres Kind bitte in den Zaubergarten, bevor du die Augen öffnest, oder lass es einfach an deiner Seite mit in die Außenwelt kommen, je nachdem, was du nun vorhast.

Recke und strecke dich ein wenig, komme dann in deiner Zeit zurück in den Raum, in dem du dich befindest. Und freue dich auf dein nächstes Kuscheltreffen mit deinem Inneren Kind!

Eine andere Übung, eine Hausaufgabe, ist folgende:

Schreibe deinem Klienten die »Guten Botschaften« ab, oder lass ihn sie sich selbst aufschreiben. Bitte ihn, sich ein Stofftier oder eine Puppe zu besorgen, das/die stellvertretend für sein Inneres Kind steht. Wenn es zu deiner Therapieform passt, dann könnt ihr das auch gemeinsam tun! Das ist kein Geschenk für das Innere Kind, sondern ein Stellvertreter, den er in den Arm nehmen kann.

In der Praxis hast du entweder ein paar Kuscheltiere, oder du gibst deinem Klienten einfach eine Nackenrolle oder eine zusammengerollte Decke.

Übung: Das Innere Kind halten

Bitte deinen Klienten, diese Nackenrolle nun so in den Arm zu nehmen, als wäre es ein geliebtes Inneres Kind.

»Mache es dir bequem«, sage ich, »und stelle dir vor, du liebst dieses Kind wirklich. Nun gib ihm bitte all die guten Botschaften, die auf dem Papier stehen, oder, noch besser, finde deine eigenen.«

Dein Klient hält nun also eine Puppe, ein Stofftier oder eine Nacken-rolle im Arm und sagt zur Nackenrolle gewandt: »Ich liebe dich für das, was du bist, nicht für das, was du tust« und so weiter.

Was, wenn der Klient sich dabei dumm vorkommt, sich also schämt? Das macht nichts. Sage ihm: »Tue so, als ob, tue so, als würdest du dein Inneres Kind halten, tue so, als würdest du es lieben. Warum hilft das ›so tun, als ob‹? Weil es auf die Handlung ankommt. Die Handlung öffnet et-was im Inneren. Das Gehirn bekommt eine neue Information. So, wie wir von einem Film berührt werden, in dem auch nur so getan wird, als ob, entstehen neue Verbindungen im Gehirn, wenn wir uns an irgendeiner Stelle abholen. Das Innere Kind in den Arm zu nehmen und ihm gute Bot-schaften zu geben ist ein wichtiger Schlüssel zu unserer Selbstliebe, auch wenn wir sie noch nicht wirklich spüren. Du bezeugst damit deine Bereit-schaft, dich selbst anzunehmen, und das ist großartig.«

Diese guten Elternbotschaften gibt es auch auf CD. Sie ist nicht von mir, sondern von einer hervorragenden Therapeutin, die ich sehr schätze. Weil sie diese Übung ursprünglich entwickelt hat, bitte ich dich, ihre CD[11] zu nutzen.

Immer, wenn sich dein Klient einsam fühlt, kann er diese Übungen für sich nutzen und bewusst liebevolle Zeit mit sich und seinem Inneren Kind verbringen. Natürlich tun das die wenigsten zu Hause. Deshalb biete ich Seminare an und führe dort die Halteübungen durch. Die Seminarteil-nehmer halten sich gegenseitig, oder jeder bleibt für sich und kuschelt sich mit einem Stofftier auf die Matte, je nach Gruppe und jeder so, wie er das will. Es braucht einfach ein wenig Zeit, vor allem aber Übung und Bereit-

---

11 Vatika Jakob: Heilmeditation für das Innere Kind, www.vatika.ch

schaft, sich selbst neu kennenzulernen und neue Wege zu finden, achtsamer mit sich selbst umzugehen.

Du als Therapeut brauchst nicht härter zu arbeiten als dein Klient, das ist ein Grundsatz in der Psychotherapie, und es würde auch nichts nutzen. Gib also, was du hast und kannst, aber fordere auch, dass dein Klient seinen Teil beiträgt.

Nachdem mein Klient diese guten Botschaften gehört hat, ist er üblicherweise sehr berührt und offen, spürt Themen, die er bislang nicht in dieser Deutlichkeit wahrgenommen hat. Geht es ihm gut, können wir die Sitzung beenden. Wenn nicht, dann schauen wir jetzt, in welcher Situation sein Inneres Kind, also er als Kind, verletzt wurde und welche Botschaft ihn dort berührte. Wie machen wir das? Indem wir die innere Reise: »Die Spur des Schocks zurückverfolgen« (siehe S. 114) oder die Technik des leeren Stuhls nutzen.

Noch einmal zur Übung und Verdeutlichung:

Übung: Heilende, gute Botschaften
Technik: Der leere Stuhl

Du stellst einen Stuhl für deine Klienten auf, den anderen für das in der vorigen Halteübung gesehene, verletzte Innere Kind.

Dein Klient setzt sich zunächst auf »seinen« Stuhl und nimmt wahr, wie es ihm geht, vor allem in Bezug auf sein gedachtes Gegenüber. Hast du alles gehört, was er zu sagen hat, bittest du ihn, sich nun auf den Platz des verletzten Inneren Kindes zu setzen, und fragst, welche Erinnerungen in ihm aufsteigen. Es ist ganz wichtig, diese Erinnerungen nicht zu zensieren. Es ist für diese Übung egal, ob sie stimmen oder nicht, denn wir rufen seine Emotionen ab, nicht seine Biografie. Auf anderer Ebene ist biografische Genauigkeit wichtig, aber nicht auf dieser.[12] Warum nicht? Weil unser Klient üben will, sich selbst zu halten und sich selbst gute Botschaften zu geben, sich selbst zu retten. Diese Selbstfürsorge zu lernen ist für diesen Moment wichtiger, als zu erkennen, ob die Gefühle des Kindes der Situation angemessen waren oder nicht.

»Welche Botschaft hat dich am meisten berührt oder dich an der Stelle berührt, an der es jetzt schmerzt?«, frage ich ihn. Das wissen die meisten Klienten. Dann führe ich ihn in einer Meditation in diese Situation zurück, er rettet sein Inneres Kind und bringt es in den Zaubergarten, wie weiter oben beschrieben. Im Zaubergarten lasse ich ihn sein Inneres Kind selbst halten. Er gibt seinem Inneren Kind selbst ein paar Mal diese besonders berührende, gute Botschaft. Dann fragen wir das Innere Kind, ob es denn überhaupt noch auf der Erde sein will. Wenn ja, ist alles gut, und wir überantworten es dem Hüter des Zaubergartens. Wenn nicht, nutzen wir die Lichtsäule, um es in höhere Sphären zu entlassen. Sein Schutzengel oder Mutter Maria holt es ab, und es darf nach Hause gehen.

Zusammengefasst

❖ Das Halten berührt den Klienten auf einer sehr tiefen, unterbewussten Ebene.
❖ Es ist nie zu spät für gute Botschaften, je treffender, desto besser.

---

12 Es kann sehr heilsam sein zu erkennen, dass die eigenen Erinnerungen getrübt sind. Unser Gehirn reagiert emotional auf das, was wir glauben, nicht auf das, was tatsächlich stattfindet. Eine Klientin, die sich seit ihrer Geburt von ihren Eltern immer abgelehnt gefühlt hatte, erkannte während einer inneren Reise auf einmal, dass ihre Mutter sie sehr wohl gewollt hatte. Es war die Großmutter, die gegen eine weitere Schwangerschaft gewesen war! Dadurch konnte sie in Frieden kommen und fühlt sich seitdem geliebt und anerkannt.

- ❖ Jeder kann lernen, sich selbst zu halten und seinem Inneren Kind zu geben, was es braucht.
- ❖ Gleichzeitig ist das Gehaltenwerden von einer anderen Person sehr heilend.
- ❖ Wenn wir den Klienten halten, müssen wir uns dabei selbst halten können.
- ❖ Die Verbindung sauber zu trennen dient sowohl dem eigenen als auch dem Wohl des Klienten.

Helfer für das Innere Kind

Du hast bis hierher gelesen und hoffentlich das ein oder andere schon für deine Arbeit nutzen können. Sicher ist dir aufgefallen, dass ich immer dann, wenn das Innere Kind Hilfe braucht, auf bestimmte Wesenheiten zurückgreife. Das hat einen Sinn und ist für den Klienten sehr hilfreich.

Glaubst du an Engel? An Mutter Erde? An Drachen? Musst du nicht. Dennoch ist es sehr sinnvoll, diese Kräfte, ob es sie nun gibt oder nicht, mit in eine Therapie einzubeziehen. Denn all diese Kräfte sind Energien, die im Inneren deines Klienten aktiviert werden, sogenannte Archetypen. Wie das mit Archetypen so ist, brauchst du zwar nicht an sie zu glauben, aber beliebig sind sie dennoch nicht. Ich nutze diese inneren Kräfte sehr oft. Denn wenn ein Klient zu mir kommt, dann ist er in Not, und er hat nur wenige Kraftreserven. Sich um sein Inneres Kind zu kümmern überfordert ihn meistens, und das ist auch in Ordnung. Er braucht es nicht allein zu tun, das ist eine sehr wesentliche Botschaft. Auf einmal Hilfe und Unterstützung zu haben versöhnt ihn meistens sehr schnell mit seinen Verletzungen und Erfahrungen. Denn er erlebt sich selbst nun wirklich anders, und das schafft Vertrauen in sich selbst und in das Leben. Er ist erwachsen und kann sich um sich selbst kümmern, aber dieser Zustand reicht nicht aus, um wirklich heil zu werden, denn dann müsste er wieder alles allein machen, die Einsamkeit bliebe. Wenn ich ihm aber innere Helfer zur Seite stelle, dann bekommt sein Gehirn eine echte neue Botschaft: »Du bist nicht mehr allein. Das Innere Kind nicht und du als Mensch auch nicht. Du wirst gehalten, gesehen, beschützt und geliebt.«

Diese inneren Helfer stehen dem Inneren Kind auf ganz bestimmte Weise zur Seite, und sie sind nicht austauschbar, das zeigt die Erfahrung. Früher war es mir ganz wichtig zu wissen, ob es diese Kräfte wirklich gibt oder nicht, weil ich auf keinen Fall in einer Illusion leben wollte. Heute se-

he ich das anders. Denn am Ende wissen wir sowieso nicht, wie real all das ist, was wir wahrnehmen, und jeder von uns hat sein subjektives Erleben.

Wen kannst du rufen? Und wann? Immer dann, wenn du das Innere Kind triffst und spürst, dass dein Klient es nicht wirklich erreicht, es allein nicht halten kann oder wenn du ahnst, dass es nicht seine Aufgabe ist, dieses Innere Kind zu halten, zumindest nicht in dieser Situation, dann rufe helfende Kräfte. Ich rufe Mutter Erde, Mutter Maria oder eine andere weibliche Kraft, wenn es ein ungehütetes Inneres Kind gibt, das Mutterliebe und emotionale Nahrung, Liebe und Geborgenheit braucht. Du kannst genauso die Große Göttin rufen oder aber sagen: »Jetzt erscheint genau die mütterliche, liebende Kraft, die dein Inneres Kind heute braucht.« Manchmal sage ich auch: »Rufe du bitte selbst die spirituelle Kraft deines Vertrauens«, besonders dann, wenn ich Klienten mit einem nicht christlichen, spirituellen Hintergrund habe. Ich kenne mich in anderen Religionen nicht aus, aber ich erlebe immer, dass jeder an irgendetwas glaubt. Und jede Religion hat auch eine weibliche Kraft, eine Entsprechung zu Mutter Maria. Glaube ich selbst an die Lehren der christlichen Kirche? Nein. Aber die Energien, die ich rufe, spüre ich unabhängig von dem, was in Kirchen geschieht. Wenn du die Kräfte wirklich fühlen willst, dann stelle dich darauf, ganz einfach. Wie bei jeder anderen systemischen Aufstellung kannst du selbstverständlich auch die Energien von Mutter Erde, Mutter Maria und allen anderen Kräften spüren. Du brauchst nur eine gewisse Bereitschaft und Offenheit, um zu erlauben, dass da tatsächlich etwas wirkt.

Es braucht väterliche Kraft, wenn jemand mutlos und schutzlos ist und sich nichts zutraut. Jesus Christus in seiner erlösten, mitfühlenden und liebenden Rolle gibt vielen Menschen sehr viel Halt und Rückenstärkung, ich erlebe ihn allerdings eher androgyn. Auch Erzengel Michael hat für viele ausgesprochen männliche Energien. Eine ganz wundervolle Energie spüre ich bei Vater Josef. Üblicherweise rufe ich »die erlöste männliche, schützende Energie« oder einfach »den idealen Vater«, ohne sie zu benennen, weil ich die eventuell auftretenden negativen Resonanzen meines Klienten nicht vorhersehen kann. Wenn es um männlichen Halt und Schutz geht, bitte ich meinen Klienten meistens, offen für die Wesenheit zu sein, die nun kommen mag. Die männliche Kraft spiegelt sich im Schamanischen in »Vater Sonne«, aber damit können die meisten Klienten im Gegensatz zu »Mutter Erde« nicht viel anfangen. Vater Sonne scheint zu weit weg zu sein. Oft zeigen sich Indianer oder andere sehr ursprüngliche männliche Wesen, wenn man um Schutz und inneren Halt bittet. Auch Drachen zählen für das Innere Kind zu den beschützenden Wesenheiten.

Wenn sich ein besonders unglückliches, verletztes oder traumatisiertes Inneres Kind zeigt, rufe ich die Engel, die dafür zuständig sind, die es nach Hause ins Licht bringen können, und ich biete dem Inneren Kind diese Möglichkeit an. Du kannst auch jederzeit den Schutzengel des Inneren Kindes rufen, in meiner Wahrnehmung hat es einen eigenen. Auch Mutter Maria kann sehr gut Innere Kinder abholen und ins Licht geleiten. Arbeitest du gern und viel mit Erzengel Michael, dann bittest du ihn darum – da gibt es keine Regeln außer dieser: Es muss sich stimmig anfühlen, es muss klar sein, dass es das ist, was das Innere Kind deines Klienten möchte. Weil diese Kräfte wirklich spürbar sind, merkst du auch, ob sie an dieser Stelle helfen oder nicht. Es ist immer am besten, »die Kräfte, die jetzt dafür zuständig sind«, zu rufen.

Ich rufe immer den Schutzengel des Inneren Kindes, wenn ich die Inneren Kinder von anderen Menschen im System meines Klienten bemerke, dazu mehr im nächsten Kapitel. Denn ich weiß nicht, was diese Inneren Kinder brauchen, und es geht mich auch nichts an. Der Schutzengel aber weiß es und ist in der Lage, die entsprechenden Energien zur Verfügung zu stellen, zumindest erlebe ich das so.

All diese Kräfte kannst du leicht kennenlernen, indem du dich (ohne deinen Klienten) experimentell wie weiter oben beschrieben in eine Aufstellung begibst. Immer wenn ich eine Energie spüren will, dann stelle ich sie mir auf, mit Zettel oder ohne.

Willst du sicher wissen, welche Kraft du für deinen Klienten rufen sollst, dann stelle dich während der Sitzung mit der Absicht »Ich rufe die Kraft, die jetzt hilft« vor ihn, nimm den Platz ein, und fühle, welche Qualität gebraucht wird.

Krafttiere haben eine andere Funktion als Engel. Ein Krafttier spiegelt zu einem gewissen Teil den Vitalkörper des Klienten. Wenn du ein Krafttier rufst, ist es deshalb wichtig, diesem Krafttier zunächst folgende Frage zu stellen: »Was brauchst du, das Krafttier, vom Klienten?« Während einer inneren Reise sieht das zum Beispiel so aus:

Innere Reise: Das Kuschelkrafttier des Inneren Kindes

Mache es dir bequem, lege dich hin, entspanne dich, und dann schließe deine Augen. Stelle dir vor, du gehst durch ein Tor, wie immer dieses Tor auch aussehen mag. Hast du es durchschritten, so entdeckst du hinter dem Tor eine liebliche Landschaft, in der du dich sehr wohl und entspannt fühlst. Die Sanftheit der Landschaft besänftigt auch dich, und du fühlst Frieden in dir einkehren. Du gehst ein wenig spazieren, setzt dich nach einer Weile unter einen Baum. Du weißt, dass du ein Inneres Kind hast, einen Anteil in dir, der sehr kindlich ist und das auch sein darf, der sich kindlich freut, aber auch kindlich trauert, der die Welt in emotionaler Hinsicht eben wie ein Kind wahrnimmt. Weil da so ist, weißt du, dass dieser Anteil auch kindliche Bedürfnisse hat. Und das ist auch genau richtig so.

Auf einmal taucht in deine Nähe ein Tier auf. Es kommt auf dich zu, und du bleibst ganz still sitzen, bist ganz offen für diese Begegnung. Was auch immer es für ein Tier ist, es sagt dir durch die Kraft seiner Gedanken: »Ich bin das Krafttier deines Inneren Kindes.« Lass das bitte einfach so stehen, egal, welches Tier vor dir steht oder sitzt. »Kraft« bedeutet in diesem Fall nicht unbedingt »Stärke«, sondern »Energiequalität«.

Frage es jetzt: »Was brauchst du?« Was immer es ist, gib es dem Krafttier. Es kann sein, dass das Krafttier verletzt ist, dann säubere die Wunde, und verbinde sie. Vielleicht ist es irgendwo angebunden, oder es will einfach gestreichelt werden, ist hungrig ... Gib dem Krafttier, was es braucht. Denn das Krafttier spiegelt das vitale System deines Inneren Kindes. Was du ihm gibst, gibst du deinem Inneren Kind.

Frage das Krafttier: »Welche Kraft gibst du denn meinem Inneren Kind?« Das Tier zeigt dir nun, auf welche Weise es deinem Inneren Kind zur Seite steht, indem es dich die Kraft fühlen lässt oder ein wissender Gedanke in deinem Kopf aufblitzt.

»Ich habe einen Freund«, sagt das Krafttier, »dein Inneres Kind hat einen weiteren Verbündeten. Es gibt ein Kuschelkrafttier.« Und nun erscheint dieses wie aus dem Nichts. Ein Krafttier, das ausschließlich zum Kuscheln für das Innere Kind da ist. Du erkennst, dass Zärtlichkeit eine Kraft ist, natürlich! Also gibt es auch Krafttiere für Zärtlichkeit.

Bitte nun die Krafttiere, sich deines Inneren Kindes anzunehmen. Kennst du dein Inneres Kind, dann lass dich von den Krafttieren zu ihm hinführen, kennst du es noch nicht, vertraue darauf, dass die Krafttiere es finden und ihm geben, was es braucht. Deine Aufgabe ist es nur, die Kräfte zu rufen, sie tun dann schon ihr Übriges. Sieh dich nun als Kind mit deinen Krafttieren spielen und kuscheln, und atme die Freude, die Geborgenheit tief in dein Herz hinein.

Komme nach einer Weile wieder zurück in den Raum, in dem du dich befindest. Wann immer du dich ungeborgen fühlst und dennoch keine Zeit hast, dich gut um dein Inneres Kind zu kümmern, rufe das Kuschelkrafttier, und bitte es, deinem Inneren Kind Gesellschaft zu leisten.

Was lernst du, wenn du diese Meditation liest? Dein Klient muss wirklich nicht alles allein machen, es gibt nahezu für jedes innere Bedürfnis einen Helfer. Aber rufen muss ihn der Klient selbst. Warum? Weil er damit bewusst die Verantwortung für seine Bedürfnisse übernimmt. Er kann sie nicht immer aus eigener Kraft stillen, das braucht er auch nicht. Um Hilfe zu rufen, bewusst ein Krafttier, einen Engel oder Mutter Erde zu rufen, bedeutet: Ich wechsle mit meiner Aufmerksamkeit vom Säugetiergehirn in den Stirnlappen. Ich übernehme bewusst Verantwortung, ich bin bei mir, ich agiere nicht aus der Angst heraus, sondern verantwortungsbewusst und in Ruhe.

Rufe ich ein bestimmtes Krafttier? Nein. Denn ich weiß nicht, was mein Klient wirklich braucht, ich verlasse mich auf sein System. Er selbst weiß es vermutlich auch nicht. Aber sein System weiß es.

Hier eine weitere Krafttierreise:

Krafttierreise: Das Mutkrafttier des Inneren Kindes

Mache es dir bequem, es gibt nichts mehr für dich zu tun. Du brauchst niemandem zu gefallen, für niemanden zu sorgen und es niemandem recht zu machen. Du bist hier ganz und gar nur für dich und für deine Lebendigkeit und Lebensfreude. Vor deinem inneren Auge entsteht ein Tor, das du mühelos durchschreitest. Hinter dem Tor findest du eine zauberhafte

Landschaft, in der du spazieren gehst. Um anzukommen und um dich zu entspannen. Genieße die Zeit in der Natur, die du nur mit dir verbringst, in der du die Ruhe hast, dich zu spüren – und nur dich. Du hast eine Absicht, erinnerst du dich, und deshalb suchst du dir nun einen besonders schönen Platz in der Natur. Einen Baum, gegen den du dich lehnst, oder einen Felsen, eine Blumenlichtung oder einen Wasserfall. Du setzt dich also und schließt die Augen. Wenn es so etwas gibt, denkst du, wenn es so etwas gibt, dann rufe ich jetzt das Krafttier meines Inneren Kindes. Das Krafttier, das ihm Mut und Stärke gibt, Dinge auszuprobieren und sich selbst etwas zuzutrauen.

Du wartest – und auf einmal spürst du etwas. Du öffnest die Augen – da sitzt ein Tier. Ein ganz anderes, als du erwartet hast, oder ein sehr vertrautes, vielleicht gar ein Tier, das du schon kennst. Welches Tier auch immer es ist, vertraue deinen Wahrnehmungen, und egal, ob du es magst oder nicht, heiße es willkommen. Es ist für dich gekommen, so sei bitte freundlich. Du weißt noch nicht, was es dir bringt.

Frage das Tier: »Bist du das Krafttier meines Inneren Kindes?«, und lausche auf die Antwort. Sie kann sehr leise, fast unmerklich oder auch gewaltig ausfallen. Und nun folgt eine sehr wichtige Frage: »Was brauchst du von mir?«

Das Krafttier stärkt deinen Vitalkörper. Und so kann es durchaus sein, dass es ein Bedürfnis hat, welches du erfüllen kannst und solltest. Alles, was du für das Krafttier tust, tust du für dich selbst. Was immer es sich nun also von dir wünscht, tue oder erlaube es, und vertraue. Egal, wie abstrus der Wunsch auch sein mag, in dieser Welt ist alles möglich und hat noch eine andere, tiefer liegende Bedeutung, die sich dir vielleicht erst später offenbart. Erfülle dem Krafttier also seinen Wunsch, so stärkst du eure Beziehung zueinander, und du zeigst ihm dein Vertrauen. Außerdem zeigst du ihm dadurch, dass du bereit bist, das Deinige beizutragen.

Nun frage das Krafttier: »Welche Energie gibst du meinem Inneren Kind?« Lass es dich fühlen, oder erlaube dem Krafttier, dir seine Kraft zu zeigen. Wie dient das meinem Inneren Kind, magst du dich fragen, und schon während die Frage in dir aufsteigt, bekommst du die Antwort.

Bitte nun dieses Krafttier, zu deinem Inneren Kind zu gehen, zu fliegen oder zu schwimmen, und nimm wahr, was in dir dadurch passiert. Du hast nun einen machtvollen Verbündeten gefunden, den du jederzeit rufen kannst, wenn du Angst verspürst. Stelle dir jetzt bitte eine Situation vor, in der du normalerweise Angst hast, die du vermeidest oder nur mit größter Anstrengung durchstehst. Spüre dich selbst in dieser Situation, und schaue nun bitte, wie es deinem Inneren Kind in dieser Situation geht. Und dann rufe das Krafttier, und bitte es, für das Innere Kind da zu sein. Augenblicklich verändert sich die Energie, spürst du das?

Von nun an rufe bitte das Krafttier zu dir, wenn du diese Angst spürst oder wenn du weißt, dass eine für dich schwierige Situation auf dich zukommt. Meistens wissen wir schon im Vorfeld, wann wir Hilfe brauchen, und es ist nur klug, sie bewusst zu rufen.

Ich stelle dem Inneren Kind meines Klienten immer Hüter und Wächter zur Seite, wenn ich meinem Klienten einen inneren Raum anbiete oder wenn ich eine innere größere Zeremonie gestalte wie das Ahnenritual: Hier gibt es immer den Hüter des Schicksals. Die Frage, wer das denn ist, beantworte ich nicht, denn das weiß ich nicht. Ich spüre aber, dass es etwas Größeres gibt, dem wir uns anvertrauen dürfen, und mehr braucht es meiner Ansicht nach nicht. Ob es echte spirituelle Kraft oder genauso echte innere psychische Stärke ist – das Ergebnis ergibt für mich keinen Unterschied.

Die therapeutische Absicht ist immer die gleiche, wenn wir Helfer rufen: Unser Klient erkennt, dass er sein Inneres Kind nicht allein halten können muss. Es gibt eine Vielzahl innerer Helfer, von Erzengel Michael, der Klarheit bringt, bis hin zur Großen Erdmutter, die nährt und beschützt.

Nutze die Helfer, die deinem Klienten vertraut sind, doch scheue dich nicht, ihm auch neue zur Seite zu stellen. Ich frage das Innere Kind meines Klienten während einer Sitzung, einer inneren Reise zum Beispiel: »Wenn du dir jemanden wünschen könntest, der auf dich aufpasst, wer wäre das dann wohl?« Das darf auch ausdrücklich eine Comic- oder Märchenfigur sein, eine Figur aus einem Computerspiel oder die verstorbene Großmutter. Auf dieser Ebene funktioniert alles, was Kraft gibt, so einfach ist das.

Hier ist eine innere Reise, die du nutzen kannst, wenn sich das Innere Kind in sich widersprechenden Anforderungen verstrickt hat. Das erkennst du an der Unsicherheit deines Klienten, er weiß nicht, welchen Weg er gehen soll, fühlt sich handlungsunfähig. Die Reise gibt dir ein Beispiel dafür, wie auch das Feuer als hilfreiches Wesen fungieren kann.

Innere Reise: Im eigenen Feuer stehen bleiben

Vor deinem inneren Auge entsteht ein Tor, das du ganz leicht durchschreitest. Du fühlst dich kraftvoll und frei, gehst aufrechter, als du es üblicherweise von dir kennst. Von irgendwoher bekommst du Kraft. Es ist, als ob dir die Erde bei jedem Schritt Energie durch die Füße in deinen Körper schickt.

Du gehst immer weiter, und dir wird beim Gehen bewusst, in welchen Lebensbereichen du lernen darfst, aber auch musst, dich ernsthaft zu behaupten, deine Wahrheit zu sagen und deinen Weg unbeirrt zu gehen, egal, was andere meinen. Du erkennst, wie wichtig es ist, bereit zu wer-

den, Verantwortung zu übernehmen und die Konsequenzen dessen, was du tust oder auch nicht tust, zu tragen. Du gehst weiter und bemerkst auf einmal eine besonders markante Stelle in der Landschaft, einen Felsen, eine Quelle, einen Baum. Du gehst auf diese Stelle zu – hier sitzt ein Kind. Es ist jenes Innere Kind, dessen Angst dich daran hindert, deinen eigenen Weg zu gehen, das dich immer wieder zögern und faule Kompromisse machen lässt. Du setzt dich zu dem Kind und sagst ihm: »Ich bin jetzt da. Was brauchst du?«

Auf einmal siehst du, dass sich dieses Innere Kind in dicken Schnüren verheddert hat, die aus seinem Bauch herauswachsen, Schnüre, die ihm die Luft zum Atmen nehmen. Die Schnüre wickeln es ein, ketten es fest und machen es bewegungsunfähig. Zu viele sich widersprechende Ansprüche an das Kind, das du einmal warst, haben dafür gesorgt, dass das Kind nun gar nicht mehr weiß, welchen Anforderungen und Impulsen es folgen soll und darf.

Du streichelst das Kind und bemerkst auf einmal, dass du ein Werkzeug in der Hand hältst, einfach so. Greife nun mit einer Hand diese dicken Schnüre, egal, wie sie sich anfühlen. Schneide die Schnüre an der Stelle, an der sie aus dem Bauch herauswachsen, durch, erlöse das Kind, und tue das so lange, bis es völlig frei ist. Lege dann deine Hand auf die Stelle am Bauch, und versiegele die Stelle, indem du sagst: »Ich übernehme von nun an die volle Verantwortung für dich, und ich sorge dafür, dass du frei bleibst.«

Keine Sorge, das musst du nicht allein machen. Denn jetzt rufe bitte den Schutzengel deines Inneren Kindes. Dazu brauchst du nicht einmal an Schutzengel zu glauben. Dein Inneres Kind glaubt daran, und das genügt. Rufe also diesen Schutzengel, und bitte ihn, sich von nun an um dieses Innere Kind, das so gern die Ansprüche aller befriedigen will und sich dabei völlig verliert, zu kümmern. Der Schutzengel bringt das Innere Kind nun an einen sicheren Ort, in den Zaubergarten, den du schon kennst. Dort kann es ganz frei spielen und sich so bewegen und entfalten, wie es das möchte.

Du gehst weiter. Auf einmal bemerkst du ein Feuer, ein großes Lagerfeuer. Es glüht und lodert und zieht dich wie magisch an. Das ist dein inneres Feuer, erkennst du auf einmal, das ist deine Tatkraft, hier in diesem Feuer ist alles gespeichert, für das du brennst, das dir heilig ist. Dieses Feuer ist nichts weniger als deine heilige innere Flamme, die Kraft, mit der du in die Welt gehst und deine Träume, Impulse, das, was dir wichtig ist, im Großen wie im Kleinen, Alltäglichen, in die Tat umsetzt. Du setzt dich an dieses Feuer und wunderst dich vielleicht, dass es so groß ist und so hell brennt. Erlebst du dich doch oft als handlungsunfähig, als gebremst, geradezu blockiert.

Aus dem Feuer heraus entsteht ein Wesen, ein Feuerwesen, ein Drache, ein Feuerengel, vielleicht spürst du einfach eine Kraft, die keine Form hat. Und noch bevor du ins Zweifeln geraten kannst, stehst du auf und lässt dich von diesem Feuerwesen anziehen, trittst mitten hinein in dein eigenes Feuer. Vielleicht blitzen Erinnerungen an vergangene Leben auf, du wurdest möglicherweise verbrannt – doch dieses Feuer ist vollkommen anders. Es nährt dich, stärkt deine Mitte, es gibt dir Kraft und innere Wärme. Das Feuer strömt nun in alle Zellen hinein und lässt deinen ganzen Körper kribbeln. Atme es ein, erlaube dem Feuer, deinen Bauchraum zu füllen.

Denke nun an eine Situation, in der du normalerweise den inneren Halt verlierst, in der du Angst bekommst und nicht zu dir stehen kannst. Atme das Feuer noch einmal ein – und dann puste es wie ein feuerspuckender Drache in diese Situation hinein. Spürst du, wie sich augenblicklich dein ganzer Körper strafft? Wie du dich aufrichtest? Das Feuer verbrennt alles, was dich in dieser Situation kleinmacht, all die niedrig schwingenden Energien, mit denen du dich in dieser Situation selbst lähmst oder von

denen du gelähmt wirst. Du hörst förmlich, wie die klebrigen, lähmenden Energien verbrennen, es knistert, als verbrenne der Staub einer lange nicht angezündeten Kerze.

Bleibe im Feuer stehen, schicke dein Feuer in alle Situationen hinein, in denen du standfest bleiben darfst und solltest. Nutze dieses Feuer von nun an, bevor du eine Situation zu meistern versuchst, schicke es vorweg, und achte darauf, dass sich das Innere Kind nicht wieder in neuen Anforderungen verstrickt. Falls das doch passiert, ist es auch nicht weiter tragisch. Du weißt, was zu tun ist.

Komme dann in deiner Zeit zurück in den Raum, in dem du dich befindest.

Wenn du an spirituelle Kräfte glaubst, dann ist es ganz leicht. Dann kann ich aufhören, etwas zu erklären, und dir folgende Worte geben: »Wir sind immer hier, in der Form, in der Frequenz, die gebraucht wird. Wir entstehen in dem Moment, in dem wir gebraucht werden, und kommen dir einfach in den Sinn, während du die Meditation sprichst. Du brauchst uns nicht zu kennen. Alles, was du rufst, entsteht in diesem Moment, denn du erschaffst uns. Damit sind wir keineswegs weniger real. Rufst du einen Engel, so wird genau der Engel geboren, den du brauchst. So geht es nie um die Frage, ob es uns gibt oder nicht. Denn in dem Moment, in dem du uns rufst, gibt es uns, weil wir entstehen. Wir sind ätherische, feinstoffliche Wesen, wir reagieren auf das Energiefeld, in das wir gerufen werden, und formen uns zu dem, was gebraucht wird. Wir sind noch nicht offenbart, unscharf würdest du es vielleicht nennen. Wir werden real, wirksam, wenn du uns manifestierst. Und das geschieht einzig und allein durch die Kraft deiner Gedanken und Absichten.«

Was heißt das? Du brauchst die Kräfte nicht zu kennen, die du rufst, du darfst dich voll und ganz von deiner Intuition leiten lassen. Du bist mit dem

System deines Klienten verbunden, und deine Intuition dient dem, was er braucht. Je offener du dabei bist, umso besser kannst du ihn führen. Deshalb: Lass dich nicht durch das, was ich dir schreibe, begrenzen. Nutze die Techniken, nutze die Meditationen gern auch wortwörtlich, wenn dir das hilft, aber erlaube meinen Worten nicht, deine Intuition zu übertönen.

Und das sage ich meinen Klienten: »Was braucht das Innere Kind? Ermutigung, Schutz, Halt, Geborgenheit, Trost, Anerkennung, das Gefühl, gesehen und wahrgenommen zu werden. Durch wen braucht es das? Durch dich. Und das ist eine wundervolle Nachricht. Du hast deine innere Freiheit nämlich beinah vollkommen selbst in der Hand. Das kannst du nicht, sagst du? Du brauchst es nicht allein zu tun, das Innere Kind hat machtvolle Helfer. Deine Aufgabe ist es nur, diese Helfer auch zu rufen und dem Inneren Kind bewusst einen guten Platz zu geben. Warum? Wenn du das nicht bewusst tust, dann wirkt das Innere Kind unbewusst und ist unerreichbar für liebevolle, schützende Kräfte. Mehr ist nicht zu tun, das aber schon.«

Zusammengefasst:

❖ Es ist immer sinnvoll, Helfer zu rufen, unser Klient ist nicht allein mit seinem Inneren Kind.

❖ Helfende Kräfte sind nicht beliebig, sondern haben bestimmte Funktionen, die deutlich spürbar sind.

❖ Helfende Kräfte zur Seite zu stellen ist ein wesentlicher Aspekt der Heilung.

❖ Lerne die Kräfte, mit denen du arbeitest oder arbeiten willst, durch Aufstellungsarbeit kennen.

❖ Der Klient weiß oft selbst gut, welchen Kräften er vertraut, und er kann sie auch mit unserer Hilfe selbst rufen.

Das Innere Kind eines anderen loslassen und erlösen

Es gibt nicht nur unser eigenes Inneres Kind, um das wir uns kümmern müssen. Sehr oft höre ich von Klienten Folgendes: »Ich möchte so gern meine Mutter, meinen Vater, meinen Expartner oder mein erwachsenes Kind loslassen, aber ich kann nicht, ich fühle mich verantwortlich. Irgendwie klebt der andere an mir oder ich an ihm.«

Selbstverständlich wissen wir um die Tücken der Coabhängigkeit. Die Sucht, sich zu kümmern und den anderen so an sich zu binden, ist sehr weit verbreitet. Dennoch gibt es auch andere Gründe dafür, dass sich die Verbindung, besonders das Gefühl der Verantwortlichkeit für das Wohlbefinden des anderen, bei allem guten Willen nicht trennen lässt.

Meine Erfahrung ist diese: Wenn man sich allzu verantwortlich für einen anderen Menschen fühlt oder das eigene Wohlbefinden allzu sehr vom Verhalten eines anderen abhängt, dann tun wir als Therapeuten gut daran, uns den Inneres-Kind-Status anzuschauen. Denn beinah immer erkennen wir, dass sich die Inneren Kinder an das jeweilige Gegenüber klammern und in ihm den Heilsbringer sehen.

Es ist keine neue Information, dass wir durch unsere Beziehungen versuchen, irgendwie unser Verhältnis zu den Eltern zu heilen und zu harmonisieren. Der Partner soll uns das geben, was die Mutter, der Vater nicht geben konnte, genauso wie das Innere Kind des anderen bei uns das sucht und zu bekommen trachtet, was ihm fehlt. Zur Not kämpft es mit allen Mitteln darum. Das geschieht in fast jeder Beziehung, seien es Liebes-, Freundschafts- oder Geschäftsbeziehungen. Das Innere Kind ist ewig auf der Suche nach der guten Mutter oder dem guten Vater, so weit nichts Neues. Aber wir können das eigene Innere Kind sehr bewusst und ausdrücklich zu uns selbst zurückholen und das des anderen einer guten Kraft überantworten. Wenn also ein Klient »nicht loslassen kann« oder sich im Klammergriff einer anderen Person erlebt, dann schaue ich immer nach den Inneren Kindern.

Diese Inneren Kinder kommen zumeist weder kindlich noch lieblich daher, sondern sehr kontrollierend, fordernd und manipulierend. Das Innere Kind agiert zwar emotional aus dem Stamm- und Säugetiergehirn heraus, aber es hat Zugang zu allem, was unser Klient erlernt hat. Es kann also sehr wohl sein, dass sich das Innere Kind sehr klug und schlagfertig zeigt und erwachsen wirkt. Doch die Absicht, nämlich die Suche nach Aufmerksamkeit, ist kindlich, und darum geht es.

Ein Beispiel:

Ein Paar, beide sehr gebildet, leiteten zusammen eine soziale Einrichtung und waren bestens vertraut mit psychologischen und spirituellen Lehren. Beide waren Heilpraktiker und führten zusätzlich zur sozialen Einrichtung für einige Stunden pro Monat jeweils eine Praxis. Sie waren fähig, sich selbst zu analysieren, und bereit, offen und schonungslos über sich selbst zu sprechen.

Ihre Not war folgende: Bei aller Liebe und bei aller Fähigkeit, sich selbst zu analysieren, fühlte sich die Frau kontrolliert, unter Druck gesetzt und oft nicht verstanden. Sie war erschöpft und hatte Fluchttendenzen. Er dagegen fühlte sich oft im Stich gelassen und hatte das Gefühl, dass sie ihn nicht hörte. Seine Meinung zählt nicht, sagte er, am Ende macht sie doch, was sie wolle. Also übte er verbalen Druck aus, das sagte er ganz offen, er wusste nicht, wie er sie noch erreichen sollte. Er nutzte sein psychologisches Wissen, um sie in die Enge zu treiben, und unterstellte ihr häufig, dass sie nicht bereit sei, »wirklich hinzuschauen«. Er schien sie zu durchschauen, wusste oft besser, was in ihr vorging, als sie selbst, zumindest sag-

te er ihr das. Diese Übergriffigkeit empfand er als Hilfestellung, obwohl sie ihm sagte, dass sie sich von ihm unter Druck gesetzt fühlte. Die beiden liebten sich sehr, wollten zusammenbleiben, er tat alles für sie, sagte er, und das bestätigte sie. Beide waren hilflos und hatten den echten Kontakt zueinander verloren. All das hätten sie in Kauf genommen, doch ihre Sozialeinrichtung hatte zunehmend Schwierigkeiten, die sie nicht gelöst bekamen. Wegen dieser Schwierigkeiten kamen sie zu mir.

Ich stellte die Thematik auf und war wie immer offen für alles. Auf einmal spürte ich in der Aufstellung ein verbissenes, klammerndes und schreiendes Inneres Kind, das sich an die Frau krallte und unter keinen Umständen loslassen wollte. Dieses Innere Kind raubte der Frau jede Kraft, doch was noch viel schwerer wog: Sie spürte es. Er nicht. Sie wusste, dass sich sein Inneres Kind an ihr nährte, doch weil sie ihn liebte und weil es zu ihrem Muster passte, nährte sie es immer weiter, spielte Amme. Sie war schon ganz ausgezehrt. Ihre Müdigkeit und Ohnmacht sowie seine Blindheit gegenüber seiner eigenen Bedürftigkeit spiegelten sich in ihrer gemeinsamen Arbeit. Er überdeckte diese Bedürftigkeit (natürlich aus unbewusster Scham) mit Großspurigkeit oder trotzigem Rückzug. Was sich wiederum negativ auf die Mitarbeiter auswirkte.

Sein Inneres Kind also. Obwohl ich es in der Aufstellung sehr deutlich spürte und seine Frau ausdrücklich nickte, sogar weinte, weil sie sich gesehen fühlte, sagte er nur immer wieder: »Ich bin nicht bedürftig, meine Kindheit war gut. Ich hatte alles, was soll denn da bedürftig sein?« Genau an dieser Stelle brach sie emotional immer wieder ein, sagte seine Frau, denn sie spürte sehr genau und deutlich, was in ihm vorging. Aber solange er seine Bedürftigkeit verleugnete, musste sie sich eben um das Innere Kind kümmern, sagte sie, und ihr Gesicht fiel noch mehr zusammen. Zum Glück liebte der Mann seine Frau so sehr, dass er bereit war, sich auf alles einzulassen, was helfen könnte, selbst wenn er davon überzeugt war, dass ich, was sein Inneres Kind betraf, auf dem Holzweg war. Und zum Glück kannten wir uns schon lange durch viele Sitzungen, sodass er mir bereits vertraute. Ich vertraute ihm auch. Ich wusste, dass er mehr als bereit war, sich selbst auf die Spur zu kommen, sein Inneres Kind aber wirklich nicht spürte, zumindest nicht dieses sehr bedürftige.

»Tun wir einmal so, als gäbe es dieses sehr bedürftige Kind, ja?« sagte ich. »Suche dir hier in dem Raum einmal bitte einen Stellvertreter für das Innere Kind.« Ich wies auf die Kissen und Kuscheltiere, die in einer Ecke lagen.

»Zu weich«, sagte er nur, stand auf und nahm sich einen wirklich schweren, großen Stein, der als Deko in der Ecke lag. »Das ist mein Inneres Kind«, sagte er. Ich war verblüfft, er auch.

»Aha«, sagte ich, »welcher Teil ist das denn?« Er konnte nicht antworten, war zu überrascht davon, wie zwingend ihn dieser Stein angezogen hatte. Ich entschied, einen Schritt weiterzugehen. Ich nahm ihm diesen Stein ab, er war wirklich schwer, und legte ihn seiner Frau in den Schoß.

»Den trägt sie für dich«, sagte ich und vergewisserte mich, dass die Frau es auch so empfand. Sie bestätigte mir den Satz mit einem Nicken. Dann ging ich noch einen Schritt weiter, das konnte ich, denn er war so perplex über seine Wahl (der er aber vertraute, er hatte ja entschieden, dass es der Stein sein musste), dass er völlig offen war.

»Du bist ihr Mann«, sagte ich, »ich weiß, dass du sehr viel tust, um deine Frau glücklich zu machen. Du nimmst ihr Arbeit ab, du bist für sie da. Aber dieser Stein hier, dieses Innere Kind, nimmt ihr jede Kraft und macht die Fürsorge, die du ihr gibst, zunichte. Nimm ihr lieber den Stein ab, damit tust du sehr viel mehr für sie.«

Meine Klientin war viel zu kraftlos, um den Stein zu heben, sie ließ ihn einfach in ihrem Schoß liegen. Der Mann ging zu ihr, und mit Tränen in den Augen nahm er ihr den Stein ab. Er wusste noch immer nicht, warum

sein Inneres Kind zum Teil so versteinert war, glaubte noch immer an seine glückliche Kindheit, doch er konnte das selbst gewählte Symbol voll und ganz anerkennen.

»Nimm das Innere Kind zu dir, und sage bitte folgenden Satz zu deiner Frau«, sagte ich. »Ich übernehme jetzt die volle Verantwortung für mein Inneres Kind und entlasse dich aus der Mutterrolle, in die ich dich unbewusst hineingedrängt habe.« Er sagte es, und sie begann zu weinen. »Ich habe es gern getragen«, sagte sie, »aber es hat mich alle Kraft gekostet.«

Mein Klient legte den Stein auf seinen Schoß, und ich bat ihn, die Augen zu schließen. »Nun frage bitte dieses Symbol für dein Inneres Kind, warum es so versteinern musste, lass dir eine Erinnerung zeigen, die zu dieser Verhärtung führte«, sagte ich. Und auf einmal wurde alles klar. Er hatte eine glückliche Kindheit verlebt. Aber bei seinen Großeltern. Seine Eltern hatten ihn abgegeben. Weil die Großeltern so liebevoll für ihn sorgten, geriet das Innere Kind, das die Eltern vermisste und sich verstoßen fühlte, in Vergessenheit. Der Anteil war nicht einmal besonders groß. Doch weil er völlig verdrängt worden war, hatte er gewaltige Kraft.

Warum ist das so? Weil unser Innerstes immer bestrebt ist, mit möglichst wenig Energieaufwand in größtmöglicher Gesundheit und Lebendigkeit zu leben. Verdrängte Verletzungen aber verbrauchen ungeheuer viel Kraft. Das System meines Klienten wusste, dass es durch die Liebe und das Verständnis seiner Frau heilen konnte, wenn man es nur ließ. Und deshalb zeigte sich der schwere Stein umso deutlicher.

Die Sitzung endete damit, dass sich der Mann bei seiner Frau entschuldigte und blitzartig verstand, warum er sich ihr gegenüber immer überlegen zeigen musste. In Wahrheit schämte er sich zutiefst seiner Bedürftigkeit. Wir vereinbarten, dass sich das Paar Zeit nehmen würde, um sich gegenseitig zu halten und sich gute Botschaften zu geben, denn das Innere Kind (auch ihres) durfte natürlich durchaus einen guten Platz in der Beziehung haben. Aber eben nicht heimlich und fordernd, sondern bewusst und offen, immer gehütet von demjenigen, zu dem es gehörte.

Weil solche Sitzungen sehr selten sind und meistens ein Klient allein kommt und in Not ist, arbeite ich normalerweise mit einer inneren Reise. Immer dann, wenn jemand darüber klagt, dass er sich in einer Beziehung wie gefangen fühlt oder einen anderen nicht loslassen kann, wende ich die beiden folgenden inneren Reisen an:

Innere Reise: Das Innere Kind zu sich zurückholen

Mache es dir bequem, und schließe deine Augen. Entspanne dich, so gut dir das im Moment möglich ist, und stelle dir selbst folgende Frage: Steht mein Inneres Kind bei irgendeinem anderen Menschen, versucht es Liebe und Zuneigung von jemandem zu bekommen, umschwärmt es jemanden? Das kann ein Chef, ein Expartner, ein aktueller Partner, ein Freund oder ein Familienmitglied sein, sogar das eigene Kind.

Wenn das so ist, dann spürst du es jetzt. Du siehst dein Inneres Kind bei jemandem stehen, oder du weißt es einfach, das können auch mehrere Personen sein. Frage das Innere Kind bitte: »Was erhoffst und ersehnst du dir denn von diesem Menschen, was hat er dir versprochen, was vermutest du, von ihm zu bekommen?« Sei völlig offen für die Antwort, egal, wie absurd sie dir, dem Erwachsenen, auch vorkommen mag.

Gehe dann in Gedanken zu dem Inneren Kind hin. Nimm es in den Arm, und sage ihm: »Du gehörst zu mir, ich bin für dich da, ich passe auf dich auf, bei mir bist du sicher.« Dann nimm es mit zu dir, achte darauf, dass es wirklich mitkommt. Geht es nur ungern mit dir mit, dann sage ihm noch

einmal ausdrücklich: »Das ist nicht dein Vater/deine Mutter, du gehörst zu mir. Dieser Mensch kann dir nicht geben, was du brauchst, egal, wie sehr du darum kämpfst.« Falls du erkennst, dass dein Inneres Kind tatsächlich bei deinem Vater oder bei deiner Mutter steht, dann sage ihm: »Das ist zwar dein Vater/deine Mutter, aber er/sie hat nicht, was du brauchst. Ich bin für dich da, und bei mir bist du sicher.«

Schaue jetzt bitte, ob das Innere Kind die Lasten des anderen zu tragen versucht, ob es um Liebe kämpft, indem es das Leben des anderen leichter zu machen versucht. Stelle dich in diesem Fall vor dein Inneres Kind, und halte deine Hände auf. Sage ihm: »Gib mir nun alles, was du für den anderen trägst. Es hilft ihm nicht, wenn du das trägst. Du kannst ihm deine ganze Liebe schenken, doch ich versorge dich, und du brauchst nichts für ihn zu tragen. Gib es mir, ich kümmere mich darum.«

Sieh nun, wie dir das Innere Kind all die Lasten gibt, die es für den anderen getragen hat. Wenn es dir alles gegeben hat, dann rufe den Schutzengel des anderen oder einfach Mutter Erde. Gib dieser Kraft die Last, die du deinem Inneren Kind abgenommen hast. Hier sind die Lasten gut aufgehoben.

Nun kommt das Innere Kind leicht und frei mit dir mit. Bringe es in den Zaubergarten, oder nimm es einfach in den Arm, und halte es, je nachdem, was euch beiden gerade lieber ist.

Komme dann in deiner Zeit zurück in den Raum, in dem du dich befindest, und überprüfe bitte immer wieder, ob dein Inneres Kind wirklich voll und ganz bei dir ist.

Mache diese Übung vor allem im Hinblick auf ehemalige Freunde und Partner, gerade dann, wenn du nicht gut loslassen kannst. Oft genug kämpft ein Teil in uns weiter um Liebe, und wir können deshalb nicht weitergehen.

Genauso wichtig ist die zweite innere Reise, du kannst die Reisen auch zu einer einzigen zusammenführen.

Innere Reise: Das Innere Kind in gute Hände geben

Schließe wieder deine Augen, richte deine Aufmerksamkeit nach innen. Nun bitte darum, dass sich all die Inneren Kinder zeigen, die du für andere nährst. Vielleicht hängen sie an dir, gar an deiner Brust, vielleicht sind sie einfach um dich herum. Schaue nach, ob du das Innere Kind eines Menschen, den du schon lange loslassen willst, versorgst. Auch die Inneren Kinder deiner Eltern können sich an dich heften.

Wenn du erkennst, dass du das Innere Kind eines anderen nährst, dann sage ihm: »Ich bin nicht deine Mutter/dein Vater. Es gibt einen besseren Platz für dich als hier bei mir«. Rufe nun in Gedanken den Menschen, dessen Inneres Kind du hütest, und bitte ihn, sich seines Inneren Kindes anzunehmen. Nimmt er es zu sich, ist alles gut, doch meistens wollen die Menschen, deren Innere Kinder wir hüten, mit ihrem Inneren Kind nichts zu tun haben. Deshalb sind die Inneren Kinder ja so bedürftig. Das macht nichts, denn jetzt rufen wir die Schutzengel und die anderen Kräfte, die für diese Inneren Kinder zuständig sind. Rufe einfach die Kräfte, die für diese Inneren Kinder sorgen können, sei es Mutter Erde, Mutter Maria, die große Erdgöttin oder wer auch immer. Die Kräfte wissen es schon, wenn sie gemeint sind, auch wenn du nicht weißt, wen du rufen sollst. Bitte diese Kräfte nun, sich des Inneren Kindes anzunehmen und es zu versorgen. Lass es los, pflücke es, wenn es nicht anders geht, von dir ab, selbst wenn du ein wenig rabiat sein musst. Es dient wirklich niemandem, wenn sich ein fremdes Inneres Kind an dir festkrallt. Es gibt einen besseren Ort für dieses Innere Kind, und wenn du das weißt, dann hast du auch die

Entschlossenheit, es wirklich abzugeben, auch gegen seinen Willen. (Das gilt nicht für die Inneren Kinder deiner eigenen Kinder! Dazu gleich mehr.)

Sieh nun, wie das Innere Kind versorgt wird und sich langsam entspannt. Lass es nun los, selbst wenn das bedeutet, dass du die Kontrolle über den anderen abgibst. Denn das war dein eventueller Gewinn: Kümmerst du dich um das Innere Kind eines anderen, dann hast du Macht über ihn. Lass diese Macht gehen, sie dient weder dir noch dem anderen, und mit Liebe hat sie sowieso nichts zu tun.

Komme in deiner Zeit in den Raum zurück, in dem du dich befindest, und überprüfe regelmäßig, ob du fremde Innere Kinder nährst. Das kann passieren, wenn du zum Kümmern neigst. Du darfst sie ganz undramatisch in liebende Hände geben.

Ich erkläre meinen Klienten in Bezug auf bedürftige Innere Kinder von anderen Folgendes: »Wenn wir uns um das Innere Kind eines anderen kümmern, dann ist das, als würden wir in einem Kaufhaus ein Kind entdecken, das suchend durch die Gänge irrt. Wir gehen natürlich zu dem Kind hin und fragen es, was es braucht. Wir rufen Hilfe, geben einer Verkäuferin Bescheid, damit sie nach der Mutter oder dem Vater ausrufen lässt. Wir lassen das Kind nicht im Stich. Aber wir nehmen es ganz sicher nicht mit nach Hause, sondern liefern es dort ab, wo es zu Hause ist. Manchmal sind die Inneren Kinder der anderen sehr hartnäckig, besonders, wenn sie dunkel und sehr bedürftig sind. Nehmt sie bitte ganz bewusst aus eurem Energiefeld heraus, selbst wenn sie sich wehren, ruft aber gleichzeitig eine gute Kraft, die sich ihrer annimmt – sonst suchen sie sich einen anderen ›Wirt‹, und ihr werdet vielleicht nicht ganz frei, weil ihr Schuldgefühle bekommt (die natürlich nicht angemessen sind, aber dennoch auftreten können). Wir haben ja aus Liebe gehandelt, wollten das Innere Kind des anderen schützen und nähren. Wir lassen das Innere Kind des anderen auch jetzt nicht im Stich. Wenn der andere nicht bereit ist, es bewusst zu sich zu nehmen, was natürlich am sinnvollsten wäre, dann geben wir es in die hütenden Hände der Christusenergie, der großen Mutter oder der Kraft, welche uns vertraut und nah ist. Ist derjenige, dessen Kind wir nähren, womöglich gar gestorben, dann ist es erst recht wichtig, sein Inneres Kind in die Erlösung zu bringen, indem wir es seinem Schutzengel und seiner geistigen Führung überlassen.«

Es gibt eine Übung, die sich ein wenig radikaler anfühlt, die aber sehr hilfreich und manchmal auch nötig ist. Denn es gibt wirklich sehr dunkle, ziehende, bedürftige Innere Kinde, die sich immer wieder festsaugen wollen. Wir sollten den Überlebenswillen eines ungehüteten Inneren Kindes nicht unterschätzen. Ich mag radikale Übungen sowieso, denn »radikal« bedeutet einfach nur »an die Wurzel gehend«.

Übung: Dunkle Verbindungen trennen

Ich sage meinem Klienten: »Stelle dir bitte vor, du bist mit dem Inneren Kind des anderen durch eine dunkle Nabelschnur verbunden. Du nährst es durch diese dunkle Nabelschnur, ob du willst oder nicht.« Ich warte, bis sich das Bild in seiner Vorstellung aufgebaut hat, und frage, wie sich diese Nabelschnur anfühlt.

»Nun greife bitte nach dieser Nabelschnur, und ziehe sie straff«, sage ich. »Bitte nun darum, dass in deiner Hand ein Werkzeug erscheint, mit dem du diese Schnur durchtrennen kannst, selbstverständlich darf auch ein Krafttier erscheinen, das diese dunkle Schnur durchbeißt.«

Wieder warte ich, bis das Werkzeug oder das Krafttier erschienen ist.

»Sage jetzt bitte laut den Satz: ›Ich trenne mich vom Inneren Kind von ...‹, und sage den Namen. Weißt du nicht, welche Inneren Kinder du nährst, nimmst aber diese dunkle Nabelschnur wahr, dann sage einfach: ›Ich trenne mich von allen Inneren Kindern, die nicht zu mir gehören.‹ Und dann nimm das Werkzeug, und schneide die Nabelschnur durch – jetzt. Oder bitte das Krafttier, die Nabelschnur zu durchtrennen. Bitte sofort den Schutzengel des Inneren Kindes, von dem du dich trennst, zu erscheinen und das Innere Kind dahin zu führen, wo es bestens versorgt ist. Wenn es dir besser gefällt, dann rufe die Göttin Artemis mit den vielen Brüsten, damit sie das Innere Kind nährt. Es soll ja nicht verhungern, aber du kannst es nicht versorgen.

Lege nun deine Hand auf die Stelle, an der du die Nabelschnur durchgeschnitten hast, und stelle dir vor, dass sie durch goldenes Licht versiegelt wird. Von nun an überprüfe bitte regelmäßig, ob du ein fremdes Inneres Kind nährst. Das kann ganz leicht passieren, es macht auch nichts. Trenne es nur einfach wieder ab.«

Die meisten Klienten erfahren dadurch eine immense Erleichterung. Kommt ein Schuldgefühl, dann ist das wie eine Art emotionale Entzugserscheinung. Das hört auch wieder auf.

Anders ist es, wenn es sich tatsächlich um das Innere Kind des eigenen Kindes handelt. Wenn ich Seminare zum Inneren Kind gebe, erlebe ich jedes Mal, dass eine Mutter oder ein Vater plötzlich sehr betroffen reagiert, meistens, wenn es um die guten Botschaften geht. »Das hätte ich wissen müssen«, höre ich, »ich habe bei meinen eigenen Kindern auch viel versäumt und oft selbst aus dem Kind heraus gehandelt.«

»Es ist nie zu spät für eine glückliche Kindheit, auch nicht für deine Kinder«, antworte ich. »Und es ist auch nie zu spät, eine gute Mutter/ein guter Vater zu sein. Denn alles, was du heute für dein Kind tust, auch wenn es längst erwachsen ist, erlöst rückwirkend die Themen seiner Kindheit.«

Wenn Eltern also spüren, dass sie das Innere Kind ihres eigenen Kindes hüten oder dass sie ihm nicht gegeben haben, was es brauchte, dann gehe ich so vor: Ich bitte meinen Klienten, sich in die Situation zurückzuversetzen, in der er seinem Kind nicht gegeben hat, was das Kind gebraucht hätte, aus welchen Gründen auch immer. Und dann tue ich das, was ich immer mache, ich sage meinem Klienten: »Gehe als der Mensch, der du heute bist, in die Situation mit hinein, und handle anders. Gib dem Kind und auch dir selbst das, was ihr beide damals gebraucht hättet.« Wir können jederzeit in Gedanken unser Kind halten und ihm gute Botschaften geben, wir können jederzeit in die ursprüngliche Situation zurückgehen und heute anders handeln. Wichtig ist dabei nur immer, dass wir als der Mensch von heute mit anwesend sind, denn damit zeigen wir uns: »Du bist nicht allein, ich bin bei dir.«

Hängt also ein Inneres Kind des eigenen Kindes am Klienten, dann bitte ich ihn, das Innere Kind zu fragen, was es braucht. Und ihm genau das zu geben. Erst dann, wenn das eigene Versäumnis als Elternteil wiedergutgemacht wurde, rufen wir den Schutzengel des Inneren Kindes und bitten ihn, sich dieses Inneren Kindes anzunehmen. Und ich rate meinem Klienten noch etwas, nämlich mit seinem Kind zu reden und es für die eventuellen Versäumnisse um Vergebung zu bitten. Fast immer ist tiefer Frieden das Ergebnis, wenn jemand wahrhaft Verantwortung übernimmt, und vieles heilt plötzlich wie von selbst.

Zusammengefasst:

❖ Die Inneren Kinder von anderen können an unserem Klienten hängen, besonders, wenn er dazu neigt, viel Verantwortung für andere zu tragen.

❖ Sein eigenes Inneres Kind kann sich an jemand anderen geheftet haben und dort (vergeblich) um Liebe kämpfen.

❖ Wir geben diesen Inneren Kindern einen guten Platz, den fremden, indem wir deren Schutzengel rufen, dem des Klienten, indem wir es in seine Obhut zurückholen.

❖ Wir trennen die dunklen Verbindungen, die sich gebildet haben.

❖ Das Innere Kind des leiblichen Kindes erlösen wir, indem wir ihm heute geben, was wir ihm damals nicht geben konnten. Dann lassen wir es los und geben es in gute Hände.

Nachwort

Ist dieses Buch fertig? Habe ich euch alles gezeigt, was ich gelernt und entwickelt habe und anwende? Nein. Bestimmt nicht. Aber irgendwo muss ich aufhören. Ich habe hoffentlich in euch ein therapeutisches Bewusstsein für das Innere Kind wecken können und euch nahegebracht, wie einfach die Arbeit mit diesem Inneren Kind ist. Am Ende gilt als Botschaft für unsere Klienten schlichtweg:

Nimm das ernst, was dir, dem Erwachsenen, und dir, dem Inneren Kind, heilig ist, egal, wie deine Umgebung das sieht. Höre auf, deine Herzensangelegenheiten zu verraten, und sei dir selbst treu.

Es gibt neben dem Inneren Kind natürlich auch den inneren Teenager, der andere Bedürfnisse hat, die Arbeit aber ist immer die gleiche, wir sind immer als der Erwachsene von heute verfügbar und Ansprechpartner für diese inneren Aspekte.

Ich entlasse dieses Buch nicht gern in die Welt. Ich bin nicht sicher, ob ich wirklich alles gesagt habe, ob ich nicht den wichtigsten Satz vergessen habe, euch mitzuteilen. Das Innere Kind liegt mir wirklich sehr am Herzen. Seine Heilung ist für mich auch ganz persönlich einer der wesentlichsten Schlüssel für echtes Glück. Mein eigenes Inneres Kind kommt sehr gut klar, seit ich mit ihm auf die im Buch ausführlich besprochene Weise umgehe, und ich mache hervorragende Erfahrungen mit meinen Klienten. Ich bin gern für euch da, mit Seminaren und Ausbildungen im deutschsprachigen Raum. Schreibt mir eure Fragen, wenn ihr wollt, dann fassen wir die Antworten zu einem weiteren Büchlein zusammen.

Ich wünsche mir sehr, euch für heute mit diesem Buch gedient zu haben, und freue mich von ganzem Herzen, wenn ihr die Inneren Kinder eu-

rer Klienten nun gut abholen und nach Hause führen könnt. Ungehütete Innere Kinder zerstören diesen Planeten, führen Kriege und denken sich die absurdesten Dinge aus, um sich gut zu fühlen. Sie wissen es nicht besser, aber das ist keine Entschuldigung. Führen wir sie in Sicherheit, und übernehmen wir, die Erwachsenen, die Verantwortung für unser so wunderschönes, heiliges Leben auf der Erde.

In Liebe und Verbundenheit
Eure Susanne

Über die Autorin

 Susanne Hühn wurde 1965 in Heidelberg geboren. Schon mit fünf Jahren beschloss sie, Masseurin zu werden. Nach dem Abitur besuchte sie eine Schule für Physiotherapie, machte 1986 ihr Staatsexamen und arbeitete danach als Krankengymnastin.

Der Zusammenhang zwischen dem Denken und Fühlen und dem körperlichen Symptom, das ihre Patienten jeweils zeigten, interessierte Susanne Hühn besonders, und so absolvierte sie Ausbildungen und Seminare zum Thema ganzheitliche Medizin. Mit 28 Jahren ließ sie sich zur psychologischen Beraterin ausbilden. Aufgrund eigener Themen kam sie auch in Kontakt mit spirituellen Therapieformen wie Kinesiologie und Reinkarnationstherapie nach Rhea Powers.

Parallel zu ihrer Tätigkeit als Physiotherapeutin begann Anfang der Neunzigerjahre Susanne Hühns Weg als spirituelle Lebensberaterin und Meditationslehrerin. Zudem fing sie 1992 an zu schreiben. Nach wie vor faszinierte sie der Zusammenhang zwischen Körper, Geist und Seele, und so begab sie sich auf ihre eigene Forschungsreise. Ihr erstes spirituelles Selbsthilfebuch entstand 1999 und wurde im Schirner Verlag veröffentlicht. Im Jahr 2005 beendete Susanne Hühn ihre Tätigkeit als Physiotherapeutin. Seither widmet sie sich ganz der Lebensberatung und dem Schreiben von Büchern, Artikeln und Geschichten.

www.susanne-huehn.de

Ebenfalls erschienen im

Susanne Hühn
Die Heilung des inneren Kindes
Sieben Schritte zur Befreiung des Selbst

Paperback, 256 Seiten, s/w

ISBN 978-3-89767-337-3

Jeder von uns trägt sein »inneres Kind« mit sich; es begleitet uns durch unser ganzes Leben und hat Erfahrungen, die uns selbst schon längst nicht mehr bewusst sind, nie vergessen … Doch wie soll ich mir dieses Kind eigentlich vorstellen? Wie kann ich mit ihm in Kontakt treten?

Das vorliegende Buch zeigt Ihnen Wege, wie Sie Ihr eigenes inneres Kind kennen- und verstehen lernen, um somit bewusster und handlungsfähiger zu werden.

Anhand bekannter Märchenfiguren beschreibt die Autorin die verschiedenen Formen der emotionalen Verletzung und stellt Lebensregeln vor, die das innere Kind Schritt für Schritt heiler werden lassen. Dieses Buch holt das innere Kind genau da ab, wo es steht, und geleitet es liebevoll und achtsam in den inneren Zaubergarten – nach Hause.

Susanne Hühn
Das Innere Kind – Angst loslassen

Paperback, 96 Seiten, farbig

ISBN 978-3-8434-5108-6

Susanne Hühn
Das Innere Kind – Angst loslassen
Die Meditationen

CD, ca. 70 Min.

ISBN 978-3-8434-8299-8

Angst ist ein ganz normales Gefühl wie Freude, Ärger, Trauer oder Liebe. Wenn sie allerdings zu viel Raum in uns einnimmt, hemmt sie unser Denken, lässt uns irrational handeln oder sogar erstarren. Zahlreiche Bücher geben Tipps, wie wir mit unseren Ängsten umgehen können, beziehen jedoch nicht den Anteil mit ein, der dieses Gefühl erst verursacht: das Innere Kind. Susanne Hühn zeigt uns, wie wir mit unserem verängstigten kindlichen Anteil in Kontakt treten und ihm Sicherheit zurückgeben können. Mit verschiedenen Übungen und Meditationen können wir unverarbeitete Kindheitserlebnisse heilen, die uns bis heute negativ beeinflussen.

Die dazugehörige CD bietet hierbei eine wertvolle Unterstützung.